S 27069

Paris
1872

Ferrière, Emile

Le Darwinisme

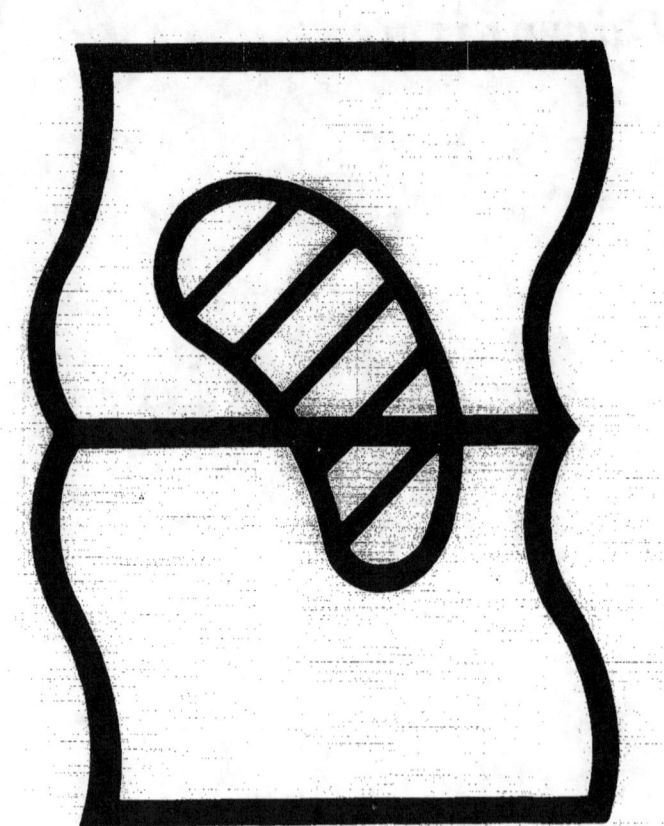

Symbole applicable pour tout, ou partie des documents microfilmés

Original illisible

NF Z 43-120-10

Symbole applicable pour tout, ou partie des documents microfilmés

Texte détérioré — reliure défectueuse

NF Z 43-120-11

LE
DARWINISME

PAR

ÉMILE FERRIÈRE

PARIS
LIBRAIRIE GERMER-BAILLIÈRE
17, RUE DE L'ÉCOLE-DE-MÉDECINE

1872

PRÉFACE

« C'est trop long, » me dit-on un jour dans un entretien qui avait pour objet l'*Origine des Espèces* de M. Darwin. Cette parole me fit réfléchir.

Sans doute, le traité de M. Darwin n'est pas trop long pour les naturalistes : il n'en est pas de même pour le grand public. Voués à d'autres études ou entraînés par le torrent des affaires, la plupart ne peuvent pas consacrer à une connaissance approfondie un loisir qu'ils n'ont pas, ni même, malgré quelques notions élémentaires, saisir au milieu des détours et sous l'accumulation des détails l'enchaînement des idées et la rigueur des déductions. C'est bien pis encore pour ceux à qui la matière est étrangère. Il est donc nécessaire, dans l'intérêt de la propagande scientifique, de réduire les mille détails d'une théorie aux faits principaux, qui en sont pour ainsi dire les colonnes angulaires. Certes, la suppression des sculptures délicates et variées enlève une portion notable de son prix à l'édifice ; mais les grandes lignes de l'architecture générale suffisent pour conserver à l'ensemble sa grandeur et sa majesté.

Ce livre est divisé en quatre parties.

La première comprend l'exposé méthodique de la doctrine de Darwin, avec faits à l'appui. Chacune des sections se termine par un résumé où les notions acquises sont disposées en tableau synoptique. Cet artifice d'enseignement remet sous les yeux la liaison des faits et la burine dans la mémoire.

La deuxième partie est consacrée au rôle de la sélection dans les langues. C'est sir Charles Lyell qui, dans son admirable ouvrage sur l'*Antiquité de l'Homme,* a eu, le premier, l'idée de cette comparaison si propre à faire comprendre le rôle de la Sélection dans les Espèces. J'ai essayé de donner à cet aperçu un plus grand développement, tout en lui imprimant une forme systématique en correspondance avec la théorie darwinienne. Cette innovation frappera peut-être les esprits qui, étrangers à la zoologie, sont tous plus ou moins versés dans les lettres et dans la linguistique.

La troisième partie comprend un résumé des faits et des théories qui concernent la période glaciaire. La période glaciaire a une grande importance dans le darwinisme, soit à cause des migrations animales, soit à cause du nombre de siècles dont a besoin, pour exercer son action, la sélection naturelle. Ce résumé, je l'espère, intéressera d'autant plus le lecteur que nulle part il n'a été fait.

Dans la quatrième partie, enfin, sont discutés les fondements mêmes de la classification ainsi que du darwinisme, c'est-à-dire l'espèce et le genre. C'était une tâche ardue que de guider le lecteur non-initié dans ces régions troublées, véritable champ de bataille des naturalistes. J'y ai apporté le plus d'ordre, de clarté et de précision que j'ai pu. Une fois les définitions établies, l'application en a été faite à l'homme et au rang qu'il doit occuper dans la nature.

Ainsi conçu et exécuté, ce livre est non-seulement l'exposé du darwinisme, mais presque une encyclopédie abrégée des faits qui se rattachent au problème de l'origine. S'il peut inspirer le goût des grandes questions naturelles et le désir de les étudier dans les ouvrages spéciaux, j'aurai atteint le but que je me suis proposé. Avoir acquis à la science quelques intelligences sincères sera ma meilleure récompense. Heureux aussi de pouvoir payer un juste tribut d'admiration aux Lyell, aux Darwin, aux Huxley, aux Tyndall, à cette élite de savants qui sont aujourd'hui la gloire de l'Angleterre !

OBSERVATION

La théorie de M. Darwin est souvent appelée *Transmutation des Espèces* ou *Transformisme*. Elle prétend que d'une souche unique ont pu se détacher deux groupes, par exemple, lesquels, par suite de divergences accumulées pendant des siècles, sont devenus : l'un, l'espèce *âne* ; l'autre, l'espèce *cheval*. En donnant à cette proposition une forme tranchée et violente, on a dit : Un âne, avec le temps et les divergences, peut se transformer, se transmuter en cheval, soit directement, soit par l'intermédiaire d'un ancêtre commun. D'où les noms de *Transmutation des Espèces*, de *Transformisme* donnés à la théorie anglaise. Quoi qu'il en soit des tendances du *Darwinisme*, l'appellation qui lui convient est celle de *Descendance modifiée des Espèces* par voie de sélection. C'est, du reste, celle que M. Darwin a employée.

PREMIÈRE PARTIE

LA SÉLECTION

DANS

LES ESPÈCES

THÉORIE DE DARWIN

CHAPITRE Ier

LOIS SUR LESQUELLES S'APPUIE LA THÉORIE

La théorie de la variabilité illimitée des espèces s'appuie sur un certain nombre de faits généraux, acquis par l'expérience et l'observation. Ce sont :

1° La loi de reproduction,
2° La loi de corrélations de croissance,
3° La loi d'hérédité,
4° La loi de multiplication géométrique des espèces et de multiplication arithmétique des aliments,
5° La loi de constance dans les formes, en raison de la simplicité de structure.

I. — **Loi de la reproduction.** — Tous les êtres ont une tendance à transmettre la vie à leurs descendants avec des caractères, non pas identiques, mais variés. Ainsi nous voyons deux frères différer par la taille, par la coloration des cheveux, par les traits du visage.

La fécondité a des règles assez précises. Elle est en rapport inverse de la grandeur de l'animal; plus l'animal est petit, plus il est fécond. Les grands animaux, tels que l'éléphant, le rhinocéros, le dromadaire, ne donnent qu'un petit par portée ; les animaux de petite taille, tels que le mulot, le lapin, etc., en produisent dix et même vingt.

La domesticité a l'influence la plus vive sur l'énergie de la fécondité. Le lapin, animal domestique, peut produire jusqu'à douze fois par an ; le lièvre, animal sauvage, ne produit que trois ou quatre fois dans le même laps de temps. La truie a deux portées par an, et chaque portée donne de quinze à vingt petits ; la femelle du sanglier, souche du cochon, ne porte qu'une fois par an, et chaque portée ne donne que huit petits, dix au plus.

La durée de la gestation est en raison directe de la grandeur de l'animal. Chez l'éléphant, le plus grand des animaux terrestres, elle est de vingt mois. Elle est de seize mois pour le rhinocéros, de douze pour la girafe : le lapin, au contraire, ne porte que trente jours.

II. — Loi des corrélations de croissance. — Cette loi est celle en vertu de laquelle un organe qui se modifie entraîne parallèlement la modification d'un autre organe. Elle est fondée sur ce fait : que l'organisation tout entière forme un tout dont les parties sont en relations très-étroites.

La loi de corrélations de croissance comprend les corrélations à tous les points de vue, forme, fonction, apparence extérieure, etc. Lorsqu'il s'agit particulièrement de l'accroissement ou de l'atrophie des organes, on lui donne le nom de loi du balancement des organes. On sait, en effet, qu'un organe ayant acquis un développement extraordinaire, soit par un exercice exclusif, soit par un état maladif, un autre organe appartenant au même système ou en relation avec lui éprouve une diminution correspondante ou même s'atrophie. Goëthe exprimait d'une manière pittoresque cette loi physiologique : « Le budget de la nature étant fixe, une somme trop considérable affectée à une dépense exige ailleurs une économie. »

III. — Loi d'hérédité. — Cette loi est une des plus importantes de la physiologie générale.

1° *Hérédité des modifications acquises.* — Les modifications acquises sont héréditaires. C'est ainsi que le chien dressé pour la chasse transmet son aptitude à ses descendants. En croisant les grands chevaux, on obtient des chevaux de haute taille. En croisant les petits chiens, on obtient les épagneuls, les doguins. Toute modification organique est transmissible à la condition qu'elle soit spontanée, naturelle. Celles qui sont artificielles, c'est-à-dire les mutilations, ne se transmettent pas. On a beau couper les oreilles des chiens ou leur enlever la rate, les petits qui naissent des couples ainsi mutilés ont des oreilles ou une rate. En fait d'hérédité, l'axiome fondamental est celui-ci : « Le semblable produit le semblable. » L'hérédité des caractères est si bien regardée comme la règle que leur intransmission passe pour une anomalie.

2° *Hérédité des variations à l'âge correspondant.* — Un des faits les plus importants de l'hérédité est celui-ci : « Une particularité d'organisation tend à réapparaître chez les descendants à un âge correspondant. » Il en est ainsi de la forme, de la taille et de la saveur des graines dans les nombreuses variétés de nos plantes culinaires et agricoles, des variations du ver à soie à l'état de chenille ou à l'état de cocon, de la couleur du duvet des petits ou des cornes de nos moutons et de nos bœufs approchant de l'âge adulte. C'est ainsi qu'une maladie ou une infirmité héréditaire, communiquée à l'enfant par l'élément reproducteur d'un de ses parents, apparaît le plus souvent à un âge avancé. Cette loi est établie sur les faits les plus variés et les plus communs. Elle est une de celles dont l'application est la plus fréquente et la plus remarquée.

IV. — Loi de progression géométrique de espèces et de progression arithmétique des aliments (1). — Il est démontré par le calcul et l'ob-

---

(1) On appelle *progression arithmétique* une suite de nombres tels, que chacun d'eux est égal au précédent, additionné d'une quantité constante. Exemple : 2, 4, 6, 8, 10, 12, etc. Chacun des nombres est égal au précédent augmenté de 2 $8 = 6 + 2$; $10 = 8 + 2$; $12 = 10 + 2$, etc.

On appelle *progression géométrique* une suite de nombres els, que chacun d'eux est égal au précédent, multiplié par une quantité constante. Exemple : 2, 4, 8, 16, 32, 64, etc. Chacun des nombres est égal au précédent multiplié par 2; $16 = 8 \times 2$; $32 = 16 \times 2$; $64 = 32 \times 2$, etc.

servation que la progression des espèces est géométrique, tandis que les aliments croissent dans une progression arithmétique. L'observation a constaté les cas les plus variés de prodigieuse fécondité; et, le calcul, prenant ces faits pour point de départ, a établi que la multiplication se ferait dans les rapports ci-dessus énoncés, si les causes de destruction les plus diverses ne venaient en enrayer le cours. L'éléphant, par exemple, le plus lent à se reproduire, a une gestation qui dure près de deux ans. On calcule qu'au bout de cinq cents ans, il y aurait quinze millions d'éléphants vivants descendus de la seule première paire. Que serait-ce des poissons, dont quelques-uns-uns contiennent jusqu'à trois millions d'œufs.

V. — Loi de la constance des formes en raison de la simplicité de structure. — Cette loi peut s'énoncer ainsi : « Plus la structure des êtres est simple, plus ils sont constants dans leurs formes et dans leur organisation. » Et réciproquement : « Plus l'organisation des êtres est élevée, plus la vitesse de changement est grande. » Les êtres à structure simple sont ceux dont les fonctions sont le moins localisées dans les organes particuliers. Les êtres à organisation élevée sont ceux dont chaque fonction a son organe qui lui est propre. Les zoophytes sont les êtres les plus simples; les mollusques viennent ensuite. L'homme, au contraire, est celui qui occupe le sommet de l'échelle des êtres, parce qu'à chaque fonction est assigné un organe propre. Sir Charles Lyell a constaté que, en comparant les mollusques de deux époques géologiques successives, le nombre des espèces identiques est d'autant plus grand que les individus ont une structure plus simple. Il est évident que, si le même organe peut remplir indifféremment plusieurs fonctions, il s'adaptera aisément à tous les changements qui peuvent affecter le milieu ambiant : sa forme ne variera pas. Pour un mammifère, au contraire, l'organe n'ayant qu'une fonction, il faut que cet organe varie avec le milieu, ou le mammifère succombera.

CHAPITRE II

LA LUTTE POUR LA VIE OU CONCURRENCE VITALE

Le fondement de la théorie de Darwin est ce qu'il appelle, avec une originalité énergique, la *Lutte pour la Vie*. « Tous les animaux, dit Doyère, sont dans un état permanent d'hostilité à l'égard des uns des autres, en ce sens du moins qu'aucun ne saurait subsister sans occuper une place que mille autres tendent à lui ravir. (1) » Le combat que chaque être livre pour conserver sa vie, soit contre les autres êtres, soit contre la nature extérieure, ne peut être évité. A l'instant même qu'un être apparaît au monde, la lutte commence pour lui : elle est fatale.

I. — Les individus ont d'abord à combattre contre l'ensemble des conditions extérieures qui sont comprises sous le nom de *Climat*.

(1) *Leçons d'Histoire naturelle*, page 328. Année 1841.

La seconde lutte est celle que les individus soutiennent entre eux pour la conquête de la *Nourriture*.

1° *Le Climat*. — La lutte contre le climat est peut-être la plus difficile. Des hivers rigoureux ont fait périr, en quelques pays, plus des cinq sixièmes des oiseaux. Ceux-là ont survécu qui, par leur plumage épais et un plus grand endurcissement à la famine, ont pu résister à l'inclémence de la saison.

Dans les régions situées entre les tropiques, les Européens succombent s'ils conservent leur régime de vie habituel. Pour lutter avec succès, ils sont contraints de prendre les habitudes et le régime des naturels. Les vêtements de laine et une nourriture surtout végétale deviennent une condition nécessaire de la vie. Au contraire, sous les climats glacés du pôle nord, le navigateur est obligé de se nourrir d'huile de baleine pour fournir à son sang l'indispensable chaleur.

Lorsqu'on voyage du Sud au Nord, on remarque que certaines plantes, rares au milieu d'autres innombrables, croissent insensiblement jusqu'aux contrées froides où elles règnent seules : les autres ont disparu. C'est qu'une légère différence de climat suffit pour donner la prépondérance. Une espèce a beau l'emporter sur une autre en multiplication, en végétation luxuriante, il suffit qu'elle résiste moins au froid pour que sa rivale la détrône et reste seule maîtresse du terrain. Aux confins des neiges éternelles ou des déserts privés d'humus et d'eau, la lutte n'a plus lieu que contre la nature extérieure.

2° *La Nourriture*. — Puisque les individus s'accroissent en progression géométrique, les aliments deviennent insuffisants. Il faut qu'un grand nombre périssent : c'est à cette dure condition qu'une race peut se perpétuer. Ceux-là survivent qui ont supporté le mieux l'abstinence et la famine, ou qui dans la lutte pour la possession de la nourriture ont dû la victoire à une supériorité réelle de force physique, ou à une qualité d'un autre ordre telle que la ruse, l'industrie. Notre abeille, nouvellement importée en Australie, est en train d'exterminer rapidement la mélipone, petite abeille sans aiguillon qui y est indigène. La souris, qui était seule connue des anciens, a été, on ne sait trop à quelle époque, obligée de céder une partie de son antique domaine au rat noir ; et ce n'est probablement qu'à sa petitesse qu'elle a dû de ne pas être entièrement détruite. A son tour, le rat noir s'est vu attaquer, en Angleterre vers 1730 et en France vers 1750, par le surmulot, que les navires de commerce avaient apporté de l'Inde et de la Perse. Ce dernier, à peu près de même taille, mais plus fort et plus féroce, et surtout plus fécond, a presque entièrement anéanti l'espèce du rat noir, que l'on ne retrouve plus guère que dans les fermes et les moulins écartés (Doyère).

II. — Parmi les conditions qui peuvent influer sur le résultat de la lutte des espèces entre elles, la fécondité plus ou moins grande est celle dont l'importance est vraiment du premier ordre.

A côté de celle-ci, l'œil de l'observateur finit par en apercevoir une multitude d'autres, particulières et locales, mais génératrices d'effets qui deviennent *causes* à leur tour. Ce sont les rapports mutuels entre les êtres organisés.

1° *Avantage de la fécondité pour une espèce.* — La fécondité est un des moyens les plus efficaces qu'ont les espèces pour ne pas succomber dans la concurrence vitale. Quand on songe à l'effrayante consommation que fait l'homme des poissons marins, à l'innombrable quantité d'autres qui deviennent la proie des habitants de la mer plus puissants qu'eux, on ne pourrait s'expliquer la non disparition de leur race si l'on ne savait qu'il suffit de quelques femelles échappées au massacre pour repeupler les eaux.

De même pour les plantes. Mille causes de destruction les assiègent et les déciment, le climat, les insectes, les animaux. Elles n'ont de chances de survivre que si, par leur fécondité, elles parviennent à rompre en quelque endroit le cercle fatal qui les entoure.

2° *Rapports mutuels entre les êtres organisés.* — Les êtres, dans la nature, sont liés ensemble par les rapports les plus complexes et souvent les plus imprévus. Il suffit du plus simple accident pour amener les changements les plus variés. En voici plusieurs exemples frappants :

Dans le comté de Stafford, en Angleterre, un parent de M. Darwin possédait un domaine qui renfermait une lande stérile et que la main de l'homme n'avait jamais remuée. Plusieurs centaines d'acres du même terrain furent enclos et plantés de pins d'Écosse. Au bout de vingt-cinq ans, le contraste entre l'enclos et la lande était remarquable. La lande était restée entièrement la même; dans l'enclos florissaient douze espèces de plantes, sans compter les graminées et les carex. Le changement dans la population des insectes devait encore avoir été plus grand, car six espèces d'oiseaux insectivores étaient communs dans la plantation et n'habitaient point la lande qui, par contre, était fréquentée par deux ou trois espèces distinctes. Ainsi l'introduction d'un seul arbre avait entraîné celle d'espèces végétales; celles-ci avaient attiré de nombreux insectes; les insectes, à leur tour, avaient fixé plusieurs espèces d'oiseaux, dont ils étaient la proie.

Au nord et au sud du Paraguay, le bœuf, le cheval et le chien sont naturalisés; ils ne le sont pas au Paraguay même. Cela provient de ce qu'une certaine mouche, très-commune en cette contrée, dépose ses œufs dans le nombril de ces animaux nouveau-nés et les fait périr. Si les insectes ennemis de ces mouches parvenaient à les détruire en grande partie, les bœufs pourraient se propager dans le pays. L'existence du bétail à l'état sauvage modifierait la végétation, qui, à son tour, affecterait les insectes: d'où une série de rénovations en cercles se croisant les uns les autres, comme ceux que laisse le sillage des navires.

Plusieurs plantes ne peuvent être fécondées, et par conséquent se reproduire que si elles sont fréquentées par certains insectes. Ainsi, la visite des papillons est nécessaire à quelques orchidées pour mouvoir leur pollen et les féconder. Le trèfle hollandais a besoin de l'approche des abeilles; les tiges qui sont protégées contre ces insectes restent stériles. Les bourdons visitent seuls le trèfle rouge : les autres abeilles n'en peuvent atteindre le nectar, et les papillons n'ont pas assez de poids pour déprimer les ailes de la corolle. D'où il suit que si les bourdons s'éteignaient dans une contrée, le trèfle rouge finirait par disparaître. Or, le nombre des bourdons dépend beaucoup du nombre des mulots, qui détruisent leurs rayons et leurs nids. Plus des deux tiers d'entre les bourdons sont détruits de cette manière en Angleterre. Le nombre des mulots dépend, à son tour, du nombre des chats. On a remarqué que, près des petits villages où abondent les chats, les nids des bourdons sont en grande quantité. Par conséquent, la présence d'un animal félin, dans un district, décide de la rareté ou de la multiplication d'une plante dans ce même district.

III. — **Conclusion.** — Contemplée dans son ensemble, la terre apparaît comme un vaste champ de bataille où les individus et les espèces se font, avec des fortunes diverses, une guerre acharnée, sans qu'au bout d'une longue série de siècles l'équilibre des forces paraisse rompu. La *concurrence universelle*, telle est la grande loi de la nature vivante. Et cependant, à peine aujourd'hui l'esprit et la science de l'homme ont-ils pu découvrir quelques-uns des liens du vaste réseau. Ces considérations sont exposées par

Darwin avec vigueur et éloquence. « Les anciennes ruines indiennes du midi des États-Unis, qui doivent avoir été autrefois dépouillées d'arbres, déploient maintenant la même diversité et les mêmes essences en même proportion que les forêts vierges environnantes. Quel combat doit s'être livré, pendant de longs siècles, entre les différentes espèces d'arbres, chacune d'elles répandant annuellement ses graines par milliers! Quelle guerre d'insecte à insecte; et des insectes, des limaçons et d'autres animaux contre les oiseaux et les bêtes de proie : tous s'efforçant de multiplier; et tous se nourrissant les uns des autres, ou vivant des arbres, de leurs graines, de leurs jeunes plants, ou des autres plantes qui d'abord couvraient la terre et empêchaient, par conséquent, la croissance des arbres! Qu'on jette en l'air une poignée de plumes, et chacune d'elles tombera à terre d'après des lois définies; mais combien le problème de leur chute est simple auprès de celui des actions et réactions des plantes et des animaux sans nombre qui ont déterminé, pendant le cours des siècles, les nombres proportionnels et les espèces des arbres qui croissent maintenant sur les ruines indiennes!

» Batailles sur batailles se livrent constamment avec des succès divers; et cependant l'équilibre des forces est si parfaitement balancé dans la suite des temps que l'aspect de la nature demeure le même pendant de longues périodes, bien qu'il suffise souvent d'un rien pour donner la victoire à un être organisé au lieu d'un autre. Néanmoins notre ignorance est si profonde et notre présomption si haute que nous nous émerveillons d'apprendre la destruction d'une espèce; et parce que nous n'en voyons pas la cause, nous invoquons les cataclysmes pour désoler le monde, ou inventons des lois sur la durée des formes vivantes. »

CHAPITRE III

LA SÉLECTION NATURELLE

Lorsque l'homme veut créer une race capable de briller par une qualité déterminée, il *choisit* (1) avec soin ceux des animaux qui déjà possèdent à un certain degré la qualité voulue, et il les accouple. En vertu de la loi d'hérédité, cette qualité se fixe dans la progéniture et y prend d'ordinaire un épanouissement croissant. Telle est la *sélection de l'homme*, sélection méthodique et consciente.

Puisque les individus ont à lutter, soit entre eux pour la possession de la nourriture, soit contre le climat et tous les accidents de la nature extérieure ; bref, puisque la concurrence vitale est la loi universelle, il est nécessaire que les uns succombent dans la lutte, tandis que les autres triomphent grâce à

(1) En latin *seligere*, choisir ; *selectio*, choix.

des qualités particulières mieux appropriées aux conditions du combat. C'est à cette supériorité relative qu'ils doivent d'avoir survécu. En leur accordant cet avantage, la nature les a pour ainsi dire marqué de son sceau et *choisi* comme vainqueurs dans la bataille pour la vie. Telle est la *sélection naturelle*, conséquence nécessaire de la concurrence vitale.

I. — Sélection de l'homme. — «La nature fournit les variations ; l'homme les ajoute dans une direction déterminée par son utilité ou son caprice. » (Darwin). Au XVIII° siècle, toutes les laines pures venaient d'Espagne. Le gouvernement français, voulant s'affranchir de ce tribut, chargea Daubenton de créer avec les races françaises une laine aussi belle que celle des mérinos d'Espagne. Daubenton prit des béliers de Roussillon et les unit à des brebis de Bourgogne. Les expériences se faisaient à Montbard, dans la Côte-d'Or. La laine d'Espagne se distingue par quatre qualités : longueur, abondance, finesse, pureté. Les béliers du Roussillon avait une laine longue de six pouces, les brebis de Bourgogne une laine de trois pouces. Dès la première génération, Daubenton obtint une longueur de cinq pouces. En choisissant pour chaque accouplement les sujets à laine plus longue, Daubenton, au bout de sept à huit générations, avait obtenu une laine de vingt-deux pouces de longueur. La toison du premier bélier pesait deux livres ; celle du huitième en pesait douze. La finesse et la pureté furent obtenues dès les premiers accouplements.

Sous la main des éleveurs, l'organisation d'un animal est comme une matière plastique que l'homme peut modeler au gré de sa fantaisie. On sait quel est le grand nombre des races de pigeons et quelles différences profondes semblent les séparer. « En trois ans, disait sir John Sebright, je reproduirai quelque plumage que ce soit. Mais il m'en faudra six pour obtenir la tête et le bec. »

II. — Sélection de la nature. — Ce que l'homme fait d'une manière méthodique et consciente la nature le fait, à la longue, par l'action des lois qui régissent le monde physique. Par *nature*, il faut entendre l'action combinée et le résultat complexe des lois naturelles ; et par *lois*, la série nécessaire des faits telle qu'elle nous est connue aujourd'hui.

Supposons une espèce de loups qui se nourrissent de divers animaux, prenant les uns par ruse, les autres par force, ceux-là par agilité. Supposons que, par suite d'une disette ou par toute autre cause, la seule proie restant dans la contrée soit le daim. Il s'ensuit que parmi les loups ceux-là seuls survivront à la famine qui joindront la force à la plus grande agilité. De là une descendance de loups dont la vitesse ira croissant par accumulation sélective. De là aussi et parallèlement la diminution progressive du gibier. Si, au contraire, la proie eût été un animal de haute taille, ce sont les loups doués d'un corps trapu et vigoureux qui eussent triomphé de la concurrence vitale.

Cette hypothèse est depuis longtemps réalisée. Dans les montagnes de Catskill aux Etats-Unis, il existe deux variétés de loups. L'une, de forme élancée, assez semblable à nos lévriers, poursuit les bêtes fauves. L'autre, plus massive, attaque fréquemment les troupeaux.

III. — Différence entre la sélection de l'homme et la sélection de la nature. — 1° *L'homme*. — L'homme ne choisit qu'en vue de son propre avantage. Il garde dans la même contrée les natifs de divers climats; il exerce rarement d'une manière spéciale et convenable chaque organe nouvellement acquis; il nourrit des mêmes aliments un pigeon à bec court et un pigeon à bec long; il expose au même climat les moutons à laine épaisse et les moutons à laine rare; il ne permet pas aux mâles les plus vigoureux de combattre pour s'approprier les femelles; il ne détruit pas rigoureusement tous les individus inférieurs; mais autant qu'il est en son pouvoir de le faire, il protège en toute saison tous ses produits; enfin, il commence souvent son action sélective par quelque forme à demi monstrueuse ou au moins par quelque modification assez apparente pour attirer son attention ou pour lui être immédiatement utile. En un mot, l'homme choisit en vue de son propre bien, en vue du bien de l'homme.

2° *La nature*. — La nature choisit seulement en vue du bien de l'être dont elle prend soin. Elle accorde son plein exercice à chaque organe nouvellement formé ; et l'individu modifié est placé dans les conditions de vie qui lui sont le plus favorables. Sous la loi de nature, la plus insignifiante différence de structure ou de constitution suffit à faire pencher la balance presque équilibrée des forces ; elle peut ainsi se perpétuer. Les caprices de l'homme sont si changeants, sa vie est si courte, comment ses productions ne seraient-elles pas imparfaites en comparaison de celles que la nature peut perfectionner pendant des périodes géologiques tout entières ! Journellement, à toute heure et à travers le monde entier, la sélection naturelle scrute chaque variation, même la plus imperceptible, pour rejeter ce qui est mauvais, conserver et ajouter tout ce qui est bon. Elle travaille ainsi, insensiblement et en silence, partout et toujours, dès que l'opportunité s'en présente, au perfectionnement de chaque être, par rapport à ses conditions d'existence. Nous ne voyons rien de ces lentes et progressives transformations jusqu'à ce que la main du temps les ait marquées de son empreinte ; et même alors, nos aperçus à travers les incommensurables périodes géologiques sont si incomplets que nous voyons seulement une chose : c'est que les formes vivantes sont différentes aujourd'hui de ce qu'elles étaient autrefois.

CHAPITRE IV.

CAUSES DE SÉLECTION NATURELLE

I. — Le climat ou milieu ambiant (1). — Le climat est une des causes les plus énergiques de sélection. Dans les plantes, son action se fait surtout sentir sur le système végétatif : elle affecte plus difficilement le système reproducteur. Aussi la constance relative de celui-ci est-il un des meilleurs indices pour la classification. Le système végétatif d'une plante comprend les caractères de glabréité ou de pilosisme, la présence ou l'absence d'un produit cireux, l'existence de racines fibreuses ou pivotantes, courtes ou prolongées, sèches ou tubéreuses, les feuilles entières ou

---

(1) Tout d'abord Darwin n'a pas accordé au climat toute l'influence qu'il a réellement sur les variations des êtres organisés. Plus tard, l'illustre naturaliste s'est rapproché davantage, sur ce point, de la doctrine d'Etienne Geoffroy Saint-Hilaire.

finement découpées, laminaires ou charnues, à stomates nombreux ou rares, à épiderme mince ou calleux.

1° Un sol riche, ombragé et humide, élève la taille, fait prédominer les parties foliacées sur les organes reproducteurs. Chaque espèce possède ainsi une variété *umbrosa*.

2° Un terrain sableux, aride, insolé, produit des effets opposés : brièveté de la taille, sécheresse des tissus, coloration plus intense, villosité plus prononcée.

Lorsque les excitants et les aliments de l'organisme font simultanément défaut, les dimensions des individus se trouvent tellement réduites qu'il en résulte des nains. (Variété *segetalis*.)

3° Lorsque la chaleur a fait défaut ou que le vent a sévi, la plante rabougrie, déprimée, semble ne pouvoir se détacher de la terre qui la nourrit, l'échauffe et l'abrite. Elle est constituée par une simple rosette de feuilles, du milieu de laquelle se détache à peine un style florifère, raccourci, portant deux ou trois fleurs en apparence sessiles : c'est la variété *alpine*.

4° L'immersion continue dans l'eau détermine des changements remarquables. Les feuilles s'allongent et se découpent souvent en divisions capillaires, c'est la variété *aquatilis*.

5° L'eau salée, l'atmosphère maritime produisent une taille plus courte et plus robuste, des plantes trapues, munies de tiges ou de feuilles charnues, succulentes, souvent glabres, quelquefois pourtant plus chargées de poils que dans les types. C'est la variété *maritime*.

L'action du milieu ambiant sur les animaux est non moins puissante.

1° *Action du froid.* — Le froid stimule la sensibilité et la circulation capillaire de la peau ; il augmente l'hématose cutanée et la chaleur périphérique, provoque à l'exercice musculaire et conséquemment à la dépense du combustible, aiguise l'appétit et rend plus actives les fonctions digestives. Il appelle ainsi des aliments plus substantiels et favorise la nutrition. En définitive, il développe la masse du corps et crée le tempérament *sanguin*.

2° *Action du chaud.* — L'air, dilaté par la chaleur, fournit à chaque inspiration pulmonaire une moindre quantité d'oxygène. Par conséquent, la combustion des aliments ne peut se faire que d'une manière incomplète. Il est donc nécessaire que le foie secrète une quantité plus considérable de bile afin d'éliminer les matières incomburées. Cette sécrétion active amène un plus grand développement de l'organe sécréteur : d'où le tempérament *hépatique* propre aux peuples tropicaux (1).

Quels que soient son génie et ses inépuisables ressources, il faut que l'Européen, devenu habitant des régions polaires, prenne quelque chose de l'Esquimau ; ou, transplanté sous les tropiques, qu'il se plie dans une certaine mesure au régime des Africains.

(1) Ad. Gubler, *Préface d'une réforme des espèces*.

L'action incessante du climat sur les organes élève, abaisse ou pervertit les actes physiologiques. Consécutivement les phénomènes nutritifs et plastiques subissent un changement analogue, car l'activité des fonctions est le véritable régulateur de la nutrition. L'organisme, pour résister à pression extérieure, réagit avec force. Cette lutte engendre, à la longue, des altérations de forme, d'étendue, de rapports. L'habitude les fixe, l'hérédité les transmet, et voilà une race nouvelle créée. Si lentes que soient les variations produites par le climat, il n'en est pas moins vrai que son influence, toujours en exercice, finit par être irrésistible. Varier ou mourir, telle est, en acclimatation, la loi de sélection.

II. — La nourriture. — On a vu précédemment que la progression géométrique de la multiplication des animaux engendrait pour la possession de la nourriture une terrible concurrence. La lutte entre les individus de même espèce est beaucoup plus intense qu'entre deux espèces différentes. En effet, habitant les mêmes districts, ayant les mêmes besoins, exposés aux mêmes dangers, ils doivent, pour triompher, mettre à profit les moindres variations qui leur soient en quelque chose avantageuses. Entre la souche primitive et les races élues qui ont progressé dans des directions exclusives et diverses, l'écart est devenu si grand qu'en l'absence des types intermédiaires, il est difficile, souvent impossible, de croire à une communauté d'origine.

III. — L'habitude et l'exercice. — D'un autre côté, la nature de l'aliment et la manière de s'en saisir entraînent souvent l'exercice presque exclusif d'un organe, tandis que les autres sont inactifs ou, du moins, peu employés. La sève réparatrice de l'aliment se fixe de préférence là où est le siége de l'activité. Il s'ensuit que l'organe en fonction continuelle acquerra un développement supérieur, et que les autres, en vertu de la loi du *balancement des organes*, s'atrophieront en proportion même de ce que le premier aura gagné. L'hérédité fixe les modifications acquises; l'action continue de l'habitude et de l'exercice rend de plus en plus grande la divergence entre les organes, si bien que quelques-uns deviennent rudimentaires, témoins incontestables d'une antique et commune origine. C'est ainsi que la nécessité de saisir l'aliment engendre l'exercice et l'habitude, qui, à leur tour, sont une cause de variation et partant de sélection.

Comme exemple de variations dues à l'exercice, Darwin cite un fait très-curieux. Dans l'île de Madère, certains coléoptères sont à peu près dépourvus d'ailes, tandis que d'autres en ont de très-vigoureuses. Ce phénomène est dû à la violence du vent de mer. En effet, parmi les coléoptères, les uns ont renoncé à lutter contre lui : ils se tiennent bien cachés jusqu'à ce que le vent tombe. De là l'atrophie de leurs ailes, qu'ils n'exercent plus. Les autres, au contraire, ont persisté victorieusement ; et leurs ailes, fortifiées par l'exercice, ont acquis un plus grand développement.

Chez quelques crabes, qui vivent habituellement dans l'obscurité, le pédoncule oculaire demeure, quoique l'œil soit enlevé. « Le support du télescope est encore là, mais le télescope avec ses verres est perdu. » Darwin attribue cette perte des yeux au défaut d'exercice.

IV. — La possession des femelles. — « Les mâles sauvages, dit Livingstone, n'obtiennent la possession des femelles qu'après avoir vaincu leurs rivaux. Il n'en est pas qui ne portent les cicatrices des blessures reçues dant le combat. » La lutte pour la possession des femelles est donc une cause de sélection. Généralement, ce sont les mâles les plus vigoureux qui l'emportent, et par conséquent, qui laissent une postérité plus nombreuse en éliminant à la longue leurs rivaux. Mais dans des cas fréquents, la victoire dépend moins de la supériorité des forces que des armes particulières que l'individu possède. Un cerf sans cornes, un coq sans éperon, auraient peu de chances de laisser une postérité. En permettant toujours au vainqueur de reproduire sa race, la sélection naturelle peut, à l'aide du temps, donner aux races des cornes plus dures, un éperon plus acéré, bref, les qualités qu'en peu d'années l'homme obtient par une sélection méthodique.

Chez les oiseaux, la lutte offre souvent un caractère plus paisible. Dans la famille des paons, chez les merles de la Guyane et les oiseaux du Paradis, c'est la beauté du plumage ou la séduction du chant qui décide le choix de la femelle. Après une longue série d'années, les races acquièrent d'elles-mêmes, par ce moyen, l'éclat du plumage ou la mélodie de la voix, tandis que nous obtenons promptement le même résultat par des croisements imposés.

V. — Rapports mutuels entre tous les êtres organisés. — A ces causes générales de sélection, se joignent un grand nombre de causes particulières qui proviennent des rapports mutuels entre tous les êtres organisés. Le trèfle rouge, par exemple, ne peut être fécondé que par les bourdons; le trèfle hollandais l'est par les abeilles. Si, dans une contrée, les abeilles viennent à périr victimes d'une épidémie ou d'une famine, le trèfle hollandais succombera devant son heureux rival. Que si, au contraire, les bourdons sont détruits par une population anomale de mulots, le trèfle rouge cédera la place au trèfle hollandais. La sélection sera due ainsi aux relations entre végétaux et insectes. Il est clair que, réciproquement, la disparition de végétaux, nourriture principale d'animaux ou d'insectes, donnera à ces derniers l'infériorité dans la lutte, et, de chute en chute, amènera leur destruction.

RÉSUMÉ SOMMAIRE

LOIS SUR LESQUELLES S'APPUIE LA THÉORIE

1° Loi de reproduction.
2° Loi de corrélations de croissance.
3° Loi d'Hérédité.

4° Loi de progression géométrique des espèces.
5° Loi de constance des formes en raison de la structure.

LUTTE POUR LA VIE OU CONCURRENCE VITALE

1° Le climat.
2° La nourriture.
3° La fécondité.
4° Rapports mutuels entre les êtres organisés.

SÉLECTION NATURELLE

1re *cause*. Le climat.
2e *cause*. La nourriture.
3e *cause*. L'exercice et l'habitude.
4e *cause*. La possession des femelles.
5° *cause*. Rapports mutuels entre les êtres orgadisés.

CHAPITRE V

CONSÉQUENCES DE LA SÉLECTION NATURELLE

1re *série. — Histoire naturelle.*

I. — La divergence de caractères. — Supposons que deux amateurs remarquent chez les pigeons, le premier un bec plus long, le second un bec plus court. En vertu du principe connu que nul amateur ne prise les types intermédiaires, mais seulement les extrêmes, l'un et l'autre continuent de choisir et de multiplier les oiseaux dotés d'un bec de plus en plus long ou de plus en plus court. Au bout d'un nombre considérable d'années, que sera-t-il arrivé ? C'est que, par l'accumulation successive des différences, on aura créé deux espèces de pigeons tellement divergentes de caractères, qu'au premier abord on niera qu'elles soient sorties de la même souche. D'autant plus que, négligés, les types intermédiaires auront disparu.

Cette expérience n'est pas une pure hypothèse, ni propre exclusivement à tel organe, à tel animal ; les Anglais l'ont faite non-seulement sur les pigeons, mais encore sur leurs chevaux. Ils ont des chevaux de course effilés, élégants, légers ; ils ont des chevaux de traits lourds, massifs, lents, mais vigoureux. Toutefois la divergence de caractères ne se manifeste nulle part peut-être avec autant d'énergie, au dire même de Cuvier, que dans nos races de chiens. Quoi de plus dissemblable qu'un terre-neuve et un terrier, qu'un lévrier et un bouledogue? Et cependant ces espèces si diverses descendent d'un même couple.

Ce qui est vrai de la sélection de l'homme, ne l'est pas moins de la sélection naturelle. Dans la lutte contre le climat ou pour la nourriture, les espèces doivent sans relâche se plier aux conditions mêmes du combat. Varier ou mourir, telle est la loi de la concurrence vitale. Or, une variation, qu'est-ce autre chose qu'une *divergence de caractère?* Comme la nécessité de variations continues est permanente, la divergence de caractères va toujours croissant, si bien qu'à la longue il en résulte un écart considérable entre le type primordial et le type extrême.

Mais si la divergence des caractères due à la sélection naturelle se manifeste aussi bien que la divergence provenant de la sélection de l'homme, elle se distingue toutefois de cette dernière en ce qu'elle passe graduellement d'une variation à une autre variation ; tandis que la sélection méthodique et consciente, sous la main prévoyante et industrieuse de l'homme, procède par de véritables bonds.

D'autre part, l'homme a une vie d'une infime brièveté ; le champ de ses expériences est extrêmement borné. La sélection naturelle, au contraire, n'est limitée par aucun de ces obstacles ; elle a pour auxiliaires l'immensité de la terre et l'infini du temps. Aussi, malgré la lenteur de sa marche, elle doit en définitive et nécessairement produire des divergences mille fois plus grandes que ne peut le faire le génie humain, lequel étouffe dans les étroites limites de la vie et de l'espace.

La *divergence des caractères*, conséquence immédiate de la sélection naturelle, est la pierre fondamentale sur laquelle repose la Théorie de Darwin. Pour Darwin, une *variété* est une *espèce naissante*, une espèce en voie de formation ; le *genre* est l'espèce éloignée de sa souche : il n'y a pas *diversité d'origine*, mais une simple *divergence* de caractères.

II. — **Extinction d'espèces.** — Lorsque la lutte a lieu contre le climat seul, l'issue en peut être fatale pour un nombre considérable d'individus, mais non pour l'espèce entière, qui par le fait même de l'habitat est supposée, dans son ensemble, capable de résister aux intempéries. Un fléau déchaîné subitement ou un changement non expliqué de température générale, comme il y en a peut-être eu dans les temps préhistoriques, pourrait seul causer la destruction d'une espèce. Et encore serait-il possible à celle-ci, dans le dernier cas, d'échapper à la destruction par les migrations progressives. Inutile de signaler l'anéantissement d'espèces par l'homme : ce phénomène, plus d'une fois répété (*dronte*, *dinornis*), n'a rien à démêler avec la sélection naturelle.

Mais la chose est bien différente lorsque le combat se livre entre deux espèces qui se disputent le même aliment. Supposons une île peuplée de ruminants, qui paissent les herbages, et de troupeaux de porcs, qui se nourrissent de glands et de racines. Il est évident que la concurrence vitale ne peut s'établir qu'entre les individus de la même espèce, alors que la progression géométrique de la population n'est plus en rapport avec la quantité d'aliments. Une multitude plus ou moins grande d'individus succomberont, mais l'espèce survivra florissante : elle n'aura perdu que son trop plein. Mais, par hypothèse, introduisons dans cette même île, au lieu de porcs, une bande de chevaux. A l'instant même, par suite de l'égale nécessité du fourrage, commencera une ardente concurrence entre les chevaux et les ruminants. La victoire appartiendra à l'espèce la plus courageuse ou la plus endurcie à la famine. L'autre diminuera et finira par s'éteindre.

La concurrence sévit entre tous les êtres souvent pour les motifs les plus extraordinaires. Nous avons déjà vu que, dans certaines contrées, le sort d'une espèce de trèfle est lié au nombre des chats du voisinage. Voici un autre exemple non moins intéressant : L'homme qui a inventé l'emploi de la soie pour les chapeaux a probablement sauvé les castors d'une destruction complète! Lord Milton et le docteur Cheadle, dans leurs *Voyages au Canada*, racontent que, par suite de la guerre acharnée faite aux castors dans un but commercial, on prévoyait pour cette espèce une disparition prochaine. Tout à coup la découverte européenne supprime les demandes du commerce ; le castor, laissé en paix, eut bientôt peuplé les lacs d'une postérité aussi abondante que dans les siècles passés. A coup sûr, l'honnête chapelier, auteur de la découverte, ne se doutait pas du service qu'il rendait aux rongeurs canadiens.

Il ne faut pas croire que l'infériorité des moyens de résistance soit une cause absolue d'extinction graduelle pour une espèce. De ce que la gazelle du nord de l'Afrique est hors d'état de résister au lion de l'Atlas, il n'en résulte pas que l'espèce gazelle doive s'éteindre dans cette partie du Vieux-Monde. En effet, sans parler de la légèreté à la course et de la vigilance propre à la gazelle, un fait vient compenser pour l'ensemble de l'espèce les immolations d'individus devenus la proie des lions : c'est la fécondité. Darwin a beaucoup insisté sur l'avantage que donne la fécondité dans la concurrence vitale. Au demeurant, entre l'espèce destructive et l'espèce qui lui sert d'aliment, une sorte d'équilibre s'établit, grâce aux effets réparateurs de la fécondité. D'autant plus que si la proie devenait rare, l'espèce carnivore, moins repue, serait aussi moins apte à la reproduction, selon la judicieuse remarque de M. Gubler dans son excellente *Préface à une Réforme des Espèces*. En résumé, les chances d'extinction pour une espèce sont d'autant plus grandes, que ses ennemis sont plus nombreux et moindre sa fécondité.

III. — Les espèces éteintes ne reparaissent plus.
— Ni les espèces isolées, ni les espèces groupées ne peuvent reparaître, une fois éteintes. En effet, issues d'un progéniteur commun, elles se sont séparées en espèces, uniquement parce que les différences se sont accumulées lentement, sous l'action modificatrice des conditions changeantes de vie. Comment pourraient-elles reparaître? Il faudrait pour cela que de l'ancêtre commun sortît une nouvelle variété passant par les mêmes conditions d'existence. Or, d'une part, l'ancêtre commun, en vertu même de la loi de sélection, a succombé pour faire place à des rejetons mieux appropriés. D'autre part, les modifications accumulées par la sélection ont marché parallèlement aux modifications survenues dans les conditions d'existence. Par conséquent, puisque aucune des causes créatrices d'une espèce ne reste et ne peut exister, il est impossible qu'une espèce reparaisse. Le Mammouth est mort : on ne reverra plus le Mammouth. Si Daubenton a pu créer des mérinos, c'est que le mérinos et le mouton français ne diffèrent que par des caractères superficiels, longueur et finesse de la laine. L'orga-

nisme est le même. Du reste, pour obtenir, à force d'expériences et d'années, des produits très-voisins mais jamais identiques, il faut que l'homme crée un milieu artificiel, des habitudes artificielles. Et encore est-il nécessaire qu'il ait sous la main la souche d'où sont nées les variétés. Les lois physiques ne peuvent pas rétrograder, ni, pour la satisfaction d'une fantaisie, remettre la nature dans les conditions favorables à la seconde éclosion d'une espèce disparue. Elles gouvernent ; les espèces naissent, grandissent et succombent, laissant la place à d'autres qui subiront les mêmes vicissitudes, tandis que la nature impassible continue sa marche en semant également sur ses pas et la mort et la vie.

IV. — **Les couches géologiques intermédiaires doivent contenir des espèces intermédiaires.** — Puisque la divergence des caractères s'opère par gradations, il s'ensuit qu'étant donné deux types extrêmes séparés par plusieurs couches géologiques, on doit retrouver dans les couches intermédiaires les représentants organiques qui lient, comme par une suite continue d'anneaux, les deux extrémités de la chaîne spécifique. De là pour le géologue une sorte de méthode très-utile dans les déterminations qu'il est appelé à faire. Elle lui permet, en effet, d'estimer relativement l'âge des terrains par l'inspection des différences qui séparent les types d'une même espèce, et réciproquement de prévoir les différences mêmes des types que peuvent recéler les terrains intermédiaires.

1° Si une espèce moderne est identique à une espèce ancienne, on en conclut que cette espèce parvenue à nous doit se trouver *sans modification* dans chaque couche géologique. Par exemple, les *lingules* de l'époque silurienne, existant aujourd'hui dans nos mers, se retrouvent sans variations dans les périodes géologiques intermédiaires.

2° Si une espèce, origine de plusieurs autres, a péri, elle aura d'autant plus de ressemblances avec ses descendants, et ces derniers entre eux, que les couches géologiques seront plus voisines; et d'autant plus de différences que les couches seront plus distantes. Cette conséquence se vérifie à chaque découverte faite en paléontologie aussi bien pour les animaux que pour les coquillages. C'est ainsi que les *cératites*, mollusques voisins des ammonites, peuplaient le trias, tandis que les *ammonites* ont habité le terrain immédiatement supérieur, c'est-à-dire le terrain jurassique.

3° Si d'un tronc commun plusieurs branches sont sorties qui, à leur tour, seront ramifiées, il en résulte que les caractères distinctifs iront en divergeant d'autant moins que les rameaux se rapprochent de plus en plus de leur commune origine. Ainsi des ruminants et des pachydermes. Les périodes géologiques doivent donner et ont donné dans ces deux ordres, au fur et à mesure que l'on remonte la série, des espèces participant davantage à des caractères communs. C'est ainsi que s'est comblée la lacune immense qui existait entre le cochon et le chameau.

V. — Dans une contrée isolée, les espèces actuelles doivent descendre des espèces fossiles. — Si les espèces proviennent de variations accumulées par sélection, la conséquence est que les fossiles doivent être les ancêtres des races existantes. Cette prévision est confirmée par des faits nombreux. L'Australie est la grande patrie des Marsupiaux. Or, les mammifères fossiles qu'on trouve dans les cavernes australiennes sont des fossiles étroitement alliés à ceux qui vivent aujourd'hui. On sait à quel point les édentés caractérisent la faune moderne du Brésil. Ce pays est la patrie des paresseux (*bradypus*), des tatous (*dasypus*), des fourmiliers (*myrmécophaga*). Or, c'est aussi dans ce pays qu'on a trouvé les genres éteints, si extraordinaires, qui tous appartiennent à ce même ordre des Édentés : le mégathérium, le mylodon, le mégalonyx, le glyptodon et plusieurs autres (Agassiz. De l'Espèce). L'illustre Owen a montré que cette loi de *succession des types* s'appliquait aussi aux oiseaux gigantesques de la Nouvelle-Zélande. Il a même étendu la généralisation aux mammifères du Vieux Monde. C'est là, en effet, qu'on trouve les éléphants, les singes, les lions, etc.; et si quelques-uns de ces fossiles ont été découverts dans l'Amérique du Nord, c'est que ces animaux avaient réussi à pénétrer dans l'Amérique par le détroit de Behring alors qu'une élévation du terrain reliait le continent américain à l'Europe. Cette parenté entre les types fossiles et les espèces présentes, dans les contrées où l'émigration était difficile ou même impossible, est à la fois une conséquence et une preuve de la théorie de Darwin.

IIe *Série.* — *Philosophie zoologique.*

I. — **Natura non facit saltum** (La nature ne fait pas de saut). — La nature ne fait pas de saut, tel est l'axiome d'histoire naturelle, dont la vérité est confirmée par chaque découverte de la science moderne. Il est la conséquence nécessaire de la sélection naturelle. Que dit celle-ci? Les espèces sont les descendants modifiés d'un progéniteur commun par voie de variations graduelles et accumulées. Par conséquent, entre elles et le progéniteur commun la chaîne doit être continue. Si la terre pouvait rendre à la vie toutes les races qu'elle a englouties, pas un anneau ne manquerait aux diverses séries : *Natura non facit saltum.*

II. — **L'unité de plan.** — L'unité de plan est cette ressemblance fondamentale que l'on rencontre dans la structure de tous les êtres organisés de la même classe. Cette ressemblance paraît complétement indépendante de leurs habitudes de vie. La main de l'homme faite pour saisir et toucher, et la griffe de la taupe destinée à fouir la terre, la nageoire du marsouin et l'aile de la chauve-souris de même que le membre antérieur du cheval, sont construits sur le même plan primitif, c'est-à-dire renferment des os semblables, placés dans la même position relative. Rien n'est plus différent, en apparence, que la longue trompe roulée en spirale du papillon-sphynx, celle des abeilles ou des hémiptères si singulièrement reployée, et les grandes mâchoires d'un coléoptère. Cependant tous ces organes si divers et destinés à de si différents usages sont formés au moyen d'un nombre infini de modifications d'une lèvre supérieure, de mandibules et de deux paires de mâchoires. Des lois analogues gouvernent la structure et les membres des crustacés. Il en est encore de même dans les fleurs des végétaux.

Quelles que soient les restrictions qu'on impose à la théorie de sélection naturelle; quand même on limiterait son pouvoir à la création d'espèces dans le cercle limité d'un seul genre, l'unité de plan ou de type n'en reste pas moins une conséquence rigoureuse de la sélection. En effet, si toutes les espèces, dans un même genre, descendent d'un même progéniteur, il est nécessaire qu'elles aient la même structure. L'unité d'origine a pour corollaire inévitable l'unité de plan.

III. — **La loi des conditions d'existence.** — « Comme rien ne peut exister, dit Cuvier, s'il ne réunit les conditions qui rendent son existence possible, les différentes parties de chaque être doivent être coordonnées de manière à rendre possible l'être total, non-seulement en lui-même, mais dans ses rapports avec ceux qui l'entourent. » Telle est la loi des conditions d'existence. Cette loi agit toujours, soit par les adaptations actuelles des parties variables de chaque être à ses conditions de vie organiques ou inorganiques, soit au moyen d'adaptations depuis longtemps effectuées pendant quelqu'une des longues périodes géologiques écoulées. Or, ces adaptations actuelles ou acquises, qu'est-ce autre chose que les effets nécessaires de la sélection naturelle sous l'aiguillon puissant de la concurrence vitale, et transmis aux descendants en vertu de la loi d'hérédité ?

IV. — **Le progrès organique.** — La sélection naturelle agit exclusivement pour la conservation en accumulant peu à peu les variations accidentelles qui peuvent être avantageuses à l'individu dans les conditions d'existence où il est appelé à vivre. Elle a donc pour résultat final que toute forme vivante doit devenir de plus en plus parfaite, relativement du moins à ses conditions d'existence. Or, ce perfectionnement continuel des individus organisés doit inévitablement conduire au progrès général de l'organisme parmi la pluralité des êtres vivants répandus à la surface de la terre.

Observation. — On voit par ces considérations avec quelle prudence et quelle réserve Darwin touche à cette difficile question du progrès organique. Qu'est-ce, en effet, que le progrès ? Quelle part l'intelligence doit-elle y prendre, et quelle part la force matérielle et physique ? Problème ardu, dont la solution implique au fond et préalablement celui même de l'univers, du pourquoi et du comment des choses! Croyant ou philosophe, théiste ou panthéiste, chacun donnera une définition concordant avec sa manière d'envisager la nature, et par conséquent rien ne sera plus dissemblable que ces définitions respectives. Cependant si, écartant le côté intellectuel où éclatent surtout les divergences d'appréciations, on restreint la question au seul domaine physique, c'est-à-dire à la vigueur des membres et à leur meilleure appropriation, on peut trouver alors un assentiment presque général à la règle qu'ont adoptée les plus grands naturalistes pour mesurer le progrès organique : *Division physiologique du travail* ou localisation de chaque faculté dans un organe particulier.

CHAPITRE VI

FAITS EXPLIQUÉS PAR LA SÉLECTION NATURELLE

I. — La distribution géographique des êtres organisés (1). — Lorsqu'on parcourt les deux Amériques, du nord au sud, on rencontre les conditions locales les plus opposées : des districts humides, des déserts arides, de hautes montagnes, des plaines herbeuses, des forêts, des marécages, des lacs, de grandes rivières et presque toutes les températures possibles. Or, il n'est pas une seule de ces conditions qui ne se trouve également dans l'Ancien-Monde. Comment expliquer la dissemblance entre la faune américaine et la faune du Vieux-Monde ? Sans doute la faune américaine se divise et subdivise en une foule d'espèces bien distinctes ; mais ces espèces, malgré

---

(1) Voir Milne-Edwards. *Zoologie élémentaire*, page 603 et suivantes.

leurs caractères tranchés, ont cependant dans leur ensemble un air de famille. De même pour la faune de l'ancien continent. La théorie des créations indépendantes est impuissante à donner cette explication. Celle-ci découle naturellement de la théorie de sélection en s'appuyant sur deux faits : 1° les barrières naturelles ; 2° les migrations.

1° *Barrières naturelles*. — Les barrières naturelles sont de deux sortes : les barrières *physiques* ou mécaniques, telles que les monts élevés, les bras de mer, etc. ; les barrières *physiologiques*, et, en première ligne, la température inégale des diverses régions du globe.

Quant aux barrières physiques, il est évident que les oiseaux et les poissons doivent être, parmi les espèces douées de locomotion, celles qui sont le moins enfermées dans une zone particulière, soit sur terre, soit en mer. On peut donc s'attendre et on trouve, en effet, une grande dissémination de ces espèces dans toutes les parties du globe. Les reptiles, au contraire, sont pour la plupart cantonnés dans des limites étroites : il en est de même pour les mollusques et les crustacés.

Quant aux barrières physiologiques, certaines espèces peuvent supporter également bien un froid intense et les chaleurs tropicales : l'homme et le chien, par exemple ; aussi on les trouve partout. D'autres, au contraire, ne peuvent exister que sous l'influence d'une température déterminée. Ainsi les singes, qui pullulent dans les régions tropicales, meurent presque tous de phthisie lorsqu'ils se trouvent exposés au froid et à l'humidité de nos climats. D'autre part, le renne, qui supporte si bien les rigueurs du long et rude hiver de la Laponie, souffre de la chaleur à Saint-Pétersbourg, et succombe en général à l'influence d'un climat tempéré (Milne-Edwards).

Ces notions préliminaires exposées, appliquons la théorie de sélection à l'explication du caractère particulier qui distingue la faune respective de l'Amérique et de l'Australie. Ces deux continents sont séparés chacun du reste de l'univers habité. Donc les espèces issues d'un progéniteur américain ou australien n'ont pu se mélanger aux espèces exotiques; par conséquent, elles ont dû conserver cette physionomie originale qui frappe si vivement le naturaliste européen.

Il est bien entendu que cette séparation entre les divers continents a pu n'être pas absolue en toute époque. Rien ne s'oppose à ce qu'une communication entre deux terres fermes ait existé pendant un temps plus ou moins long; puis, qu'un affaissement ou toute autre cause géologique l'ait fait disparaître. Si restreinte qu'on la suppose, cette période de temps a pu permettre à quelques animaux de l'ancien continent, par exemple, de pénétrer dans l'Amérique du Nord. C'est ainsi que l'on y trouve des espèces communes aux deux mondes, l'ours blanc, le renne le castor, l'hermine, le faucon pèlerin, l'aigle à tête blanche, etc. En général, ces migrations ne s'étendent guère au-delà d'une certaine limite, autant qu'on en peut juger par les fossiles jusqu'à présent découverts. Ainsi s'explique la présence des ossements du mammouth sibérien, rares au Canada, mais abondants à mesure qu'on se rapproche du Nord. Il est certain, en effet, que là où est le détroit de Behring, un isthme reliait l'Amérique à la Sibérie. La présence insolite d'animaux de l'ancien continent au milieu de la faune propre à l'Amérique est précieuse pour le géologue. Elle lui permet d'assigner avec une précision relative l'époque où l'exhaussement du terrain livra passage aux mammouths, et celle où l'affaissement du même terrain donna naissance au détroit de Behring.

L'absence ou la présence de certains animaux dans les îles océaniques trouvent dans la Théorie de Darwin une explication naturelle.

1° Les îles océaniques sont dépourvues de batraciens (grenouilles, crapauds, salamandres), et cependant le climat leur convient très-bien, puisque, introduites par l'homme aux Açores, les grenouilles s'y sont multipliées au point d'y devenir un fléau. La sélection explique ce fait aisément en montrant que les batraciens n'ont pu se rendre à la nage dans ces îles, parce que l'eau salée les tue ainsi que leur frai, par son contact immédiat.

2° Les seuls mammifères qu'on y trouve sont les chauves-souris. Cela est très-conforme à la théorie de sélection, car des mammifères aériens ont pu, seuls, aborder en volant dans ces îles. Les deux faits précédents sont incompréhensibles dans la théorie des créations indépendantes, car il n'en coûtait pas plus à la Providence de faire des batraciens et des mammifères terrestres que des chauves-souris.

Réciproquement, lorsqu'une île est rapprochée de la terre ferme dont, à une époque antérieure, elle faisait partie, sa faune se rattache à celle d'un continent.

2° *Migrations*. — La nécessité et les conséquences de la concurrence vitale ont contraint les individus à rayonner loin de leur station première et à envahir peu à peu les diverses régions de leur continent. Or, la sélection naturelle, stimulée déjà par des causes énergiques et diverses, n'a pas cessé de modifier les espèces essaimées et insensiblement d'en créer de nouvelles. Mais, en les distinguant les unes des autres, elle n'a pu effacer le cachet original qu'elles conservent en regard des espèces d'un autre continent.

Elle n'est pas une pure hypothèse, cette assertion que les animaux habitant aujourd'hui les zones les plus différentes ont rayonné d'un centre commun. Les découvertes faites à Pikermi, par M. A. Gaudry, ont mis ce point hors de doute. Parmi les animaux qui vivaient ensemble en Attique, les uns ont émigré au Nord : ce sont le castor, l'aurochs, le renne, le lemming, le bœuf musqué ; les autres ne se trouvent plus que dans l'Afrique brûlante : ce sont l'hippopotame, l'hyène tachetée, l'éléphant africain. Il en est de même des mollusques crétacés de la Suisse, au témoignage de M. Pictet ; des végétaux du sud-est de la France, au témoignage de M. de Saporta. Cette coexistence en Grèce d'animaux aujourd'hui si distants les uns des autres est un fait de la plus haute importance. Au seul point de vue de la variabilité, il prouve qu'un tel changement dans les conditions d'existence a rendu nécessaires de graves modifications dans les espèces.

Les migrations se font en rayonnant autour de la souche prise comme centre; puis, lorsque la sélection a fait naître une variété sur un point du cercle, ce point devient le centre d'un second cercle. Sur un point de ce nouveau cercle se développe une nouvelle variété, centre d'un troisième cercle, et ainsi d'une manière continue. De sorte que la chaîne et le groupement des espèces peuvent être figurés par une série de cercles s'enchevêtrant les uns dans les autres. Entre le premier et le dernier, il ne doit pas y avoir de solution de continuité, soit dans le présent, soit dans le passé, entre les espèces vivantes et les espèces fossiles. Par conséquent, lorsqu'une solution de continuité se présente, il faut que la théorie de sélection en trouve la cause dans les phénomènes géologiques constatés par la science. Or cette solution de continuité existe d'une manière frappante entre plusieurs points. Sur les hauts sommets des États-Unis, on trouve les mêmes plantes qu'au Labrador; sur les sommets de l'Écosse, les mêmes qu'en Scandinavie; sur les Alpes, les mêmes qu'aux Pyrénées. L'explication de cette double station à intervalles séparés est donnée par la période glaciaire qu'a subie notre globe, peut-être à plusieurs reprises. On sait qu'à un moment du temps passé, les glaces des cîmes élevées se répandirent sur la plus grande partie du continent, aussi bien en Europe que dans les autres parties du monde. Lorsque le froid eut commencé à sévir avec une violence croissante, les plantes des sommets alpins, par exemple, sont descendues dans la plaine, triomphant de leurs rivales inhabiles à supporter les frimas; puis elles ont envahi les Pyrénées et s'y sont établies en vainqueurs. Lorsque la chaleur revint du Sud au Nord, les plaines se sont repeuplées de leurs espèces particulières. Devenues victorieuses à leur tour, elles ont chassé les plantes alpines devant elles, et les ont refoulées jusqu'aux points assez élevés pour que le froid les arrêtât. C'est ainsi que les plantes acclimatées aux rigueurs d'un hiver perpétuel ont conservé pour refuge les cîmes des Alpes et des Pyrénées. La concurrence vitale, s'appuyant sur le fait des périodes glaciaires, explique donc naturellement l'identité de deux flores habitant des stations séparées par d'énormes distances. Cette explication est si bien d'accord avec les découvertes faites par la science dans la marche et l'extension des glaciers, qu'on peut établir le principe suivant : « Lorsque, sur les sommets de montagnes éloignées les unes des autres on trouve les mêmes espèces, on peut conclure de là, sans autre preuve, qu'un climat plus froid leur a permis autrefois de vivre dans les basses terres intermédiaires, devenues depuis trop chaudes pour elles. »

En résumé, la physionomie originale des faunes de

chaque continent, la présence ou l'absence de certains animaux dans les îles océaniques, sont très-bien expliquées par la théorie de sélection à l'aide de deux faits : les barrières naturelles et les migrations. Quant aux stations éloignées d'une même espèce, ces interruptions de continuité sont encore expliquées par la sélection à l'aide d'un troisième fait : la période glaciaire.

Toutefois il est utile de noter la différence radicale qui distingue les barrières mécaniques des barrières physiologiques. Les premières ont un caractère absolu ; elles ont été capables en tous temps d'arrêter l'expansion ou les migrations d'une espèce. Il n'en est pas de même des barrières physiologiques, lesquelles ont un caractère relatif au temps et à l'espace. Si aujourd'hui les singes transportés en Europe meurent de phthisie ; ou si les rennes succombent sous l'action d'un climat tempéré, il ne s'ensuit pas que cette mortalité ait été la règle en tous les temps. En effet, la transplantation brusque et considérable, telle que l'homme essaye de la pratiquer sur les espèces, ne ressemble en rien à une migration lente, progressive, qui a pu durer des siècles, telle qu'elle a eu lieu aux époques géologiques. Ces migrations graduelles et insensibles permettaient aux espèces de s'adapter peu à peu aux conditions du milieu ambiant. La découverte faite à Pikermi par M. Albert Gaudry en est la preuve éclatante. Il est certain qu'à un certain moment l'Attique nourrissait côte à côte le renne et l'éléphant africain, le bœuf musqué et l'hyène tachetée. Le renne et le bœuf musqué ont émigré vers le Nord, tandis que l'éléphant et l'hyène inclinaient vers le Midi. Il a donc bien fallu que ces espèces, vivant d'abord sous le même ciel, se pliassent peu à peu aux conditions d'un nouveau climat, et que les variations accumulées pendant des siècles aboutissent au tempérament que ces animaux ont actuellement.

Comment pourrait-on nier un fait aussi évident? N'est-ce pas sur lui que sont fondées toutes nos tentatives d'acclimatation? Si parmi des milliers d'individus transportés brusquement d'un ciel sous un autre deux ou trois couples seuls survivent, ces couples ne suffisent-ils pas à devenir la souche d'espèces nombreuses? Ces espèces, à leur tour, au bout d'un grand nombre d'années succomberaient si on les replaçait au foyer primordial de leur race. La plupart de nos oiseaux de basse-cour, originaires de l'Inde ou de l'Asie-Mineure, en sont la preuve. Ne le savons-nous pas encore? Les Européens émigrés dans les pays équatoriaux, lorsqu'ils échappent aux atteintes du climat, deviennent progéniteurs de descendants sur lesquels, après deux ou trois générations, le climat européen a une influence funeste. Eux, à leur tour, subissent pour l'acclimatation sous le ciel froid et brumeux de l'Europe la lutte dangereuse qu'ont eue à soutenir contre le ciel brûlant des tropiques leurs arrière-grands-pères. Si des migrations brusques et dans des contrées extrêmement éloignées n'entraînent pas fatalement la mort de tous les individus d'une espèce, à plus forte raison ne l'ont-elles pu faire dans les temps préhistoriques lorsqu'étant limitées ni par la durée ni par l'espace, les espèces ont pu s'adapter aux nouveaux milieux par degrés insensibles, et par conséquent sans danger inéluctable d'extinction pour l'espèce entière.

II. — **Les organes rudimentaires**. — Rien n'est plus commun dans la nature que la présence d'organes rudimentaires. Ainsi on observe des mamelles rudimentaires chez presque tous les mâles de mammifères. Chez un grand nombre de serpents un des lobes du poumon est rudimentaire. Chez d'autres, il existe des rudiments du bassin et des membres postérieurs (1). Les fœtus de baleines ont des dents; à l'âge adulte les baleines n'en ont plus. Les jeunes veaux, avant leur naissance, ont aussi des dents, mais qui ne percent jamais les gencives. Certains coléoptères, habitants d'îles exposées aux vents, ont des ailes sous des élytres fermement soudées l'une à l'autre de sorte qu'ils ne peuvent s'en servir. Les ailes du manchot et du pingouin sont si peu développées qu'elles ne servent que de rames. Chez l'aptéryx, oiseau de la Nouvelle-Zélande, elles sont tellement rudimentaires qu'elles restent absolument sans emploi. Tous ces exemples, désespoir des causes-finaliers, trouvent leur explication naturelle dans la théorie de sélection. C'est le défaut d'exercice qui en est la

(1) Chez l'*Hétérodactyle*, sorte de serpent lézard. Galeries du Muséum.

cause, non pas unique, mais principale. En agissant sur la suite des générations, il a réduit graduellement certains organes jusqu'à ce qu'ils devinssent complétement rudimentaires. On comprend, en effet, que dans certaines îles, ceux-là d'entre les coléoptères aient échappé à la mort, qui n'ont point déployé leurs ailes au souffle du vent, qui les ont maintenues repliées de force sous leurs élytres. A la longue, ces dernières se sont soudées, puis la sélection, appuyée sur la loi d'hérédité, a fini par ne laisser survivre que les espèces aux élytres fermées. La présence des dents chez le fœtus du veau et de la baleine s'explique d'une manière analogue. Les conditions de vie où sont confinées ces deux mammifères ont peu à peu rendu inutile le système dentaire. Les dents du veau, par exemple, se sont résorbées pendant un certain nombre de générations successives par suite du défaut d'usage ou parce que la langue, les lèvres et le palais se sont adaptés, par sélection naturelle, à brouter plus facilement sans leur aide. Les modifications se sont transmises par les moyens connus à leur postérité ; et, si l'on trouve encore ces traces d'un passé qui n'est plus, c'est qu'en vertu de la loi physiologique *le principe d'hérédité à l'âge correspondant*, les variations acquises par les adultes ne reparaissent dans les descendants qu'à l'âge adulte. Par conséquent les fœtus et les embryons doivent conserver les empreintes les moins affaiblies de leur premier ancêtre.

Quant au changement de fonction dans un organe, il s'explique aisément par l'habitude. S'il est inutile constamment au manchot d'employer ses ailes pour voler, tandis que ramer est une condition principale d'existence pour lui, l'habitude finira graduellement par changer la fonction des ailes. Tous ces phénomènes sont le résultat immédiat de la sélection.

III. — **Persistance des Types inférieurs**. —

On est convenu de prendre pour critérium du progrès organique *la division physiologique du travail*. Un animal occupe une place d'autant plus élevée dans l'échelle des êtres que chaque faculté se localise davantage dans un organe propre. Puisque spécialiser les organes est généralement avantageux à chaque être, la sélection doit tendre constamment à le faire de plus en plus dans l'organisation individuelle et à rendre celle-ci, sous ce rapport, plus parfaite. Cela n'empêche pas qu'elle peut laisser et laisse en réalité subsister un nombre considérable d'êtres d'une structure simple et peu développée, mais parfaitement adaptée à leurs conditions de vie. Une organisation très-élevée ne saurait être d'aucune utilité à des êtres destinés à vivre dans des conditions infimes et pourrait même leur être nuisible en ce que, d'une structure plus délicate, elle serait exposée à des désordres plus graves et plus fréquents. Tels sont les infusoires, par exemple, et les zoophytes. Pourquoi changeraient-ils ? Leur organisation se prête si facilement à toutes les impressions du milieu ambiant ! Ils s'y trouvent sans effort et naturellement adaptés : pour eux toute variation est superflue. Aussi, conformément à la théorie de sélection, s'est établie la loi suivante : « 1° Plus la structure des êtres est simple, plus ils sont constants dans leurs formes. » Et réciproquement : « 2° Plus l'organisation des êtres est élevée, plus la vitesse de changement est grande. » La persistance des types inférieurs à côté des formes élevées de l'organisme s'explique donc aisément dans la théorie de sélection.

IV. — Le développement récurrent. — Tout d'abord il faut distinguer deux choses : 1° le développement récurrent des *facultés intellectuelles ;* 2° le développement récurrent de *l'organisation.*

1° *Développement récurrent de l'intelligence.* — Les animaux sont doués d'intelligence à des degrés divers. Dans leur jeunesse, le chimpanzé et l'orang-outang semblent le diputer à l'enfant en gentillesse, en discernement et en calcul. L'orang-outang qui a vécu au Jardin des Plantes, à Paris, a donné les marques les plus frappantes d'analogie intellectuelle avec l'espèce humaine.

Un chimpanzé, que le voyageur américain L. du Chaillu avait pris très-jeune et qu'il ne conserva que trois mois, étonna son maître par ses espiègleries et ses manières d'enfant gâté. Quoi qu'il en soit de l'intelligence relative déployée par les animaux voisins de l'homme, c'est un phénomène vraiment étrange qu'à l'âge de puberté leurs facultés se détériorent ; on dirait qu'ils reviennent sur leurs pas et redescendent dans la bestialité. La philosophie et la science sont impuissantes à expliquer ce phénomène. Aussi, en regard de la raison progressive et capable de perfectionnement, apanage exclusif de l'homme, le développement récurrent de l'Intelligence est-il la grande ligne de démarcation qui sépare la brute de l'homme.

2° *Développement récurrent de l'organisation*. — Celui-là est du domaine de l'histoire naturelle, tandis que le premier appartient plutôt à la philosophie. Les raisons qui expliquent la persistance des types inférieurs sont applicables au développement récurrent de l'organisme. On comprend que, pour résister à la concurrence vitale, la sélection puisse simplifier l'organisation par une métamorphose régressive qui la fasse descendre dans l'échelle animale. L'être est dégradé, il est vrai, mais il est mieux adapté à sa nouvelle manière de vivre. Si l'aile du manchot ne lui sert plus que de rame, c'est que, dans les conditions particulières où il est placé, le vol lui est devenu inutile, tandis que le soin de la nourriture l'oblige à plonger dans les eaux. Le membre antérieur de la baleine est déchu en nageoire, parce que la nécessité de trouver les aliments dans la mer a pour jamais éloigné les cétacés de la terre ferme. La métamorphose si extraordinaire des animaux inférieurs, connue sous le nom de *génération alternante*, où l'on voit les adultes rétrograder en regard de la structure des larves, trouve son explication dans les lois de la sélection et de l'hérédité à l'âge correspondant. En résumé, la question suprême pour un être est de s'adapter aux conditions de vie : peu importe qu'il le fasse par progression ou en rétrogradant. Il suffit qu'une forme quelconque donne aux concurrents un léger avantage pour qu'elle soit choisie par la sélection et fixée par l'hérédité.

De toutes les explications données au sujet de ce phénomène qu'on appelle le développement récurrent de l'organisme, la moins mauvaise est assurément celle qui découle de la théorie de sélection.

CONSÉQUENCES DE LA SÉLECTION NATURELLE

§ 1er. HISTOIRE NATURELLE

1° Divergence des caractères.
2° Extinction d'espèces.
3° Les espèces éteintes ne reparaissent plus.
4° Les couches géologiques intermédiaires doivent contenir des espèces intermédiaires.
5° Dans une contrée isolée, les espèces actuelles doivent descendre des espèces fossiles.

§ 2. PHILOSOPHIE ZOOLOGIQUE

1° La nature ne fait pas de saut.
2° L'unité de plan ou de type.
3° La loi des conditions d'existence.
4° Le progrès organique.

FAITS EXPLIQUÉS PAR LA SÉLECTION NATURELLE

1° Distribution géographique des êtres organisés.
2° Organes rudimentaires.
3° Persistance des types inférieurs.
4° Développement récurrent.

CHAPITRE VII

LA SÉLECTION, LA LOI D'ATAVISME, LES DOCTRINES GÉOLOGIQUES

I. — Image du groupement et de la filiation des êtres organisés, d'après la théorie de sélection naturelle. — « On a quelquefois représenté les affinités des êtres de même classe sous la figure d'un grand arbre : cette comparaison est exacte. Les rameaux et les bourgeons représentent les espèces vivantes ; ceux qui ont végété et fleuri pendant les années précédentes représentent la succession des espèces éteintes. A chaque saison de croissance, tous les rameaux se sont efforcés de se ramifier encore de tous côtés et de vaincre jusqu'à extermination les branches et rameaux voisins, de la même manière que les espèces et groupes d'espèces se sont efforcés de vaincre d'autres espèces dans la grande bataille de la vie. Les bifurcations du tronc divisées en grosses branches, et celles-ci en branches de moins en moins grosses, ont été elles-mêmes, un jour, lorsque l'arbre était jeune, de simples bourgeons ; et cette connexion entre les bourgeons passés et présents, au moyen de branches ramifiées, représente parfaitement la classification de toutes les espèces vivantes et éteintes en groupes subordonnés à d'autres groupes. Parmi les nombreux bourgeons qui florissaient lorsque l'arbre n'était qu'un arbuste, deux ou trois seulement, devenus maintenant de grandes branches, ont survécu et portent aujourd'hui encore toutes les autres branches. De même, parmi les espèces qui vécurent à des époques géologiques très reculées, un bien petit nombre ont encore aujourd'hui des descendants modifiés. Dès la première phase du développement de l'arbre, plusieurs des rameaux qui auraient pu devenir plus tard des branches principales se sont desséchés et sont tombés ; et ces branches perdues, de grandeurs diverses, peuvent représenter ces ordres entiers, ces familles, ces genres qui n'ont aujourd'hui aucun représentant vivant, et qui ne nous sont connus qu'à l'état fossile. De même que l'on voit ici et là un jet fragile et mince s'élancer d'un des nœuds inférieurs d'un arbre et arriver plein de vie jusqu'au sommet lorsque des chances heureuses le favorisent ; de même nous voyons de rares animaux, tels que l'ornithorhynque et le lépidosirène qui, à quelques égards, rattachent l'un à l'autre par leurs affinités deux embranchements principaux de l'organisation, arriver jusqu'à notre époque, apparemment soustraits aux fatalités de la concurrence par la situation protectrice de leur station. De même que les bourgeons en se développant donnent naissance à de nouveaux bourgeons ; et comme ceux-ci, lorsqu'ils sont vigoureux, végètent avec force et dépassent de tous côtés beaucoup de branches plus faibles ; ainsi, par une suite de générations non interrompues, il en a été du grand *Arbre de la vie* qui remplit le sol de la Terre des débris de ses branches mortes et rompues, et qui en couvre la surface de ses ramifications toujours nouvelles et toujours brillantes. » (Darwin.)

II. — Loi d'atavisme ou de réversion. — Il est en physiologie un fait très-surprenant, mais parfaitement établi : c'est la tendance qu'ont les descendants modifiés à reprendre un ou plusieurs caractères de la souche primitive. Cette tendance s'appelle l'*atavisme* ou *loi de réversion*. Toutes les races de pigeon descendent du biset (*columba livia*), lequel a une robe d'un bleu d'ardoise, deux barres noires sur les ailes, une barre noire sur la queue, et les plumes caudales extérieures bordées de blanc vers le côté externe de leur base. Or, il arrive fréquemment que dans les variétés qui s'éloignent le plus du biset, la couleur bleu-ardoise réapparaisse ainsi que l'une des marques caractéristiques du plumage.

Les observations faites sur l'atavisme ont abouti à ces deux faits :

1° *Races croisées*. — Lorsqu'une race a été croisée seulement une fois avec une autre, leur postérité mutuelle montre une tendance à revenir aux caractères de la race étrangère pendant plusieurs générations, et même, selon quelques-uns, pendant une douzaine ou une vingtaine de générations. Après douze générations la proportion du sang mêlé entre les deux lignes d'ancêtres est seulement de 1 à 2048; et cependant l'on admet généralement, et l'on a constaté qu'il suffit de cette goutte de sang étranger pour qu'il se manifeste encore des tendances de réversion.

2° *Races non croisées*. — Au contraire, chez une race qui n'a pas été croisée, mais chez laquelle les deux parents ont perdu, par sélection ou autrement, quelque caractère possédé par un ancêtre commun, la tendance forte ou faible à reproduire le caractère perdu peut se transmettre pendant un nombre de générations presque indéfini.

De la loi de réversion, dans ses rapports avec la théorie de descendance modifiée par sélection, découlent deux conséquences presque contradictoires :

1° Elle fait obstacle à la sélection puisqu'elle tend à détruire les effets des variations progressives en ramenant chez les descendants les caractères primitifs du progéniteur commun.

2° Elle est une preuve de la vérité de la théorie de sélection puisque, en ramenant les caractères primitifs du progéniteur commun, elle prouve ainsi que malgré leur diversité et leurs dissemblances les espèces descendent d'une souche commune. Exemple : le zèbre a des raies sur le corps et les jambes ; le couagga seulement sur le corps ; l'âne a la zébrure scapulaire, souvent aussi des raies transversales sur les jambes. Les chevaux, en Europe, surtout les poulains, ont généralement la raie dorsale ; quelques-uns ont deux et même trois raies parallèles sur chaque épaule. Au nord-ouest de l'Inde, la race des chevaux kattywar a toujours la raie dorsale ; la raie scapulaire est très-commune et quelquefois double ou même triple. En présence de cette réapparition fréquente d'un caractère identique, la loi de réversion permet de conclure à un progéniteur commun d'où seraient issues deux familles. La première comprendrait le zèbre et le couagga, dont le pelage rayé indiquerait des croisements moins nombreux ; la seconde, plus déviée du prototype, serait composée de l'hémione, de l'âne et du cheval, chez qui, dans des circonstances favorables mais inconnues pour nous, réapparaîtrait la rayure caractéristique de leur commune origine.

III. — **Théories géologiques et théories de l'origine des espèces.** — Deux doctrines géologiques sont en présence pour expliquer les changements subis par le globe terrestre :

1° Celle des catastrophes subites et universelles, exposée par Cuvier ;

2° Celle de l'action lente des causes actuelles, soutenue par sir Charles Lyell.

§ 1ᵉʳ. CATASTROPHES SUBITES. — La théorie des catastrophes explique les changements survenus à la surface terrestre par des soulèvements et des affaissements subits, universels, qui chaque fois ont détruit tous les êtres contemporains. De sorte que, à chaque révolution, Dieu était obligé de recommencer son œuvre, selon l'expression sarcastique d'Etienne Geoffroy-Saint-Hilaire, et de fabriquer des espèces nouvelles, pour peupler un globe soudainement bouleversé. A cette théorie, nul besoin d'une longue durée; aussi affirme-t-elle que la dernière catastrophe est de date relativement récente.

Fixité des espèces. — A cette doctrine géologique correspond la théorie de la fixité des espèces, et par conséquent la singularité de leur origine. Puisque à chaque révolution toutes les espèces étaient détruites, il résulte que les espèces suivantes, créées de toutes pièces, dérivent chacune d'une souche particulière. D'autre part, comme la dernière révolution est, par hypothèse, relativement récente, les espèces n'ont pu varier, parce qu'elles n'en ont pas eu le temps. Pour ces deux raisons, les espèces sont fixes et descendent chacune d'un progéniteur distinct. Ce qui caractérise ce système, c'est l'intervention multipliée d'u Créateur qui, à la manière du dieu de Platon, modèle les êtres d'après un type idéal, et perfectionne ses œuvres à chaque nouvelle édition.

§ 2. ACTION LENTE DES CAUSES ACTUELLES. — D'après la théorie des causes actuelles, aujourd'hui communément adoptée, les changements survenus dans les temps préhistoriques ont été l'œuvre des mêmes causes lentes et multiples qui aujourd'hui, sous nos yeux, modifient la surface de la terre. Que ces causes aient agi à certains moments avec plus d'énergie, c'est vraisemblable ; mais ce sont elles, elles seules, qui ont agi en modifiant l'écorce terrestre à la longue et graduellement, si bien qu'entre les époques antérieures et l'époque moderne il n'y a jamais eu de solution de continuité. A l'action des causes actuelles, une seule condition suffit, celle d'un nombre immense d'années. Cette théorie a l'avantage, non-seulement de supprimer le merveilleux, mais encore d'expliquer *l'inconnu* du passé par le *connu* du présent : ce qui est la vraie méthode scientifique.

Variabilité des espèces. — La théorie de sélection explique l'origine des espèces par la divergence des caractères, au moyen de variations continues. Une condition lui est nécessaire : une longue série de siècles. Elle a cet avantage d'expliquer des faits naturels par des causes naturelles, en écartant toute spéculation théologique, cette peste de la science. Car la science n'est pas autre chose que l'élimination du *surnaturel* dans l'explication des choses *naturelles*.

CHAPITRE VIII

CRITIQUE DES CLASSIFICATIONS ACTUELLES

Avant d'exposer les principes de classification qui découlent de la théorie de descendance modifiée par sélection, Darwin fait une critique très vive de l'anarchie qui a présidé aux classifications communément adoptées. Avec une logique impitoyable, il démontre que tout est artificiel dans les prétendus systèmes naturels ; que chaque naturaliste a suivi la pente de son esprit dans la manière de classer, accordant tantôt une importance capitale à un caractère, tantôt le négligeant sans aucune raison objective ; en un mot, que, faute d'un fil conducteur, la classification est à refaire. Sa conclusion est que la *filiation généalogique* est ce fil conducteur, et qu'elle seule est apte à grouper les êtres et à fonder une classification vraiment naturelle (1).

(1) Tout ce qui concerne la classification, sauf l'exposition méthodique, est extrait presque textuellement du livre de M. Darwin, l'*Origine des Espèces*. Voir l'excellente traduction par Mlle Clémence Royer.

Les naturalistes s'efforcent de disposer les espèces, genres et familles de chaque classe d'après ce qu'ils appellent le système naturel. Mais que signifie ce mot ? Quelques auteurs le considèrent comme un plan idéal pour grouper les *semblables* et pour diviser les *dissemblables;* ou comme un moyen artificiel pour énoncer aussi brièvement que possible certaines propositions générales (Doctrine de Cuvier). Aux yeux d'un grand nombre, c'est la révélation même du plan créateur (Doctrine d'Agassiz, *De l'Espèce*, pages 10, 18, 31).

Absence de principe méthodique. — our classer les êtres conformément à ce plan idéal, quelle règle suivre ? Quel sera le fil conducteur du naturaliste pour qu'il ne s'égare point et ne soit pas exposé à faire fausse route ? Les naturalistes n'ont jamais eu un critérium fixe et vraiment rationnel. Tantôt ils adoptent celui-là comme étant d'une importance capitale, dont, un instant après, ils ne tiendront aucun compte. Tantôt ils écartent celui-ci avec dédain comme étant d'une nullité évidente, pour en faire plus tard la règle de leurs déterminations. En un mot, quelle que soit la valeur isolée des caractères adoptés tour à tour, il n'en est pas moins vrai que la liaison et la rigueur de démonstration font partout défaut. La classification adoptée ne peut s'imposer à la conviction parce qu'elle n'a pas le caractère de certitude : elle semble un modèle d'anarchie et d'arbitraire.

§ 1ᵉʳ. *Critique des Espèces* (1).

I. — Caractères d'analogie et d'adaptation. — Longtemps on a cru que les particularités d'organisation qui déterminent les habitudes de vie, et que le milieu où chaque être vit devaient être de haute importance en classification. Rien cependant n'est plus faux. Nul ne considère comme importantes les ressemblances extérieures d'une souris et d'une musaraigne, d'un dugong (*pachyderme*) et d'une baleine (*cétacé*), d'une baleine et d'un poisson. Ces ressemblances, bien que liées étroitement à leur vie entière, sont regardées simplement comme des caractères analogiques ou d'adaptation. On pourrait même poser en règle générale que, moins une particularité d'organisation est en connexion avec les habitudes spéciales des êtres vivants, plus elle devient de haute valeur en matière de classification. Par exemple, chez le dugong, les organes de la génération sont le moins directement en relation avec les habitudes et la nourriture de cet animal; par conséquent ils doivent fournir les plus claires indications sur les affinités réelles du dugong (Owen). Il en est de même chez les plantes. Leur vie dépend de leurs organes végétatifs, et cependant ceux-ci ne fournissent que des caractères négligeables, tandis que les organes de reproduction et le fruit qu'ils produisent sont d'une importance fondamentale.

(1) Ou pour mieux dire : *Critique des caractères choisis pour déterminer les espèces.*

II. — **Organes de haute importance vitale et physiologique.** — Il ne faut donc pas, en classifiant, se fier à des ressemblances d'organisation en connexion avec les conditions du monde extérieur, de quelque importance qu'elles soient au bien-être de l'individu ou de l'espèce. Peut-être est-ce en partie pour cela que presque tous les naturalistes accordent la plus haute valeur aux organes dont l'importance vitale et physiologique est du premier ordre, tels que ceux qui servent à la circulation et à l'oxygénation du sang ainsi qu'à la reproduction. Cela est vrai, mais non pas absolument au point de vue des naturalistes ; car, en quelques groupes, chacun de ces organes vitaux, quelle que soit son importance, se trouve offrir par fois des caractères d'une valeur très-subordonnée. Ils sont considérés comme d'un grand usage pour la classification, non pas parce qu'ils sont d'une haute importance, mais parce qu'ils se montrent *uniformes et constants*. Or cette circonstance résulte de ce que ces organes se sont le moins modifiés par suite de l'adaptation des diverses espèces à leurs différentes conditions de vie.

III. — **Organes d'une importance physiologique quelconque.** — 1° Il s'en faut beaucoup que l'importance physiologique d'un organe détermine d'une manière absolue sa valeur en matière de classification. La preuve en est que, dans des groupes alliés, chez lesquels nous avons toute raison de supposer **que le même** organe doit avoir à peu près la même valeur physiologique, sa valeur au point de vue de la classification est très-différente. Par exemple, les antennes ont une grande constance de structure chez toute une division des hyménoptères ; mais dans une autre division, elles diffèrent extrêmement, et leurs différences sont d'une valeur tout à fait subordonnée en classification. Cependant nul n'oserait dire que, chez ces deux groupes du même ordre, les antennes soient d'une importance physiologique plus ou moins grande. On pourrait fournir ainsi d'innombrables exemples d'organes parfaitement identiques et par conséquent de même valeur physiologique qui, chez le même groupe d'êtres vivants, tantôt sont prépondérants pour la classification, tantôt ne le sont pas. Au milieu de ces déterminations contradictoires, comment un naturaliste pourrait-il dire en vertu de quel principe il adopte ou rejette capricieusement tel ou tel critérium ?

2° Les organes rudimentaires ou atrophiés n'ont aucune importance vitale ou physiologique; et pourtant on sait qu'ils ont souvent une très-haute valeur en classification. Nul ne contestera que la dent rudimentaire de la mâchoire supérieure des jeunes ruminants et certains os rudimentaires de leurs jambes ne soient de la plus grande utilité en ce qu'ils établissent une étroite affinité entre les ruminants et les pachydermes.

3° On pourrait énumérer nombre de particularités caractéristiques d'une valeur physiologique presque nulle et qui sont universellement regardées comme de la plus grande utilité dans la définition de groupes entiers. Ainsi, l'existence d'une libre communication entre les narines et la bouche est, selon Owen, le seul caractère qui distingue les reptiles des poissons. Il en est de même de l'ouverture de l'angle de la mâchoire, chez les Morsupiaux ; de la manière dont les ailes sont pliées chez les insectes; de la seule couleur chez quelques algues; de la pubescence sur certaines parties de la fleur chez les plantes herbacées, et de la nature du vêtement épidermique, tel que les poils ou les plumes chez les vertébrés. Si l'ornithorhynque avait été couvert de plumes au lieu de poils, ce caractère tout externe et d'une valeur physiologique indifférente aurait été considéré par les naturalistes comme aussi important dans la détermination des affinités de cette étrange créature avec les oiseaux et les reptiles, qu'une ressemblance dans la structure de tout autre organe interne.

4° L'importance, en classification, des caractères de peu de valeur physiologique dépend principalement de leur corrélation avec d'autres caractères de plus ou moins grande importance. Il est évident qu'un certain ensemble *constant* de caractères divers est surtout de la plus grande valeur en histoire naturelle. Aussi tous les essais de classification fondés sur une seule classe d'organes, quelle qu'en soit l'importance, ont toujours échoué : car aucune partie de l'organisation n'est d'une importance universellement constante dans les différents groupes d'êtres vivants. Dans la pratique et lorsque les naturalistes sont à l'œuvre, ils s'embarrassent peu de la valeur physiologique des caractères dont ils se servent pour définir un groupe ou pour désigner la place que doit occuper quelque espèce particulière. S'ils observent un caractère à peu près uniforme, comme à un grand nombre d'espèces et qui n'existe pas chez d'autres, ils s'en servent comme ayant une grande valeur. S'il est commun à un moins grand nombre de formes, ils ne l'emploient que comme ayant une valeur subordonnée. N'est-ce pas la preuve évidente que la classification aujourd'hui adoptée est dénuée de tout principe théorique? N'est-ce pas faire éclater aux yeux non prévenus que, par l'absence de toute idée fondamentale et génératrice, le prétendu *système naturel* n'est pas même un système? Un système est un ensemble de parties intimement unies l'une à l'autre par un même lien; ce lien, dans la classification actuelle, où est-il?...

IV. — L'embryon. — Deux grands naturalistes, Milne-Edwards et Agassiz, ont fortement appuyé sur ce principe que les caractères embryologiques sont les plus importants de tous pour la classification des animaux, et l'on a généralement admis cette opinion comme vraie. On conçoit aisément que les caractères dérivés de l'embryon doivent être aussi importants que ceux que l'on emprunte à l'adulte : une classification, en effet, doit comprendre tous les âges de chaque individu. Mais au point de vue de la théorie communément adoptée, on ne voit guère pourquoi la **structure de l'embryon** doit être d'une plus grande importance que celle de l'adulte. Car ce dernier seul joue son rôle complet dans l'économie de la nature.

§ 2. *Critique des groupes d'espèces.*

1. — **Division arbitraire des groupes d'espèces.** — Quant à la valeur comparative des divers groupes d'espèces, tels que les ordres, sous-ordres, familles, sous-familles et genres, elle semble avoir été, au moins jusqu'à présent, presque complétement arbitraire. Il est peu de variétés bien marquées et bien connues qui n'aient été rangées au nombre des espèces, au moins par quelques juges compétents. Parmi les plantes et les insectes, il est des groupes de formes qui, considérés d'abord par les naturalistes expérimentés comme de simples genres, ont été depuis élevés au rang de sous-familles et même de familles. Dans les genres qui, parmi les plantes, comprennent les espèces les plus polymorphes, M. Babington compte 251 espèces, et M. Bentham seulement 112. C'est une différence de 139 formes douteuses. Enfin, quelques naturalistes soutiennent que les animaux ne présentent jamais de variétés ; en conséquence, ils considèrent les plus légères différences comme ayant une valeur spécifique ; et lors même qu'une forme identique se rencontre en deux contrées éloignées, ils vont jusqu'à supposer que deux espèces distinctes sont cachées sous le même vêtement. Cette confusion et ces divergences extraordi-

naires proviennent de ce que les naturalistes sont impuissants à définir rigoureusement la variété, l'espèce, le genre. S'il y avait dans la nature, comme ils le prétendent, une ligne de démarcation tranchée entre la variété et l'espèce, les naturalistes seraient tous d'accord dans leurs divisions.

II. — **Chaîne des affinités.** — Souvent nos classifications suivent tout simplement la chaîne des affinités. Rien n'est plus aisé que de déterminer un certain nombre de caractères communs à tous les oiseaux. Mais à l'égard des crustacés, cette détermination s'est trouvée impossible jusqu'ici. Il y a des crustacés aux deux extrémités opposées de la série qui ont à peine un caractère commun (*crabes... cyclopes et balanes*); et cependant les espèces les plus extrêmes des deux bouts de la chaîne étant évidemment alliées à celles qui leur sont voisines, celles-ci encore à d'autres, et ainsi de suite, toutes sont aisément reconnues comme appartenant, sans doute possible, à cette classe particulière des articulés, et non aux autres.

III. — **Distribution géographique.** — Souvent on a aussi fait intervenir la distribution géographique dans la classification des êtres organisés, surtout à l'égard de certains groupes de formes proche-alliées, et parfois peut-être mal à propos. Temminck insiste sur l'utilité et même la nécessité de tenir compte de cet élément à l'égard de quelques groupes d'oiseaux, et plusieurs entomologistes et botanistes l'ont pris en considération.

Conclusion. — Au demeurant, quelle que soit l'importance intrinsèque des caractères que les naturalistes adoptent alternativement pour leurs classifications, il est impossible d'y reconnaître cet ensemble de parties strictement unies par un lien identique, en un mot, ce qu'on appelle *un système*. De là ces divergences considérables, soit entre les naturalistes, soit dans les divisions mêmes assignées par chacun d'eux. De là ce caractère d'incertitude et d'hésitation qui pèse sur la science entière et fait obstacle à ses progrès.

CHAPITRE IX

CLASSIFICATION GÉNÉALOGIQUE

Le principe de classification est l'élément généalogique. — La théorie de descendance modifiée par sélection donne seule la clef de la vraie classification. Elle seule peut guider sûrement les naturalistes et leur mettre à la main la lumière sans laquelle ils ne font qu'errer, tâtonnants et irrésolus. Ce lien caché qu'ils ont cherché sous prétexte de découvrir quelque mystérieux plan de création, ou d'énoncer seulement des propositions générales, ce lien caché est *la communauté d'origine*. Toute classification vraie est donc généalogique.

Méthode qui en découle. — Comment reconnaître la filiation des espèces? Nous n'avons aucun registre généalogique, nous ne pouvons donc établir la communauté d'origine qu'à l'aide des ressemblances de toutes sortes que nous constatons. Or, au milieu des variations produites, quels caractères nous donneront les meilleures indications ? Ce seront les caractères qui semblent s'être le moins modifiés sous l'influence directe des conditions de vie auxquelles chaque espèce s'est trouvée récemment exposée :

1° La constance de la structure ;
2° Les vestiges de structure primordiale ;
3° L'uniformité d'un ensemble de caractères ;
4° La chaîne des affinités, existante ou retrouvée.

§ 1er. *Constance de la structure*

1. — Organes de haute importance vitale et physiologique. — En premier lieu viennent les organes destinés à la circulation et à l'oxygénation du sang, et ceux qui servent à la reproduction. La constance de leur structure et leur caractère uniforme proviennent de ce qu'ils ont le moins varié ; par conséquent ils témoignent avec clarté de la descendance d'un commun ancêtre.

II. — Organes d'une importance physiologique quelconque. — Peu importe qu'une particularité quelconque soit d'une légère importance physiologique ; par exemple, l'ouverture de l'angle de la mâchoire, la manière dont l'aile d'un insecte est repliée, les plumes ou les poils du vêtement épidermique. Il suffit que cette particularité soit caractéristique et constante chez un grand nombre d'espèce distinctes, et surtout parmi celles qui ont des habitudes de vie très-différentes. Elle prend alors, par cela même, une haute valeur; car, en pareils cas, on ne peut expliquer sa présence chez tant de formes diverses, ayant des habitudes si opposées, que par l'influence héréditaire d'un commun parent.

§ 2. *Vestiges de structure primordiale*

I. — Organes rudimentaires ou atrophiés. — Les organes rudimentaires témoignent d'une manière éclatante que les espèces sont issues d'un commun progéniteur. Il est évident, en effet, que si ces organes ne provenaient point d'un héritage commun, jamais l'exercice ni l'habitude n'auraient pu les faire naître, puisqu'ils sont d'une utilité médiocre ou même sans emploi.

II. — Embryon. — La structure de l'embryon est en classification d'une importance supérieure à celle même de l'adulte. L'embryon, c'est l'animal dans son état le moins modifié; par cela même il nous révèle la structure de ses anciens progéniteurs. Si donc deux groupes d'animaux différant actuellement beaucoup l'un de l'autre d'habitudes et d'organisation passent par des phases embryonnaires identiques ou analogues, on peut tenir pour certain qu'ils sont descendus tous deux de communs parents ou de parents presque les mêmes. L'identité de structure embryonnaire décèle donc la communauté de filiation, quelles que soient les modifications que la structure de l'adulte ait subies. Cette importance de l'embryon est fondée sur la loi de l'hérédité à l'âge correspondant : elle en est la conséquence rigoureuse.

Par exemple, les membres antérieurs, qui servaient de pieds aux espèces mères, peuvent par le cours prolongé des modifications s'adapter chez un descendant à servir de mains, chez un autre de nageoires, chez un autre d'ailes. Or, d'après la loi de l'hérédité, chaque modification successive se manifeste en général à un certain âge et réapparaît à l'âge correspondant. Les membres antérieurs de l'embryon des divers descendants modifiés d'une même souche se ressembleront toujours étroitement; car ils n'auront pas été atteints par les modifications survenues plus tard.

Mais dans chacune de nos nouvelles espèces, les membres antérieurs de l'embryon différeront considérablement des membres antérieurs de l'animal adulte, car les membres de l'adulte ont subi de profondes modifications à un âge déjà avancé et se sont ainsi transformés en mains, en nageoires et en ailes. Quelle que soit l'influence que le long usage ou le défaut d'exercice puisse avoir pour modifier un organe, cette influence affectera surtout l'animal adulte, qui a acquis toute l'activité de ses facultés et qui doit pourvoir à ses besoins. Or, les modifications produites à l'âge adulte seront héréditaires également à l'âge adulte, tandis que l'embryon sera sans modification ou peu modifié par les effets de l'usage ou du défaut d'exercice.

Les larves, même actives, subissent plus ou moins la loi des ressemblances embryonnaires. Les cirrhipèdes en offrent un frappant exemple. L'illustre Cuvier lui-même ne s'est pas aperçu qu'une baleine était en réalité un crustacé, bien qu'un seul coup d'œil jeté sur la larve ne puisse laisser aucun doute sur ce sujet. C'est que Cuvier, malgré son génie, n'avait pas la clé de la véritable, de la seule classification naturelle, la classification généalogique.

§ 3. *Uniformité d'un ensemble de caractères*

Les caractères considérés *isolément* peuvent présenter mille variations diverses, mais l'*ensemble* de tous les caractères conserve un aspect uniforme qui révèle la parenté commune. Si en France chaque individu diffère de son concitoyen presque à chaque détail, cependant les Français considérés dans leur ensemble ont un air de famille qui leur est propre. C'est cette physionomie originale, legs d'ancêtres communs, qui caractérise chaque peuple en Europe. De même les Européens, quoique différant l'un de l'autre par des variations infinies, se distinguent des Chinois ou des Africains par l'ensemble des caractères. Cela explique l'aphorisme de Linné : « Les caractères ne donnent pas le genre, mais le genre donne le caractère. » En effet, les caractères pris *isolément* ne peuvent donner le genre, puisque le genre dépend d'un aspect d'*ensemble*. Mais le genre, synthèse de caractères, donne par cela même les caractères particuliers qu'il renferme.

§ 4. *Chaîne des affinités existante ou retrouvée*

1. — Caractères analogiques et d'adaptation. — On doit bien se garder de confondre les caractères analogiques et d'adaptation avec les affinités réelles. Ainsi la disposition des membres antérieurs en nageoires qu'on observe chez le dugong et la baleine, la ressemblance entre les nageoires de ces deux animaux et les nageoires des poissons sont des caractères purement analogiques et d'adaptation à un certain milieu. En effet, le dugong est un pachyderme, la baleine un cétacé, et tous les deux sont des mammifères.

D'autre part, ces mêmes caractères analogiques, qui sont sans valeur quand on compare une classe à une autre classe, un ordre à un autre ordre, acquièrent au contraire une grande importance quand on compare entre eux les individus de la même classe ou du même ordre. C'est qu'en effet ils révèlent, dans les individus de la même classe, des affinités véritables et des rapports de consanguinité. Ainsi la forme du corps et les membres en nageoires sont des caractères purement analogiques dans la comparaison d'une baleine et d'un poisson, parce qu'ils résultent dans les deux classes d'une même adaptation qui leur permet également la natation. Mais cette même configuration du corps et ces membres en forme de nageoires prouvent de véritables affinités entre les divers membres de la famille des baleines. Car ces différents cétacés se ressemblent par tant de caractères de petite et de grande importance qu'il est impossible de douter que leur forme générale et la structure de leurs membres ne soit l'héritage d'un commun ancêtre. Dans le système ordinaire de classification on ne saurait expliquer cette importance tantôt nulle, tantôt grande d'un même caractère, tandis qu'elle est la conséquence évidente et facile de la classification généalogique.

11. — **Extinctions d'espèces.** — Les extinctions d'espèces ont pour résultat de séparer les espèces vivantes en groupes distincts, parce que la place occupée par les espèces éteintes est restée vide. Les lacunes sont donc d'autant plus grandes, que les extinctions ont été plus nombreuses. Cela nous explique pourquoi certaines classes sont si distinctes des autres. Telle est, par exemple, la classe des oiseaux, par rapport à tous les autres vertébrés. Les formes qui reliaient originairement les batraciens aux poissons paraissent avoir subi un moins grand nombre d'extinctions : aussi la lacune est-elle moins grande. D'autres classes, telle que celle des crustacés, en ont encore moins souffert ; car les formes les plus di-

verses et les plus éloignées en apparence y sont encore rattachées les unes aux autres par une longue chaîne d'affinités : quelques mailles seulement manquent par intervalles.

Mais si les extinctions d'espèces ont séparé les groupes, elles ne les ont nullement formés. Si toutes les espèces qui ont vécu sur la terre réapparaissaient soudain, elles seraient unies entre elles par des gradations si serrées, qu'il serait impossible de séparer rigoureusement un groupe d'un autre groupe.

Image d'une classification généalogique. — Néanmoins, une classification, ou, du moins, un arrangement naturel, serait possible et légitime. Qu'on se rappelle la comparaison de l'ensemble des êtres organisés à un grand arbre. On comprendra sur-le-champ comment on peut, malgré leur enchaînement continu, classer les mille parties de cet arbre. Les grosses branches sont les *embranchements*, comme le nom l'indique lui-même ; les grands rameaux, d'où surgissent les rameaux plus petits, marquent les *familles*, les *genres* et les *espèces ;* les bourgeons sont les *variétés* naissantes, destinées à devenir espèces, puis genres et familles, comme l'ont fait les rameaux d'où ils sortent. Ceux qui ont végété ou fleuri pendant les années précédentes représentent la *succession des espèces éteintes*. Tout s'enchaîne, tout dérive l'un de l'autre par une série de modifications lentes et graduées à l'infini, et le lien qui les unit est le *lien généalogique*.

Conclusion. — Le système naturel est le système généalogique. Les termes de genres, familles, ordres, espèces, n'expriment que les divers degrés de différence entre les descendants d'un *commun ancêtre*.

De là se déduisent les règles que l'on doit suivre en classification. Nous pouvons comprendre pourquoi nous évaluons certaines ressemblances plus que d'autres ; pourquoi nous pouvons-nous fier aux organes rudimentaires et inutiles ou à d'autres particularités de peu d'importance physiologique ; et pourquoi, en comparant un groupe avec un autre groupe distinct, nous rejetons en masse les caractères analogiques et d'adaptation, bien que ces mêmes caractères nous soient utiles dans les limites du même groupe. Nous voyons clairement pourquoi toutes les formes éteintes et vivantes peuvent se grouper en un seul grand système ; et comment les divers membres de chaque classe sont rattachés les uns aux autres par des séries, linéaires ou ramifiées, d'affinités complexes qui divergent en rayonnant d'un point ou centre commun. Ainsi font les bourgeons et les rameaux qui divergent de branches ou de rameaux communs. Fort probablement nous ne parviendrons jamais à démêler l'inextricable réseau d'affinités qui unit entre eux les membres de chaque classe. Mais, du moment que nous connaissons le but vers lequel il faut tendre et que nous ne nous égarons plus à la recherche de quelque plan inconnu de création, nous pouvons espérer de faire des progrès lents mais certains.

CLASSIFICATION GÉNÉALOGIQUE

COMMUNAUTÉ D'ORIGINE PROUVÉE PAR :

1° La constance de structure ;
2° Les vestiges de structure primordiale ;
3° L'uniformité d'un ensemble de caractères ;
4° La chaîne existante ou retrouvée des affinités.

CHAPITRE X

OBJECTIONS CITÉES PAR DARWIN ET CONCLUSION

La théorie de descendance modifiée par sélection a, comme toutes les théories nouvelles, suscité de nombreuses objections. Une partie de ce livre sera consacrée à la discussion de celles qui, plus ou moins fondées, sont venues des points les plus divers. Quant aux difficultés qui se présentaient d'elles-mêmes à la théorie de sélection, Darwin, avec une loyauté parfaite, les a exposées dans tout leur jour, dans toute leur force, avant d'en essayer la solution. Ces difficultés se résument en trois principales :

1º La distribution d'une même espèce dans des aires distantes ;

2º La stérilité des premiers croisements entre deux espèces distinctes, ou entre les hybrides nés d'un premier croisement ;

3º L'absence fréquente des types intermédiaires qu'indique et exige la théorie de sélection.

I. — Distribution géographique d'une même espèce. — Comment se fait-il qu'aujourd'hui on trouve dans des régions énormément distantes des individus appartenant à la même espèce ou à un même groupe d'espèces? Darwin explique ce fait par les migrations qui ont dû avoir lieu à la période glaciaire. Comme une section de ce livre est consacrée tout entière à la période glaciaire, nous nous abstiendrons ici de tout développement (1).

II. — Stérilité des croisements. — Comment expliquer la stérilité habituelle du croisement entre deux espèces distinctes? puis, lorsque le croisement a réussi, la stérilité des hybrides issus de ce premier croisement? Voici quelques-unes des raisons données par Darwin :

1° Si le premier croisement entre deux espèces distinctes, dont les organes sont très sains, est frappé de stérilité, c'est que généralement l'embryon meurt dans le sein de la mère, ainsi que le soutient M. Hewit qui a fait une longue expérience des croisements entre gallinacés. Si l'embryon meurt généralement, c'est que les deux espèces étant le résultat de variations accumulées pendant des siècles, il s'ensuit qu'entre les deux éléments mâle et femelle qui concourent à la génération se livre un conflit nuisible aux évolutions normales de l'embryon. Les mauvaises

---

(1) Voir aussi chapitre VI, les *Migrations*, p. 53.

conditions du milieu amènent le plus souvent la mort de l'embryon.

2° Lorsque le premier croisement entre deux espèces distinctes a donné naissance à des hybrides, ceux-ci sont inféconds, d'abord parce que les organes sexuels sont altérés, ensuite parce que les croisements nouveaux ont été toujours faits jusqu'ici entre proches parents. Or, c'est un axiome chez les éleveurs que les alliances entre proches parents diminuent la fécondité, tandis qu'au contraire, un croisement avec un autre individu l'augmente. Le procédé d'expérimentation a donc été défectueux.

III. — Absence fréquente de types intermédiaires. — Puisque les animaux modernes sont les descendants modifiés de progéniteurs communs, il s'ensuit : 1° qu'on doit trouver dans les couches géologiques des types intermédiaires ou *passages*; 2° que plus les couches sont distantes, plus les types doivent différer. Réciproquement, plus voisines sont deux couches de terrain sédimentaire, moins doivent être grandes les différences entre les types. Telle est la conséquence de la théorie de sélection. De la vérification dans les faits dépend la vérité ou la fausseté de la théorie.

Avant d'énumérer les preuves expérimentales données par les découvertes modernes, il est utile de montrer combien la solution complète du problème est difficile ou même impossible, et, partant, quelle injustice il y aurait à arguer contre la théorie de l'imperfection fatale de nos documents géologiques.

Distinction préliminaire. — Avant tout, il est une distinction importante à faire, c'est que deux espèces distinctes aujourd'hui peuvent sortir d'une même souche en droite ligne sans que pour cela il doive exister des intermédiaires entre ces deux espèces. Si, en effet, elles sont deux branches distinctes d'un même tronc mais bifurquées dès l'origine, chacune d'elles nécessairement se relie au tronc par des intermédiaires ; mais elles sont indépendantes l'une de l'autre, et par conséquent nul intermédiaire ne peut exister entre elles. Exemple : le pigeon-paon et le pigeon grosse-gorge descendent du biset ; il doit y avoir des intermédiaires, d'une part entre le pigeon-paon et le biset, d'autre part entre le grosse-gorge et le biset ; mais il n'est point nécessaire qu'il y en ait entre le pigeon-paon et le grosse-gorge. En d'autres termes, deux espèces différentes descendant d'un même ancêtre peuvent fort bien n'avoir pas d'intermédiaires entre elles deux, mais seulement chacune d'elles avec l'ancêtre inconnu.

1° *Difficulté de retrouver les fossiles.* — La difficulté de retrouver les fossiles est extrême. Les fossiles se trouvent surtout dans les sédiments profonds formés par l'abaissement du sol au fond de la mer. Lorsque le sédiment est déposé sur un sol qui s'élève graduellement au-dessus de la mer, il est alors ballotté en tous sens par les vagues avec tout ce qu'il renferme. Tout d'abord, les parties molles et gélatineuses des animaux se décomposent sans laisser aucune trace. Les parties osseuses, tests ou coquilles, qui peuvent seules échapper à la destruction sont soumises à des chances d'anéantissement nombreuses et variées. L'action chimique des sels terreux ou marins sur les sels qui composent les ossements et les tests ; l'action mécanique des eaux qui les roulent sur les sables ou les broient contre les roches, voilà deux causes énergiques de destruction, si énergiques qu'on peut même s'étonner que des débris antiques aient pu parvenir jusqu'à nous. Joignez à cela l'ignorance ou la maladresse des ouvriers chargés des tranchées, on comprendra alors avec quelle difficulté on retrouve les fossiles.

2° *La paléontologie ne fait que de naître.* — Pour trouver les fossiles il faut des travaux considérables sur une large échelle et dans tous les points du globe. Le temps est nécessaire à une telle entreprise. Or, la paléontologie ne fait que de naître : elle est à son aurore. C'est à peine si nous commençons à connaître les terrains que nous habitons ; à peine l'ancien continent est-il exploré ; le nouveau est pour ainsi dire encore vierge de toute investigation ; l'Australie est presque inconnue. Comment pourrait-on demander à la science des résultats qui dépendent du nombre des années et de la vaste étendue des recherches !

3° *Le peu de découvertes faites graduellement confirment l'existence de passages.* — Les partisans de la fixité des espèces, Cuvier surtout, insistaient sur l'absence de types intermédiaires ; ils allaient même jusqu'à nier qu'on pût en trouver. L'événement leur a donné tort. Chaque découverte que font les géologues est celle d'espèces intermédiaires : c'est la condamnation de la doctrine de Cuvier. Celui-ci, par exemple, soutenait que le mammouth, le mastodonte et l'éléphant étaient issus de trois souches distinctes à cause des hiatus qui, au temps de Cuvier, existaient entre eux. Or, les découvertes faites en Amérique, en Afrique et dans l'Inde ont permis au docteur Falconer de renouer la chaîne interrompue. L'intercalation de vingt-six espèces entre le mammouth et le mastodonte, jointe aux découvertes d'autres types intermédiaires en Amérique par le docteur Leidy, est venue prouver que ces trois types, mammouth, mastodonte, éléphant, sont trois jets issus de la même tige (1).

Dans l'Amérique du Nord, les ossements recueillis par M. Hayden ont prouvé qu'entre le cheval domestique et le cheval fossile le plus ancien se

---

(1) Albert Gaudry, page 148 : « M. Lartet a cité d'après Falconer et Cautley, un éléphant chez lequel les dents de lait étaient remplacées verticalement comme dans plusieurs mastodontes. On sait d'ailleurs que les éléphants et les mastodontes ont des membres presque semblables. Aussi de Blainville a été jusqu'à proposer de les réunir en un même genre. »

plaçait une série de dix espèces de chevaux, appartenant aux seules couches tertiaires et post-tertiaires des Etats-Unis.

On n'avait pas, à l'époque de Cuvier, découvert de singes fossiles, et par conséquent, il était naturel de supposer que les singes actuels n'ont pas de lien avec les animaux anciens. Depuis Cuvier, on en a signalé quatorze espèces fossiles. La plupart sont mal connues; pourtant ce qu'on possède suffit pour apprendre qu'elles ne s'éloignent guère des espèces vivantes (Albert Gaudry).

Les belles découvertes faites à Pikermi, en Attique, par M. Albert Gaudry ont mis au jour une riche moisson de types intermédiaires. « Les genres fossiles de Pikermi, dit M. Gaudry, loin de s'écarter des types de l'organisation actuelle, participent à la fois aux caractères de genres qui sont aujourd'hui distincts; ils établissent ainsi des liens plus étroits dans les séries zoologiques. » Enfin la découverte d'un oiseau gigantesque dans le calcaire lithographique de Solenhofen, l'*Archæoptéryx*, qui se termine par une queue composée de vingt vertèbres garnies de plumes, est venu élargir encore l'horizon.

La période entre le lias inférieur et le trias moyen était regardée comme une époque de pénurie relative en fait de types organiques. Tout à coup, en cherchant à déterminer la vraie place des couches de Hallstadt et de Saint-Cassian sur le versant des Alpes autrichiennes, les géologues ont découvert une faune marine d'une époque intermédiaire, celle du trias supérieur. Entre le trias moyen et le lias inférieur on a eu à intercaler, d'un seul coup, huit cents espèces environ de mollusques et de rayonnés. Est-il possible, dans l'état présent de la science, d'avoir des preuves plus fortes de l'existence de formes intermédiaires ?

Le tableau suivant, dressé par M. Albert Gaudry et emprunté à son célèbre ouvrage *les Fossiles de Pikermi*, fera saisir aisément la physionomie générale de la théorie de sélection et en gravera l'idée dans la mémoire mieux que toute exposition. On y verra les ramifications des espèces issues d'un progéniteur commun, l'extinction de quelques-unes, les lacunes géologiques dans la filiation des autres, bref un résumé des phénomènes qui se présentent actuellement aux yeux du naturaliste.

Tableau synoptique de la descendance des hyènes.

HYÈNES

TERRAINS	QUATRE LIGNES DE DESCENDANCE ISSUES D'UN PROGÉNITEUR COMMUN.			
	1	**2**	**3**	**4**
Époque actuelle	Hyæna maculata d'Afrique		Hyæna lusca d'Afrique	Hyæna striata du sud de l'Asie et du nord de l'Afrique
Quaternaire	Hyæna maculata de San Teodoro (Sicile) / Hyæna spelæa de Kirkdale			Hyæna prisca de Lunel-Viel
Pleistocène		Hyæna brevirostris de Sainzelles	Hyæna intermedia de Sainzelles	
Pliocène	Hyæna Perrieri			Hyæna arvernensis
Miocène supérieur	Hyæna eximia de Pikermi			
	Hyænictis græca de Pikermi			

Explication du tableau. — Dans le terrain miocène supérieur, le *hyænictis græca* donne naissance à l'*hyæna eximia*.

De l'*hyæna eximia* sortent quatre lignes de descendance, dont trois seulement sont parvenues jusqu'à nous. Celle qui porte le n° 2 s'est éteinte probablement dans le terrain pleistocène. Le dernier représentant de cette espèce est l'*hyæna brevirostris* de Sainzelles.

La branche n° 1 a une grande lacune dans le terrain pleistocène, par suite d'insuffisance dans les documents géologiques. Entre le *hyæna perrieri* du terrain pliocène et le *hyæna spelæa* du terrain quaternaire, il manque des intermédiaires pour relier étroitement ces deux types. D'après la théorie de Darwin, on doit trouver ces intermédiaires dans le terrain pleistocène. C'est ce que l'avenir et le bonheur de nouvelles découvertes feront connaître.

Pour la branche n° 3, lacunes dans les terrains quaternaire et pliocène.

Pour la branche n° 4, lacunes dans le terrain pleistocène.

Comme on le voit, les plus grandes difficultés pour la vérification expérimentale de la théorie de descendance modifiée proviennent de l'insuffisance des documents géologiques.

A l'aide des connaissances acquises et des découvertes faites jusqu'ici, M. Albert Gaudry a dressé des tableaux analogues, d'après la théorie de descendance modifiée, pour les **éléphants et mastodontes**, pour les rhinocéros, pour les chevaux et hipparions. C'est le résumé le plus clair et le plus instructif de l'état présent de la science sur ces matières zoologiques.

Conclusion de Darwin. — Jusqu'où la théorie de sélection peut-elle s'étendre ? La question est difficile à résoudre... toutefois je ne puis douter que la théorie de descendance ne comprenne tous les membres d'une même classe (embranchement). Je pense que tout le règne animal est descendu de *quatre ou cinq types primitifs* tout au plus, et le règne végétal d'un nombre égal ou moindre. L'analogie me conduirait même un peu plus loin, c'est-à-dire à la croyance que tous les animaux et toutes les plantes descendent d'un seul prototype, mais l'analogie peut être un guide trompeur.

Quel intérêt ne trouve-t-on pas à contempler un rivage luxuriant, couvert de nombreuses plantes appartenant à de nombreuses espèces, avec des oiseaux chantant dans les buissons, des insectes variés voltigeant à l'entour, des lombrics rampant à travers le sol humide, si l'on songe en même temps que toutes ces formes élaborées avec tant de soin, de patience, d'habileté, et dépendantes les unes des autres par une série de rapports si compliqués, ont toutes été produites par des lois qui agissent continuellement autour de nous ! C'est la loi de croissance et de reproduction, la loi d'hérédité, la loi de variabilité sous l'action directe ou indirecte des conditions extérieures de la vie et de l'usage ou du défaut d'exercice des organes ; c'est la loi de multiplication des espèces en **raison géométrique**, qui a pour conséquence la concurrence vitale et la sélection naturelle, d'où suivent la divergence des caractères et l'extinction des formes inférieures.

C'est ainsi que de la guerre naturelle, de la famine et de la mort **résulte** directement l'effet le plus admirable que nous puissions concevoir : la formation lente des êtres supérieurs. Il y a de la grandeur dans une telle manière d'envisager la vie et ses diverses puissances, lesquelles animent à l'origine quelques formes ou une forme unique sous un souffle du Créateur. Et tandis que notre planète a continué de décrire ses cycles perpétuels d'après les lois fixes de la gravitation, ces quelques formes se sont développées innombrables, et, de plus en plus belles, de plus en plus merveilleuses, se développeront par une évolution sans fin.

TABLEAU

DE LA THÉORIE DE DARWIN.

LOIS SUR LESQUELLES S'APPUIE LA THÉORIE

1° Loi de reproduction ;
2° Loi des corrélations de croissance ;

3° Loi d'hérédité.
4° Loi de progression géométrique des espèces;
5° Loi de constance des formes en raison de la structure.

LUTTE POUR LA VIE OU CONCURRENCE VITALE

1° Le climat;
2° La nourriture;
3° La fécondité;
4° Rapports mutuels entre les êtres organisés.

SÉLECTION NATURELLE

CAUSES

1° Le climat;
2° La nourriture;
3° L'exercice et l'habitude;
4° La possession des femelles;
5° Rapports mutuels entre les êtres organisés.

CONSÉQUENCES

§ 1er *Histoire naturelle*

1° Divergence des caractères;
2° Extinction d'espèces;

3° Les espèces éteintes ne reparaissent plus ;
4° Les terrains intermédiaires doivent contenir des espèces intermédiaires ;
5° Dans une contrée isolée, les espèces actuelles doivent descendre des espèces fossiles.

§ II. *Philosophie zoologique*

1° La nature ne fait pas de saut ;
2° L'unité de plan ou de type ;
3° La loi des conditions d'existence ;
4° Le progrès organique.

FAITS EXPLIQUÉS PAR LA SÉLECTION :

1° Distribution géographique des êtres organisés ;
2° Organes rudimentaires ;
3° Persistance des types inférieurs ;
4° Développement récurrent.

CLASSIFICATION GÉNÉALOGIQUE

COMMUNAUTÉ D'ORIGINE PROUVÉE PAR :

1° La constance de structure ;
2° Les vestiges de structure primordiale ;
3° L'uniformité d'un ensemble de caractères ;
4° La chaîne existante ou retrouvée des affinités.

DEUXIÈME PARTIE

LA SÉLECTION

DANS

LES LANGUES

INTRODUCTION

Lorsqu'une théorie est vraie, elle s'applique non seulement aux choses de son domaine particulier mais encore à celles qui, de prime abord, lui paraissaient étrangères. Qui eût prévu que la Gravitation universelle, découverte par Newton, ne se renfermerait pas dans le cercle du monde astronomique? Et cependant elle embrasse tous les êtres, et la loi qui régit les cœurs et les consciences n'est elle-même que l'extension, dans le monde moral, de la grande loi de la nature physique.

« La loi d'attraction, dit admirablement M. Vacherot, régit à la fois le monde physique et le monde moral. Si l'attraction physique se manifeste par la gravitation des corps, par l'affinité et la cohésion, l'attraction morale se manifeste par les sentiments, les instincts d'amour, d'amitié, de famille, de sociabilité, de solidarité, de communauté. Si la première organise les corps et harmonise les sphères célestes, la seconde fait l'unité organique des peuples, des sociétés, des races, de l'Humanité entière. La loi d'impulsion, ou mieux d'expansion, fait équilibre à la loi d'attraction, soit dans le monde physique, soit dans le monde moral. Dans la nature, elle se manifeste par la force centrifuge, par l'élasticité des corps, par toutes les forces qui tendent à l'excentricité, à la diffusion. Dans l'humanité, elle se montre par les sentiments, les instincts, les idées de conservation et d'activité individuelle, de liberté, de dignité et de justice personnelle (1). »

Il en est ainsi de la théorie de sélection. Sa méthode et ses conclusions s'appliquent avec exactitude et rigueur à l'histoire de la formation des langues. Les résultats de la sélection dans les espèces et dans les langues ont un caractère d'analogie si frappant que cette comparaison devient un argument puissant en faveur de la théorie d'histoire naturelle.

(1) Vacherot. *Métaphysique et Science*.

CHAPITRE Iᵉʳ.

VARIATION DANS LES LANGUES.

Les langues se modifient bien plus promptement que les races. Aucune langue ne paraît avoir duré plus de mille ans, tandis que beaucoup d'espèces se sont perpétuées pendant des centaines de milliers d'années. Aussi est-il relativement plus facile de retrouver la filiation des langues dans le temps et dans l'espace.

Un fait vraiment étonnant, c'est la prodigieuse multiplicité des idiômes en certaines régions. Dans l'Inde anglaise elle est si grande qu'elle fait obstacle aux progrès de la civilisation ainsi qu'à la propagande des missionnaires. Dans l'Amérique du Sud et au Mexique, A. de Humboldt compte les dialectes par centaines : il en est de même en Afrique. Cette multitude de langues a sa source dans le fractionnement des peuplades, leur isolement et surtout dans leur manque absolu de centralisation. En Europe, rien ne contribue à faire disparaître les dialectes provinciaux autant que l'uniformité d'instruction imposée à la nation entière ! Les variations qu'une langue subit, surtout aux débuts de l'histoire d'un peuple, sont si nombreuses et si profondes que l'on serait presque tenté de nier l'identité de l'ancien et du nouveau langage. On possède le texte d'un traité de paix conclu depuis mille ans environ entre Charles le Chauve et le roi Louis de Germanie ; le roi germain prête serment dans une langue qui était le français d'alors, tandis que le roi français jure en allemand du même temps. Ni l'un ni l'autre de ces deux serments ne seraient maintenant compréhensibles, si ce n'est pour les savants des deux pays (1). Le changement a même été si

---

(1) *Serment de Louis le Germanique.* — Pro Deo amur, et pro christian peblo et nostro commun salvament, d'ist di en avant, in quant Deus savir et podir me dunat, si salvarai eo cist meon fradre Karlo et in adjudha et in cadhuna cosa (si cum om per dreit son fradra salvar dist), in o quid il mi altrezi fazet; et ab Ludher nul plaid nunquam prindrai, qui meon vol cist meon fradre Karle in damno sit.

Traduction. — Pour l'amour de Dieu et pour le salut du peuple chrétien et notre commun salut, de ce jour en avant, autant que Dieu me donne savoir et pouvoir, je sauverai mon frère Charles et en aide et en chaque chose (ainsi qu'on doit, selon la justice, sauver son frère), à condition qu'il en fasse autant pour moi, et je ne ferai avec Lothaire aucun accord qui, par ma volonté, porte préjudice à mon frère Charles ici présent.

Voir dans Auguste Brachet : *Grammaire historique, les deux Serments,* p. 36.

rapide en Allemagne que le poëme épique appelé les *Niebelungen-Lied*, jadis si populaire et datant seulement de sept siècles, ne peut être compris et apprécié que par les érudits. En Italie, les ouvrages qui précèdent *Dante* et la *Divine Comédie* éprouvent le même sort. Et cependant on n'en peut douter, les preuves sont là, sous les yeux : le français moderne, l'italien d'aujourd'hui, chaque idiôme qu'on parle en Europe est le descendant direct de l'ancien langage, dans la même patrie.

Cette histoire des littératures aujourd'hui régnantes n'est-elle pas celle des espèces actuelles? Issue de la même tige, dans le même pays, chacune des langues a varié, comme ont fait les espèces. Elles ont leurs fossiles dans les littératures mortes, se reliant sans interruption l'une à l'autre ; les siècles sont pour elles leurs couches géologiques, et les contrées où elles ont fleuri, leurs stations particulières. Les espèces ont leurs variétés, les langues ont leurs dialectes. De même que les variétés sont les rejetons d'une commune souche modifiés par des causes extérieures ou physiologiques, de même les dialectes, nés d'une langue-mère, doivent leurs dissemblances au climat ainsi qu'aux mœurs des hommes qui les parlent.

CHAPITRE II.

CAUSES DE VARIATIONS ET DE SÉLECTION DANS LES LANGUES.

I. — Relations des peuples entre eux. — Les relations commerciales, industrielles, politiques et littéraires que les peuples ont entre eux sont une source continue de variations et de sélection. Entraînés dans le tourbillon d'une vie occupée, nous ne nous apercevons pas de ces graduels changements, parce qu'avec nous et autour de nous tout a changé à l'unisson. C'est le contraste seul qui appelle l'attention sur les modifications survenues : or, ici, le contraste fait défaut. Mais supposez un instant qu'une partie de la nation s'isole tandis que l'autre continuera à se mêler aux autres peuples ; qu'arrivera-t-il ? Au bout d'un certain nombre d'années, ce groupe isolé, soumis uniquement aux variations produites par les conditions internes, aura conservé le langage national avec assez de pureté. Au contraire, les autres citoyens, grâce à leur contact incessant avec les étrangers, parleront une langue dont les mots et les tours auront subi les plus profondes modifications. Remettez ensuite les deux groupes en présence ; dans leur étonnement, il faudra le témoignage irrécusable de leurs yeux et de leur mémoire pour que ces frères, un instant séparés, reconnaissent en eux-mêmes les deux parties d'un même tout, les deux moitiés de la même nation.

Une colonie norwégienne qui s'était établie en Islande au IXe siècle resta indépendante et presque isolée pendant 400 ans. Le gothique que parlaient les colons se modifia sans doute, mais bien moins que celui de la mère-patrie. Celle-ci, par suite de ses nombreux rapports avec l'Europe, s'était créé une langue si différente que plus tard les Norwégiens regardèrent l'idiôme islandais comme le gothique pur.

Une colonie allemande établie en Pensylvanie eut ses communications interrompues avec l'Europe durant un quart de siècle à cause des guerres de la Révolution française, de 1793 à 1815. Ce court isolement eut cependant un résultat si marqué qu'après la paix le prince de Saxe-Weimar, voyageant dans la Pensylvanie, trouva les paysans parlant comme on l'avait fait en Allemagne, le siècle précédent. Le dialecte qu'ils employaient était tombé en désuétude dans la mère-patrie.

Aujourd'hui même, dans le Canada, cette colonie française depuis longtemps séparée de la métropole, la langue qu'on parle tient beaucoup plus de celle du XVIII° siècle que de la nôtre.

II. — **Progrès des sciences et des arts.** — Les progrès que font les arts, les sciences, l'industrie, sont une cause permanente de variations et de sélection. On pourrait dresser un compte exact des expressions nouvelles introduites par l'invention de l'imprimerie, par celle de la vapeur, et par l'usage des chemins de fer. L'application à l'industrie des découvertes faites en physique et en chimie a enrichi la langue d'un grand nombre de mots et de métaphores. Mais ce qu'on oublie, ou plutôt ce qu'on ne voit pas avec la même évidence, c'est l'influence que les néologismes ont eu comme pouvoir sélectif à l'égard des anciennes locutions. Celles-ci, par degrés, ont eu leur acception restreinte, plusieurs sont tombées en désuétude parce qu'elles ne répondaient plus aux exigences de la vie contemporaine. Toutefois ce n'est pas sans lutte ni tout d'un coup qu'elles disparaissent : l'agonie, en général, est assez longue; et, quand elles s'éteignent, personne ne s'en aperçoit, parce qu'insensiblement on s'est habitué à se passer d'elles. Il faut souvent plus d'un siècle avant qu'un linguiste érudit n'en signale l'extinction et n'en fasse l'oraison funèbre.

Un curieux exemple de la sélection qu'exerce le le progrès des sciences est celui qui nous est donné par une métaphore du XVI° siècle. Le poète Hardy disait très élégamment aux yeux de ses contemporains :

« Sa prière fendrait l'estomac d'une roche. » La découverte de la circulation du sang a ruiné cette métaphore pour lui substituer la seule exacte, la seule vraie, « le cœur d'une roche. » Le jour où l'on a reconnu que le cœur était le centre de la vie circulatoire et le point où se répercutait physiquement l'impression des sentiments, ce jour-là, l'estomac a été dépossédé au profit du cœur : la physiologie avait fait une sélection !

Un second exemple non moins intéressant est celui que nous offre le mot chandelle. Il y a trois cents ans à peine, alors que les sciences n'existaient pas et que la pauvreté publique imposait à chacun la nécessité des moindres dépenses domestiques, c'était à l'humble suif, simplement fondu, qu'on demandait le meilleur mode d'éclairage. La chandelle était l'alpha et l'oméga de la lumière artificielle. Aussi fournissait-elle au peuple ses proverbes les plus expressifs : « Se brûler à la chandelle; le jeu n'en vaut pas la chandelle, » et à la langue littéraire de nobles comparaisons : « Ses yeux étincelaient tout ainsi que chandelles. » (Ronsard.) Au milieu de XVIII° siècle, cette expression n'excitait pas encore le rire ; elle avait conservé un reste de majesté. « On dit des yeux fort vifs et brillants qu'ils brillent comme chandelles, » lit-on dans le Dictionnaire de Trévoux (1743). Les honnestes gens disaient, en forme sentencieuse : « Cette femme est belle à la chandelle, mais le jour gâte tout. » La découverte des gaz et de la lumière électrique avait déjà fait une incurable blessure à la

7.

chandelle métaphorique, lorsque, dans ces dernières années, la chimie est venue porter au mot lui-même un coup qui sera mortel. L'invention de l'acide stéarique, qu'on extrait du suif lui-même, et son application à l'éclairage sous l'appellation commerciale de bougie stéarique enseveliront dans l'oubli le nom de chandelle : avant un siècle ce substantif sera devenu fossile. C'est dans les lexiques spéciaux, musées archéologiques des langues, qu'il faudra chercher le mot et sa définition, seules reliques d'une popularité évanouie. Et si nos arrière-petits-neveux, séduits par l'éclat des plaisirs dangereux, se brûlent encore les doigts, on peut être assuré que ce ne sera plus à la chandelle.

« Les nombreux mots, dit sir Charles Lyell, les expressions, les phrases qui sont inventées par les hommes de tout âge et de toutes classes, par les enfants, les écoliers, les militaires, les marins, les jurisconsultes, les hommes de science ou les littérateurs, ne sont pas tous d'égale durée : il y en a beaucoup d'éphémères. Mais si l'on pouvait les recueillir tous et en garder la mémoire, leur nombre en un siècle ou deux serait comparable à celui que contient le vocabulaire complet et permanent du langage. Puisque la mémoire de l'homme n'a qu'une puissance limitée, il faut qu'il y ait aussi une limite à l'accroissement indéfini du vocabulaire et à la multiplication des termes ; il faut donc qu'il y ait une disparition d'anciens mots à peu près proportionnelle à la mise en circulation des nouveaux. Parfois le nouveau mot, la nouvelle phrase, la modification supplantera entièrement ce qui l'a précédée ; d'autres fois, au contraire, les deux termes fleuriront simultanément; l'usage du plus ancien sera simplement plus restreint » (1).

III. — **Faits politiques, littéraires**. — Les causes de sélection les plus puissantes sont de l'ordre politique ou littéraire. La conquête d'un pays, par exemple, a pour résultat certain d'altérer dans une mesure plus ou moins forte la langue des vaincus. Dans la Grande-Bretagne, l'introduction du français, importé par Guillaume le Conquérant, modifia profondément l'anglo-saxon. C'est de cette alliance hybride qu'est né, en partie, l'anglais moderne.

La Gaule, subjuguée par César, a perdu son idiôme; ou, ce qui en est resté a peu de valeur dans l'ensemble. Mais le latin, sous un nouveau climat et dans des bouches barbares, a subi une transformation radicale ; ou, pour mieux dire, du croisement des deux idiômes comme des deux races est issue une race nouvelle ainsi qu'une nouvelle langue. Toutes les deux ont eu leurs destinées.

Aux premiers temps de la monarchie française, deux dialectes principaux partageaient la France, la langue d'*oc* et la langue d'*oïl* (prononcez *oui*). La prépondérance politique du Nord assura le triomphe de la langue d'*oïl*.

---

(1) Sir Ch. Lyell. *De l'Ancienneté de l'homme.*

La domination des Espagnols en Amérique y a implanté le castillan au détriment des langues indigènes. A une époque plus récente, la traduction de la Bible par Luther donna la supériorité en Allemagne au dialecte saxon sur les nombreux dialectes en présence. Toutes ces langues devenues maîtresses par sélection politique ont subi les lois ordinaires de la variation.

Le Génie littéraire se place au premier rang comme cause de sélection, surtout à l'égard d'un même pays. Dante, par son poëme de la *Divine Comédie*, a consacré le toscan et lui a donné la victoire sur tous ses rivaux. Le XVII° siècle a été pour la France l'ère par excellence de la sélection. Les chefs-d'œuvre littéraires de cette époque, par la vigueur des idées et la splendeur du style, ont banni ou frappé à mort une multitude d'expressions et de figures léguées par les âges précédents. Telle, en histoire naturelle, une race vigoureuse expulse ou extermine de plus faibles concurrents.

Si les belles-lettres n'avaient que la simple influence due à leur charme et à leur utilité, leur empire s'étendrait lentement et peut-être ne franchirait-il pas un cercle assez restreint. Il est petit le nombre des gens instruits en regard de la foule des ignorants ! Mais qu'un gouvernement centralisateur impose à chaque citoyen l'obligation d'apprendre la langue consacrée par le génie, à l'instant la sélection agit avec une puissance incomparable. Pas un dialecte, fût-il confiné dans le village le plus obscur, n'échappera à la destruction. Tous périront comme ont péri tant d'espèces animales. Heureux encore si, nouveaux fossiles, ils laissent à la postérité des traces de leur passage !

CHAPITRE III.

CONSÉQUENCES DE LA SÉLECTION DANS LES LANGUES.

I. — Extinction de langues. — La généalogie des langues est d'autant plus difficile à reconnaître qu'on remonte davantage le cours des siècles. Que de peuples ont succombé sans laisser à l'histoire le moindre vestige de leur existence ! Que d'idiômes sont morts qui n'ont pu être recueillis et conservés, comme le seraient ceux d'aujourd'hui grâce à l'imprimerie et à la diffusion des lumières ! Au demeurant, on ne doit pas oublier que les peuples n'ont jamais eu la pensée de conserver des monuments de leur langue pour le plaisir et la commodité des philologues de l'avenir. Il en est donc des langues comme des ossements : les causes de destruction ont été si nombreuses et si variées que le sujet d'étonnement pour nous doit être moins la rareté des fossiles que leur conservation jusqu'à nos jours. On sait, par exemple, que sans l'Ordre des moines bénédictins les littératures grecque et latine, cependant si voisines de notre histoire, eussent été probablement à jamais perdues. Quant aux langues orientales, elles ne font que sortir du tombeau : la linguistique est fille du XIX® siècle. Rencontre singulière ! la Paléontologie est aussi une création moderne, de sorte que le parallèle entre ces deux sciences se justifie non-seulement par l'analogie des faits, objets de leur étude propre, mais encore au point de vue historique de la naissance.

Le sort des langues est lié au sort des peuples; leur chance de durée est proportionnelle au nombre des hommes qui les parlent. De même une espèce résiste mieux à la concurrence vitale si elle compte un grand nombre d'individus. On est parvenu souvent à connaître quelles circonstances amènent la décadence ou la chute d'un peuple ; souvent aussi les causes de ces catastrophes nous échappent par suite de l'éloignement des temps et aussi du manque absolu de documents. De là, de grandes lacunes dans la filiation des langues. On sait pourquoi l'hébreu est devenu une langue morte. Mais pourquoi le sanscrit, malgré son caractère sacré et la vénération qui s'attachait aux Védas, a-t-il eu le même sort ? Voilà ce que nous ignorons à peu près entièrement. Ainsi pour la langue de Zoroastre. Le zend et le sanscrit dérivent-ils l'un de l'autre, ou bien ne sont-ils qu'un double rejeton d'une souche unique ? autre problème non résolu.

Si le zend dérive du sanscrit, il est certain qu'il manque plusieurs types intermédiaires ; mais rien ne s'oppose à ce que le zend et le sanscrit soient deux rameaux distincts, issus d'un tronc commun. Au fond, ce qui importe à la théorie, c'est la constance de structure et l'uniformité de caractères, qui révèlent chez les deux dialectes l'identité d'origine. C'est ainsi que le grec, le latin et la famille germanique se rattachent aux deux langues orientales. La chaîne a été rompue, bien des anneaux n'existent plus ; mais la parenté a laissé sur ces différents idiômes sa manifeste empreinte. Le latin a eu plus de bonheur dans sa postérité : on a pu suivre ses croisements et ses variations dans les contrées où règnent ses descendants. L'italien, le français, l'espagnol, le valaque, le rhétien, sont les enfants directs du latin. Sous leurs formes diverses, dues à une sélection naturelle, leur généalogie est aussi certaine que celle des races si variées de pigeons obtenues par la sélection consciente de l'homme.

La disparition des espèces n'a pas eu lieu seulement dans les époques géologiques antérieures ; la période où nous vivons en a vu s'éteindre peut-être un grand nombre, mais à coup sûr quelques-unes. Mêmes vicissitudes chez les langues. « Nous savons dans quel siècle le Dronte a disparu (1), et nous savons que c'est au XVIIe siècle que la langue des Peaux-Rouges du Massachussett a cessé d'exister. C'était pourtant

---

(1) Cet oiseau vivait encore à l'Ile-de-France en 1626.

une langue dans laquelle le P. Eliot avait traduit la Bible et dans laquelle le Christianisme avait été prêché pendant plusieurs générations. Si le hollandais devenait une langue morte, la filiation entre l'anglais et l'allemand ne serait plus aussi directe : il y aurait solution de continuité. » (Sir Ch. Lyell).

II. — Les langues éteintes ne reparaissent plus. — Les espèces éteintes ne reparaissent plus ; la marche du temps et les variations accumulées rendent impossible le retour de conditions de vie identiques. De même aucune langue morte ne pourra revivre parce que le changement des mœurs, les progrès des sciences et des arts, les habitudes et les besoins creusent entre le passé et le présent un abîme de plus en plus profond. Par la force des variations continues et d'une sélection toujours agissante, il n'est pas une seule langue vivante qui n'ait fait des pertes irréparables. Les *Chansons de Gestes* de nos trouvères sont inintelligibles, excepté pour les érudits; Villehardouin est bien près de l'être ; Rabelais, vaincu du temps, incline vers la tombe. Encore un siècle, et tout sera dit pour lui. Son livre aura besoin d'être traduit, comme le sont aujourd'hui les auteurs latins. Ce qui est vrai de la langue française, l'est aussi de toutes les autres. Chacune a laissé derrière elles ses fossiles, et pas un ne reviendra à la vie parce que l'humanité ne peut pas à son gré secouer les conditions de la vie présente pour reprendre les préjugés anciens, la foi naïve et aveugle, les mœurs brutales, l'ignorance et la barbarie primitive. Les morts sont bien morts, dit un proverbe populaire : cela est vrai des langues aussi bien que des espèces.

III. — Progrès lexicologique dans les langues.
— La sélection agissant, en général, pour le bien des individus, il s'ensuit que les espèces s'améliorent. Or, la règle de tout progrès est dans la division du travail physiologique. Un animal est d'autant plus élevé dans l'échelle des êtres que chacune de ses fonctions s'accomplit par un organe propre et distinct. Il en est de même des langues. Elles aussi font des progrès avec le temps, et, à tout prendre, elles continuent leur marche dans ce sens.

Les langues, au début, renfermaient peu de mots, et ces mots avaient le sens le plus compréhensif. Un seul servait à traduire plusieurs idées différentes : de là l'obscurité de la pensée. Une des études les plus attrayantes et les plus instructives est de suivre les restrictions que chaque siècle apporte à l'excessive compréhension des mots. C'est une véritable division du travail intellectuel que l'esprit opère peu à peu dans le langage. Par exemple, le mot imagination, au XIVe siècle, avait le plus vaste domaine. « L'imagination, dit Charron (1), premièrement recueille les espèces et figures des choses tant présentes, par le service des cinq sens, qu'absentes, par le bénéfice du sens commun. A elle appartiennent proprement les

---

(1) Charron, *De la Sagesse*, livre Ier, chapitre XIII.

inventions, les facéties et brocards, les pointes et subtilités, les fictions et mensonges, les figures et comparaisons, la propriété, netteté, élégance, gentillesse. »

Au XVIIe siècle, la définition donnée témoigne de quelque élimination : « 1° Faculté de l'âme qui imagine ; 2° Fantaisie erronée et bizarre ; 3° Pensée et conception ; 4° Opinion qu'on a de quelque chose : Que voulez-vous ? C'est son imagination » (1).

Le XVIIIe siècle la restreint davantage, mais lui laisse encore le sens de génie : « Il y avait beaucoup plus d'imagination dans la tête d'Archimède que dans celle d'Homère » (2).

Aujourd'hui l'imagination est la faculté de se retracer l'image des objets : alors elle est passive ; ou de combiner les idées dans des rapports nouveaux : alors elle est active. En littérature et dans les beaux-arts, on entend surtout par elle la faculté de représenter les idées sous des formes sensibles. On voit que pour le mot imagination la division du travail intellectuel commencée depuis trois siècles, se poursuit à notre époque : elle n'est pas encore achevée.

Cet exemple, choisi entre mille, montre avec assez de clarté quelle est la marche suivie par les langues. Cette élimination successive de sens divers accumulés en une seule expression est une des lois qui dirigent les transformations des langues et les rapprochent, à

(1) *Dictionnaire de l'Académie*, 1694.
(2) Voltaire, *Dictionnaire philosophique*.

pas lents mais continus, de leur idéal, netteté et clarté. Les langues à leur tour exercent une heureuse influence sur l'esprit de l'homme ; elles l'aident à opérer sur les idées un travail analogue de division et méritent ainsi qu'on les appelle des méthodes analytiques.

CHAPITRE IV.

CLASSIFICATION GÉNÉALOGIQUE DES LANGUES.

La classification dans les langues a toujours été généalogique, car la dérivation, ainsi qu'on l'appelle, n'est pas autre chose que la filiation. On peut dire que la linguistique est la première en date qui ait conçu et appliqué la vraie méthode de classification. Si les sciences naturelles sont restées si longtemps aveugles en présence de cette vérité, c'est que l'esprit humain est lent à comprendre les phénomènes qu'il a sous les yeux. Une fois entraîné dans une fausse voie, il a de la peine à s'élancer hors du sentier battu. Ce n'est que contraint par l'évidence et par le nombre accablant des preuves qu'il se décide à secouer sa vieille erreur et le joug de la tradition.

Puisque les langues se classent par dérivation, c'est-à-dire par élément généalogique, il n'est pas douteux que les règles suivies par les philologues ne soient, dans un autre ordre, celles mêmes de la méthode naturelle.

§ 1ᵉʳ. *Constance de structure.*

Dans les espèces, la communauté d'origine est attestée par la constance de structure, soit dans les organes de haute importance physiologique, soit dans les organes d'une importance physiologique quelconque.

Dans les langues, elle est attestée par la constance de structure, soit dans les radicaux, organes lexicologiques de la plus haute importance, soit dans les flexions, organes d'importance variée.

Le tableau suivant met en évidence la communauté d'origine des langues dérivées du latin, sous le rapport de la constance de structure (1).

Mots latins : 1° *Pater*, père; 2° *Mater*, mère; 3° *Juvenis*, jeune; 4° *Novus*, neuf; 5° *Septem*, sept.

LATIN	LANGUE D'OC.	LANGUE D'OUI.	ITALIEN	ESPAGNOL	PORTUGAIS	VALAQUE
1° Pater	Pair	Pair, poire	Padre	Padre	Pai, padre	Pariute
2° Mater	Maire	Maire	Madre	Madre	Mai, madre	Maïca, mama
3° Juvenis	Jove	Joesne	Giovane	Joven	Joven	June
4° Novus	Nou	Neuf	Nuovo	Nuevo	Novo	Nou
5° Septem	Set	Set	Sette	Siete	Sette	Sépte

Si l'on dressait un tableau comparatif des mots qui

---

(1) Voir Egger, *Grammaire comparée.*

composent ces diverses langues, on reconnaîtrait facilement et du premier coup d'œil celles qui, par les variations et les sélections, se sont le plus écartées de la langue-mère.

§ 2°. *Vestiges de structure primordiale.*

Dans les espèces, la communauté d'origine est décélée par les vestiges de structure primordiale : 1° organes rudimentaires ou atrophiés ; 2° structure de l'embryon.

Dans les langues, elle est décélée : 1° par les lettres rudimentaires ou atrophiées ; 2° par la structure embryonnaire, c'est-à-dire par la forme qu'avaient les mots et l'orthographe d'une langue dans les premières phases de sa création.

Nous avons donné, par analogie, le nom d'atrophiées aux lettres redondantes et sans emploi, et celui de rudimentaires aux lettres qui, sans emploi dans le mot primitif, jouent un rôle dans les mots dérivés. Exemple : dans le mot sang, le *g* est rudimentaire, parce que, sans emploi dans ce mot, il sert à la formation de l'adjectif sanguin. Nous donnerons le nom de rudimentaires mixtes aux lettres qui, sans emploi dans le mot primitif, subissent une transformation dans les dérivés. Tel le *d* de pied, dans les dérivés piéton, piétiner ; tel le *z* de nez dans les dérivés nasal, nasiller (1).

(1) Voir les lois de ces changements dans A. Brachet. *Grammaire historique.*

I. — Lettres rudimentaires ou atrophiées. — La langue française abonde en lettres rudimentaires ou atrophiées malgré le travail continu de contraction syllabique et d'élimination qui tend à simplifier l'orthographe. Le tableau suivant offre plusieurs exemples de ces différentes lettres, héritage de l'idiôme générateur.

LATIN	FRANÇAIS	LETTRES RUDIMENTAIRES OU ATROPHIÉES
1° Pulsus	Pouls	La lettre *l* est sans emploi ou atrophiée.
2° Corpus	Corps	La lettre *s* est atrophiée; la lettre *p* est rudimentaire; adjectif corporel.
3° Condemnare	Condamner	La lettre *m* est atrophiée.
4° Pes, pedis	Pied	La lettre *d* est rudimentaire mixte : piéton, piétiner.
5° Clavis	Clef	La lettre *f* est atrophiée; tombe en désuétude, aujourd'hui clé.
6° Stomachus	Estomach (ancien)	Le *ch* est rudimentaire; adjectif stomachique.
7° Sanguis	Sang	Le *g* est rudimentaire; sanguin, sanglant, etc.
8° Nasus	Nez	Le *z* est rudimentaire mixte; nasal, nasiller (1).
9° Inclusus	Inclus	La lettre *s* est rudimentaire; inclusion, inclusif.
10° Falx	Faulx	La lettre *l* est atrophiée; tombe en désuétude, aujourd'hui la faux.

II. — Phase embryonnaire. — Si le français moderne a conservé tant de vestiges de son origine latine, on peut s'attendre à ce que, dans sa phase em-

---

(1) En vieux français, *s*, *x*, *z*, étaient équivalents. La voix s'écrivait indifféremment voix, vois, voiz.

bryonnaire, c'est-à-dire au temps des Chansons de Gestes, cette parenté s'étale avec une irrésistible évidence. Il n'est même pas besoin de remonter aussi haut : le XV° siècle est un trésor de preuves décisives et d'autant plus précieuses que le vocabulaire est à peu près le nôtre.

LATIN	ANCIEN FRANÇAIS	FRANÇAIS MODERNE
1° Castigare	Chastier	Châtier
2° Sanctus	Sainct	Saint
3° Nudus	Nud	Nu
4° Luctari	Lucter	Lutter
5° Unquàm	Oncques	N'existe plus (mot fossile)
6° Quærere	Quérir	Tombe en désuétude
7° Vult	Il voult	Il veut
8° Debitum	Debte	Dette
9° Cognescere	Cognoistre	Connaître
10° Presbyter	Prebstre	Prêtre

§ 3°. *Uniformité d'un ensemble de caractères.*

Dans les espèces, l'aspect uniforme de certains caractères, tels que la manière dont les ailes sont repliées chez les insectes, la couleur chez quelques algues, la pubescence sur certaines parties de la fleur chez les plantes herbacées, suffit à définir les groupes, les variétés.

Il en est de même chez les langues, rameaux issus d'une même souche. Prenons pour exemple les idiômes nés du latin :

1° La constance de l'accent tonique sur la dernière syllabe pleine ;

2° Le son nasal des syllabes *in, an, on, un* ;

3° Le son particulier de l'*u*, de l'*e* muet ;

4° Le défaut général de sonorité, par comparaison surtout avec l'italien et l'espagnol ;

Tous ces caractères, joints à plusieurs autres, servent à distinguer le français de ses congénères.

§ 4°. *Chaîne des affinités.*

Le français offre des exemples remarquables de la chaîne d'affinités qui unit l'expression moderne à l'expression latine. Les siècles du moyen-âge sont pour lui ce que sont les couches géologiques pour les espèces : ils sont les dépositaires des types intermédiaires qui relient l'ancêtre à son dernier rejeton.

LATIN	VIEUX FRANÇAIS	FRANÇAIS MODERNE
Ancêtres.	*Fossiles intermédiaires.*	*Rejetons vivants.*
1° Flos, florem	Flor, flour	Fleur
2° Stellatus	Estelé, estoilé	Etoile
3° Anima	Aneme, anme	Ame
4° Caro, carnem	Carn, charn	Chair ; adjectif charnel

Un vieux mot français, pouillé (liste des biens d'un monastère), venait d'un mot grec par l'intermédiaire des transcriptions latines, *polyptychum, polypticum, polepticum, poleticum, polegium, pulegium*, d'où le français pouillé. Voilà donc une série de mots éteints qui lient une expression française, éteinte elle-même, à un ancêtre grec. Ainsi, dans le tableau des hyènes de M. A. Gaudry, l'*hyœna eximia* unissait l'*hyœna brevirostris* à l'*hyœnictis* de Pikermi, tous animaux à jamais disparus (1).

Mais l'exemple le plus frappant peut-être est celui qui nous est donné par le pronom *Je*. Je vient du latin *Ego !*

1° Au IX° siècle, e (g) o est devenu eo, par la suppression fréquente du g. Exemples : Li (g) o, je lie ; Ne (g) o, je nie ; Ni (g) ella, la nielle, etc. Dans le serment de Louis le Germanique : *eo salvarai*, je sauverai.

2° Au X° siècle, *eo* est devenu *io*, par le changement fréquent de l'e en i. Exemples : *neo*, je nie ; *sex*, six ; *cera*, cire, etc.

3° Au XIII° siècle, *io* est devenu *jo*, par le changement régulier de l'i en j. Exemples : *Dibionem, Dibjonem*, Dijon ; *gobionem, gobjonem*, goujon ; *rabiem, rabjem*, rage ; *diluvium, diluvjum*, déluge, etc.

4° *Jo* est devenu *Je*, par une modification du son facile à comprendre.

Le naturaliste qui nie la communauté d'origine de l'éléphant et du mastodonte, quoique les membres de ces animaux soient presque semblables et que les découvertes modernes aient intercalé entre eux plus de

(1) Voir page 100.

vingt-six espèces, doit être singulièrement étonné de la hardiesse du linguiste. Quoi! *Je* serait le petit-fils de *Ego !*... Ils n'ont pas même une lettre commune. — Qu'importe! Grâce aux intermédiaires, nulle filiation n'est plus certaine. (1) — On pourrait appliquer textuellement à ces deux mots ce que Darwin dit de quelques espèces naturelles : « Il y a des crustacés aux deux extrémités de la série qui ont à peine un caractère commun; et cependant les espèces les plus extrêmes des deux bouts de la chaîne étant évidemment alliées à celles qui leur sont voisines, celles-ci encore à d'autres et ainsi de suite, toutes sont aisément reconnues comme appartenant, sans doute possible, à cette classe particulière des articulés et non aux autres. »

Conclusion. — A toutes ces similitudes, à ces analogies vient se joindre une dernière analogie, une dernière similitude : la manière dont se présente le problème de l'origine. Les langues dérivent-elles d'une ou de plusieurs langues?... Les espèces sont-elles issues d'un ou de plusieurs couples ?... C'est ce que l'on ne sait pas, ce que l'on ne saura jamais. Il en est de toute origine comme de tout idéal : chaque effort rapproche de lui sans qu'on puisse jamais l'atteindre. La science, par ses découvertes graduelles, restrein-

---

(1) *Jour* vient de *Dies !* adjectif *diurnus, djurnus* (italien *giorno* qu'on prononce *djorno*); d'où les mots français *jor*, jour; ce qui explique les dérivés journée, journal, etc.

dra le nombre des espèces génératrices, comme la philologie celui des langues-mères ; mais l'unité primordiale fuira sans cesse devant elles. Elles la concevront, cette unité, comme le type suprême ; elles l'établiront comme le couronnement de leurs démonstrations ; mais, impuissantes à en prouver expérimentalement l'existence, elles ne pourront pas s'écrier : L'unité est une réalité ! Elles diront seulement : C'est un idéal ! Et la certitude de leurs inductions n'en sera pas ébranlée ; car, fondées sur les faits et l'observation exacte des choses, elles peuvent braver les colères mystiques ou les critiques attardées. Fortes, invincibles comme la vérité, elles attendent avec sécurité le jugement de l'incorruptible avenir.

LA SÉLECTION

DANS LES ESPÈCES	DANS LES LANGUES
1° Les espèces ont leurs variétés, œuvre du Milieu ou de causes physiologiques.	1° Les langues ont leurs dialectes, œuvre du Milieu ou des mœurs.
2° Les espèces vivantes descendent généralement des espèces éteintes du même pays.	2° Les langues vivantes descendent généralement des langues mortes du même pays.
3° Une espèce, dans un pays isolé, éprouve moins de variations.	3° Une langue, dans un pays isolé, éprouve moins de variations.
4° Variations produites par le croisement avec des espèces distinctes ou étrangères.	4° Variations produites par l'introduction de mots nouveaux dus aux relations extérieures, aux sciences, à l'industrie, etc.
5° La supériorité des qualités physiques assurant la victoire aux individus d'une espèce, cause de sélection.	5° Le génie littéraire et l'instruction publique centralisée, causes de sélection.
6° La beauté du plumage ou la mélodie du chant, cause de sélection.	6° La brièveté ou l'euphonie, causes de sélection.
7° Lacunes nombreuses dans les espèces éteintes.	7° Lacunes nombreuses dans les langues éteintes.
8° Chances de durée d'une espèce dans le nombre des individus qui la composent.	8° Chances de durée d'une langue dans le nombre des individus qui la parlent.
9° Les espèces éteintes ne reparaissent plus.	9° Les langues éteintes ne reparaissent plus.
10° Progrès dans les espèces par la division du travail physiologique.	10° Progrès dans les langues par la division du travail intellectuel.

CLASSIFICATION GÉNÉALOGIQUE

DANS LES ESPÈCES	DANS LES LANGUES
1° Constance de structure, organes de haute importance physiologique, organes d'importance variée.	1° Constance de structure, radicaux de haute importance, flexions d'importance variée.
2° Vestiges de structure primordiale, organes rudimentaires ou atrophiés, structure embryonnaire.	2° Vestiges de structure primordiale, lettres rudimentaires ou atrophiées, phase embryonnaire.
3° Uniformité d'un ensemble de caractères.	3° Uniformité d'un ensemble de caractères.
4° Chaîne d'affinités dans les espèces vivantes ou éteintes.	4° Chaîne d'affinités dans les langues vivantes ou éteintes.

TROISIÈME PARTIE

LA PÉRIODE

GLACIAIRE

INTRODUCTION

La théorie de Darwin s'est heurtée en chemin contre une grande difficulté et contre une grave objection.

La difficulté est celle-ci : Comment se fait-il qu'une même espèce habite quelquefois deux stations séparées par d'énormes distances? Darwin explique ce fait par les migrations qui ont dû avoir lieu pendant la période glaciaire.

Voici l'objection : Les espèces n'ont pas eu le temps de varier parce que la dernière catastrophe du globe date à peine de cinq mille ans.

Il est donc nécessaire de démontrer que cette date de cinq mille ans est fausse, et que les siècles n'ont point manqué aux variations des espèces.

Cette partie du livre se trouve naturellement divisée en deux sections. La première comprend l'exposition et la réfutation de la théorie des catastrophes subites et universelles due à Cuvier. La seconde renferme le résumé des notions acquises sur la période glaciaire, avec les réserves ou les inductions légitimes qu'autorise l'état présent de la science relativement à cet étrange phénomène.

PREMIÈRE SECTION

CHAPITRE PREMIER

THÉORIE DES CATASTROPHES SUBITES ET GÉNÉRALES.

« La vie a été souvent troublée sur cette terre par des événements effroyables. Des êtres vivants, sans nombre, ont été victimes de ces catastrophes : les uns habitants de la terre sèche, se sont vus engloutis par des déluges; les autres, qui peuplaient le sein des eaux, ont été mis à sec avec le fond des mers subitement relevé; leurs races mêmes ont fini pour jamais... Les déchirements, les redressements, les renversements des couches plus anciennes ne laissent pas douter que des causes subites et violentes ne les aient mises en l'état où nous les voyons... La plupart des catastrophes ont été subites; et cela est facile à prouver surtout pour la dernière, pour celle qui par un double mouvement a inondé et ensuite remis à sec nos continents actuels, ou du moins une grande partie du sol qui les forme aujourd'hui. Elle a laissé encore dans les pays du Nord des cadavres de grands quadrupèdes que la glace a saisis, et qui se sont conservés jusqu'à nos jours avec leur peau, leur poil et leur chair. S'ils n'eussent été gelés aussitôt que tués, la putréfaction les eût décomposés. Et, d'un autre côté, cette gelée éternelle n'occupait pas auparavant les lieux où ils ont été saisis, car ils n'auraient pas pu vivre sous une pareille température. C'est donc le même instant qui a fait périr les animaux et qui a rendu glacial le pays qu'ils habitaient. Cet événement a été subit, instantané, sans aucune gradation (1). »

Il est certainement impossible d'affirmer avec plus d'énergie et dans un style plus net la soudaineté de la période glaciaire. Cette conviction, si fortement enracinée, d'où a-t-elle pris sa source? d'un seul fait : la découverte de cadavres conservés intacts dans la glace.

Cuvier se demande si les causes actuelles, lentes, peuvent expliquer la période glaciaire; il les passe donc en revue, mais il les trouve toutes impuissantes, tant son imagination a été frappée par la découverte d'éléphants conservés avec leur chair dans la glace ! A chaque moment il revient sur ce fait, et toujours il s'écrie qu'une catastrophe instantanée peut seule l'expliquer. C'est ainsi qu'à propos de la révolution de l'axe terrestre autour du pôle de l'écliptique, il prononce la condamnation définitive des causes actuelles

---

1) Cuvier. — *Discours sur les révolutions du globe.*

par cela seul qu'elles sont lentes. « Vraies ou non, peu importe! elles n'expliquent rien, puisqu'aucune cause lente ne peut avoir produit des effets subits. Y eût-il donc une diminution graduelle des eaux; la mer transportât-elle dans tous les sens des matières solides; la température du globe diminuât ou augmentât-elle, ce n'est rien de tout cela qui a revêtu de glace de grands quadrupèdes avec leur chair et leur peau (1). »

Un disciple de Cuvier, Alexandre Bertrand, a énuméré tous les arguments qui peuvent militer en faveur de la doctrine du maître. Les voici analysés :

1° Si les éléphants avaient été transportés par les eaux, ils seraient usés par le frottement, au moins autant que les cailloux roulés; mais ils sont, au contraire, si bien conservés qu'on trouve des ossements de jeunes animaux qui présentent encore les éminences cartilagineuses les plus déliées et les plus fragiles.

2° Les pays glacés, où vivaient les éléphants, devaient être soumis à une température moins rigoureuse, afin que les herbes pussent croître et fournir à la nourriture des animaux.

3° L'hypothèse d'un abaissement graduel et lent de température, qui aurait forcé les éléphants à se réfugier peu à peu vers des régions plus chaudes et les aurait à la fin tous accumulés dans les lieux où on les rencontre maintenant, cette hypothèse n'est pas vraie pour plusieurs raisons :

(1) *Discours sur les révolutions du globe*, page 27.

A. La différence entre les squelettes des éléphants fossiles et ceux des espèces vivantes est trop grande pour être due à une variété de climats ;

B. Plusieurs autres animaux, dont les débris sont mêlés à ceux des éléphants, sont entièrement disparus, pourquoi les éléphants auraient-ils seuls échappé au désastre ?

C. La catastrophe a été subite comme l'attestent les chairs conservées de l'éléphant de M. Adams ;

D. Si ce changement a été lent, pourquoi ne se sont-ils pas réfugiés au Mexique ? ;

E. Puisque les éléphants étaient conformés pour vivre dans les régions froides, comment expliquer leur destruction dans les pays tempérés de l'Europe et particulièrement en Italie (1) ? »

L'argumentation d'Alexandre Bertrand n'ajoute rien, au fond, à la théorie de Cuvier : elle ne fait que l'appuyer d'une manière indirecte en posant aux adversaires certaines objections que, d'après le système de ces derniers, elle regarde comme insolubles.

En résumé, la catastrophe qui a détruit les éléphants, le rhinocéros tichorhinus et un grand nombre d'autres espèces, a été subite, instantanée, sans aucune gradation. Les terres habitées par ces animaux se sont affaissées ; la mer les a envahies ; puis une gelée soudaine a emprisonné dans les eaux durcies ces qua-

---

(1) Alex. Bertrand. — *Lettres sur les révolutions du globe* page 173.

drupèdes et les a conservés avec leurs poils jusqu'à nous. Telle est l'explication que donne Cuvier de la période glaciaire.

La fausseté de la théorie de Cuvier sera démontrée de deux manières :

1° Indirectement, en acceptant l'hypothèse même d'une catastrophe subite ;

2° Directement, en donnant une explication toute naturelle, sans miracle, de la présence d'éléphants conservés dans la glace.

CHAPITRE II.

IMPOSSIBILITÉ DE LA THÉORIE DES CATASTROPHES.

L'hypothèse d'une catastrophe subite et d'une gelée instantanée est inadmissible : telle est la conclusion qui découlera de l'ensemble des quatre faits suivants :

§ 1er *Les quatre faits.*

I. — Multiplication prodigieuse des herbivores. — Dans les régions où l'homme n'a pas pénétré et où les carnassiers sont rares, les animaux herbivores se multiplient d'une manière prodigieuse. La nourriture pour eux est facile, c'est la terre qui la leur fournit spontanément avec une abondance toujours renaissante. Sous les tropiques surtout, où la chaleur du climat est tempérée chaque jour par des pluies intermittentes, la végétation se développe avec une énergie qui n'a pu lasser l'admiration des voyageurs. On comprend aisément que, favorisés par ces richesses naturelles, source inépuisable d'alimentation, les herbivores puissent se propager en nombre immense. Cette induction, fondée sur le climat et le genre de nourriture, est confirmée par les faits. Delegorgue, dans le récit de son voyage en Afrique, décrit un lac où habitait une troupe de cent hippopotames, et un espace d'un diamètre de trois milles seulement où paissaient six cents éléphants. Une fois, il rencontra une bande de quatre à cinq cents couaggas. Comme les lions n'existent pas dans cette partie de l'Afrique, Delegorgue ajoute que les couaggas et les gnous, déjà trop nombreux, se multiplieront dans une effrayante proportion : « Je ne demande pas dix ans, dit-il, et les peuples pasteurs ne trouveront pas une pointe d'herbe pour leurs bestiaux dans cette contrée. Les gazelles euchores forment encore des troupeaux plus nombreux. Celles qui sont à l'arrière-garde sont d'une maigreur extrême, parce que l'herbe a été dévorée par leurs compagnes. Si un accident, la vieillesse ou une maladie ralentissent leur marche, elles sont perdues : la faim les détruit (1). »

Le témoignage de l'illustre Livingstone donne au fait de la multiplication prodigieuse des herbivores l'invincible force de la vérité. Un jour, descendant une montagne, le plus merveilleux spectacle se déroule à ses regards: « Des centaines de zèbres et de buffles pais-

---

(1) Delegorgue. — 1838-1843. Vol. IIe. page 443. Vol. Ier, 490.

sent au milieu des clairières; de nombreux éléphants pâturent et ne paraissent mouvoir que leurs trompes. Je voudrais être à même de photographier ce tableau qui disparaîtra devant les armes à feu et s'effacera de la terre avant que personne ne l'ait contemplé. Tous les animaux sont d'une extrême confiance... Les éléphants, arrêtés sous les arbres, s'éventent de leurs larges oreilles, comme si nous n'étions pas à deux cents mètres de l'endroit où ils se trouvent; de grands sangliers fauves nous regardent avec surprise, et leur nombre est immense. La quantité d'animaux qui couvre la plaine tient du prodige, il me semble être à l'époque où le mégathérium paissait tranquillement au sein des forêts primitives. » Dans une autre passage, Livingstone dit que souvent on a vu des troupes de plus de quarante mille gazelles (1).

Dans l'Amérique du sud, les bœufs et les chevaux, par hordes innombrables, peuplent les savanes de la Plata et du Paraguay. Chaque mois plus de cent mille têtes de bétail sont abattus dans ces contrées. On ne prend que le cuir, la chair est abandonnée. (Payen).

II. — Innombrable quantité d'ossements fossiles de Pachydermes.

Si les herbivores contemporains peuvent se multiplier en nombre presque infini, soit dans les zones inexplorées, soit même dans les régions où les chasseurs les immolent par centaines de mille, il est naturel de croire, on peut même affir-

---

(1) Livingstone. — *Exploration dans l'Afrique*, page 115.

mer avec une certitude absolue que, pendant les époques tertiaire et quaternaire, les éléphants, les rhinocéros ont dû couvrir la surface de l'Europe de leur progéniture. Qui aurait pu mettre obstacle à leur propagation ou la restreindre par une guerre incessante ? L'homme était trop faible et trop ignorant, si même il existait déjà, pour savoir leur opposer une barrière ou les faire servir à son usage. La force et les armes terribles des grands pachydermes les protégeaient suffisamment contre les attaques des carnassiers pour qu'ils n'eussent pas à subir une restriction fatale à la propagation de leur espèce. Sans doute, leur fécondité, bornée par une longue gestation, a dû peupler les contrées européennes avec plus de lenteur et moins d'extension numérique que ne le font les gazelles en Afrique ou les bœufs dans les savanes de la Plata. Mais leur longévité, jointe à l'immense série d'années qu'embrassent les époques tertiaire et quaternaire compense largement leur infériorité au point de vue de la multiplication. Darwin a calculé qu'au bout de cinq cents ans, il y aurait quinze millions d'éléphants vivants descendus d'une seule paire ! Il s'ensuit que les rhinocéros et les éléphants ont dû couvrir le sol européen et le sol asiatique de leurs nombreux troupeaux, et les joncher, avec le temps, de leurs dépouilles osseuses. C'est ce que confirment les découvertes modernes : « On sait que les os du mammouth ou éléphant fossile se rencontrent en grande abondance dans toute la partie de la Sibérie qui s'étend, de l'est à l'ouest, depuis les limites de l'Europe jusqu'à l'Amérique, et du sud au nord, depuis la base des montagnes de l'Asie centrale jusqu'aux rivages de la mer Arctique. Dans ce vaste espace, sur les bords de l'Irtish, de l'Obi, du Iénissei, de la Léna et de diverses autres rivières, on a trouvé presque partout des débris fossiles d'éléphants. Les îles de la mer Polaire en renferment des quantités si extraordinaires que le versant de l'île des Ours est formé de collines presque entièrement composées d'ossements de mammouths. Pour donner une idée de ce prodigieux amas, nous dirons qu'on retire annuellement de soixante à quatre-vingt mille livres d'ivoire fossile de la Sibérie septentrionale et du groupe d'îles de la Nouvelle-Sibérie. Or, d'après le poids moyen des défenses, qui ne dépasse guère 120 livres, cette quantité d'ivoire provient d'au moins 650 individus; et, comme l'exploitation dure depuis des siècles, on peut juger de l'énorme accumulation des restes de mammouths enfouis dans ces parages, et qu'accompagnent souvent les os du rhinocéros et du buffle de Sibérie ou bison (1). »

Le mammouth se trouve en Allemagne, en France, en Italie, dans l'Amérique du Nord. Mais de toutes les parties de l'Europe, celle où l'on a rencontré le plus d'ossements fossiles de ce pachyderme, est la vallée de l'Arno supérieur dans le Piémont. On eût dit un véritable cimetière d'éléphants. Leurs ossements étaient si communs que les paysans les em-

---

(1) Zürcher et Margollé. *Les Glaciers.*

ployaient pêle-mêle avec les pierres pour construire les murs et les maisons.

En résumé, les éléphants ont dû peupler et, comme l'attestent leurs ossements, ont peuplé en nombre immense certaines parties de l'Europe et de l'Asie pendant les époques tertiaire et quaternaire.

III. — Quatre pachydermes seulement trouvés dans la glace.

— Combien a-t-on trouvé d'animaux pris dans les glaces et conservés intacts? Trois mammouths et un rhinocéros. Ces quatre pachydermes ont joué un si grand rôle dans l'histoire de la science que leur découverte mérite d'être racontée.

En 1692, un Allemand, Isbrant Ides, établi en Russie, fut envoyé comme ambassadeur en Chine. Voici ce qu'il rapporte : « Un de mes compagnons de voyage, qui allait tous les ans à la recherche des dents de mammouths, m'assura avoir trouvé une fois, dans une pièce de terre gelée, la tête entière d'un de ces animaux dont la chair était corrompue; les dents sortaient du museau comme celles des éléphants. Ses compagnons et lui eurent beaucoup de peine à les arracher, aussi bien que quelques os de la tête, et entre autres celui du cou, lequel était encore teint de sang. Enfin, ayant cherché plus avant dans la même pièce de terre, il y trouva un pied gelé d'une grosseur monstrueuse, qu'il porta à la ville de Trugan (Sibérie). Ce pied avait, à ce que le voyageur m'a dit, autant de circonférence qu'un gros homme au milieu du corps. »

En 1800, un naturaliste russe, Gabriel Sarytschew, trouva sur les bords de l'Alaseïa, rivière sibérienne qui se jette dans l'Océan glacial, le cadavre entier et bien conservé d'un mammouth pris dans les glaces.

En 1806, un autre naturaliste russe, Adams, professeur à Moscou, informé qu'un mammouth avait été découvert sept ans auparavant dans les glaces, près de l'embouchure de la Léna, se rendit sur les lieux. « Il y trouva l'animal fort mutilé. Les Iakoutes du voisinage en avaient dépecé les chairs pour nourrir les chiens. Des bêtes féroces en avaient aussi mangé. La tête était couverte d'une peau sèche. Une des oreilles, bien conservée, était garnie d'une touffe de crins : on distinguait encore la prunelle de l'œil. Le cerveau se trouvait dans le crâne, mais desséché ; la lèvre inférieure avait été rongée, et la lèvre supérieure détruite laissait voir les mâchelières. Le cou était garni d'une longue crinière. La peau était couverte de crins noirs et d'un poil ou laine rougeâtre ; ce qui en restait était si lourd que dix personnes eurent beaucoup de peine à le transporter. On retira plus de trente livres de poils et de crins que les ours blancs avaient enfoncés dans le sol humide, en découvrant les chairs (1). »

Un autre mammouth entier a été découvert en 1865, au golfe de l'Obi. Le géologue M. Schmidt, envoyé par l'Académie de Saint-Pétersbourg, n'a pas encore publié son rapport.

(1) *Mémoires de Saint-Pétersbourg*, traduits du latin, par G. Cuvier.

En 1772, Pallas découvrit à Wilouiskoï, sur les bords de la rivière Wilouiskoï, affluent de la Léna, le corps d'un rhinocéros tichorhinus qui conservait encore ses téguments, ses poils et sa chair : il était enseveli dans des sables glacés.

En résumé, on a retrouvé dans la glace ou dans la terre gelée trois cadavres entiers de mammouths, une tête et un pied d'un autre, un rhinocéros tout entier et quelques débris de poils ou de cuir. Et encore Cuvier ne connaissait-il pas le troisième mammouth.

IV. — **Immense extension des glaciers**. — Les travaux accomplis par les géologues depuis un demi-siècle ont montré sur quelle immense surface s'étaient étendus les glaciers. Non-seulement ils ont occupé, à un certain moment, le nord de l'Asie, les pays scandinaves, l'Allemagne septentrionale, les îles Britanniques, tout le versant des Alpes et des Pyrénées, mais ils paraissent encore avoir laissé en Amérique des traces d'une extension assez grandiose. Agassiz et quelques autres éminents naturalistes ont commencé, dans le Nouveau-Monde, des études qui, agrandies par les recherches et par les travaux de l'avenir, permettront peut-être de résoudre le problème de l'époque glaciaire. Au demeurant, il est certain aujourd'hui que le phénomène glaciaire s'est produit dans la majeure partie de l'Europe et de l'Asie ; que l'Amérique du Nord et le vaste empire du Brésil en conservent aussi d'irrécusables vestiges.

Voilà quatre faits bien constatés. La quantité prodigieuse d'ossements trouvés en Sibérie, dans le val d'Arno, dans toute l'Europe, atteste que le nombre des pachydermes était immense pendant les époques tertiaire et quaternaire. La multiplication effrayante des herbivores contemporains dans les zones inexplorées de l'Afrique et dans les plaines de l'Amérique méridionale, malgré les milliers de victimes qui succombent sous le fer de l'homme et sous la dent des fauves, reproduit à nos yeux le tableau affaibli que devaient offrir les régions européennes et asiatiques dans les temps préhistoriques. D'autre part, on sait aujourd'hui que le phénomène glaciaire a sévi sur l'Europe presque tout entière, sans parler du Nouveau-Monde; car la chose n'est pas nécessaire au débat. Enfin on n'a retrouvé intacts dans les glaces que quatre animaux et quelques débris.

§ 2. — *Conséquences des quatre faits.*

1° Si la catastrophe glaciaire a été subite, instantanée et générale, comme le soutient Cuvier, y a-t-il l'ombre même d'une probabilité pour qu'en présence de tant de milliers d'herbivores vivants, cette révolution n'ait enseveli dans les glaces que quatre d'entre eux ? Voilà cinq cents années qu'on exploite les ossements des îles Sibériennes sans que la richesse des gisements semble diminuée; on a déjà extrait assez d'ivoire pour composer les défenses de plus de cent mille éléphants. Eh bien ! est-il possible que dans une région peuplée d'aussi nombreux proboscidiens, trois seulement aient été frappés par la congélation soudaine et générale? Et quand, au lieu de trois, on en aurait découvert trois cents ; quand même on supposerait que le cours du temps en eût détruit autant d'autres, ce nombre d'animaux congelés ainsi accru pourrait-il être admis comme preuve suffisante, lorsque des myriades de troupeaux vivaient simultanément répandus dans les steppes immenses de la Sibérie?

2° Puisqu'une gelée subite a dû foudroyer les animaux épars et les fixer d'une manière immuable dans l'état de dispersion où ils se trouvaient à l'heure de la catastrophe, comment expliquer cet entassement prodigieux d'ossements dans les îles sibériennes ?

3° Non, non, les quatre pachydermes de Cuvier ne prévaudront point contre la vérité. Non-seulement la théorie de l'illustre naturaliste se heurte contre une invraisemblance et n'explique pas tous les faits, mais encore elle fait violence au fondement même sur lequel repose la science entière, c'est-à-dire à la constance et à la stabilité des lois qui régissent la nature. D'où proviendrait, en effet, cette gelée instantanée? Supposer, comme on l'a fait, que la terre avait traversé des régions plus froides de l'univers, n'est-ce pas chose absurde? Comme si la chaleur, vibration des molécules des corps, pouvait augmenter ou diminuer là où il n'existe ni corps ni molécules! Du reste, quelle cause assigner à ce tracé nouveau de l'écliptique dans les espaces célestes? Même dans cette hypothèse, le froid ne peut pas être instantané : les transitions sont nécessaires.

En résumé, l'hypothèse d'une catastrophe générale accompagnée d'une gelée instantanée se brise contre trois écueils :

1° Vu le nombre incalculable d'animaux vivant à cette époque, il est inadmissible que quatre d'entre eux, seulement, aient été enchâssés dans les eaux congelées ;

2° En présence d'une gelée soudaine qui a saisi les animaux dans un état extrême de dispersion, il est impossible d'expliquer l'accumulation extraordinaire des débris osseux qui composent certaines îles sibériennes ;

3° La gelée instantanée non-seulement est contraire à la constance et à la stabilité des lois naturelles, mais encore elle reste radicalement inexplicable et par les lois physiques et par les lois astronomiques.

Il est donc impossible qu'elle ait jamais eu lieu ; c'est à un autre ordre de faits, à celui des faits acquis par l'observation des phénomènes naturels qu'il convient de demander l'interprétation de ces étranges découvertes.

CHAPITRE III.

EXPLICATION NATURELLE DE LA DÉCOUVERTE DES PACHYDERMES CONSERVÉS DANS LA GLACE.

Cuvier s'est trompé. Son erreur était peut-être facile au temps où il vivait ; elle l'était, à coup sûr, à son esprit embarrassé dans les entraves théologiques. Ce n'est pas impunément qu'on essaye de faire marcher de front la Bible et la science. Aujourd'hui la somme des faits recueillis, le nombre des observations et les progrès accomplis dans toutes les directions, ne permettent plus de tels écarts à l'induction. La stabilité et la constance des lois naturelles sont le point de départ de la science, sa condition nécessaire, son fondement inébranlable. Que dans l'enfance de la terre, aux premières phases de la vie organique, les phénomènes primitifs aient éclaté avec une énergie extraordinaire, la chose n'est guère douteuse. Mais ces phénomènes, malgré leur violence grandiose, étaient régis par les mêmes lois ; s'ils diffèrent de ceux d'aujourd'hui, c'est par le degré et non par la nature. Le monde antique n'a point subi le règne capricieux du miracle, pas plus que le monde moderne. Les causes actuelles sont celles qui agissaient autrefois, elles n'ont jamais cessé d'agir. A mesure que les époques se succèdent et que l'écorce terrestre acquiert une plus grande épaisseur, l'intensité foudroyante des effets diminue, si bien qu'aux époques tertiaire et quaternaire les phénomènes naturels devaient peu s'écarter de ce que nous voyons aujourd'hui.

C'est donc aux seules causes actuelles qu'il est juste et scientifique de demander l'explication de la période glaciaire. Si dans l'état présent des connaissances, l'interprétation de l'ensemble ne peut être donnée, le devoir du savant est de s'abstenir et d'avouer son impuissance.

C'est dans cet esprit, exclusif de tout surnaturel, qu'on doit expliquer l'invention des mammouths ensevelis avec leurs poils et leur chair dans la glace. Cette explication sera donc naturelle, conforme aux causes actuelles, et par conséquent seule capable de satisfaire l'intelligence.

Les éléphants pouvaient vivre dans les climats du Nord. — Aujourd'hui les éléphants ne se rencontrent plus que dans les zones brûlantes de l'Afrique et de l'Inde. Comment pouvaient-ils vivre dans les froides régions de l'hémisphère boréal ?

1° *Climat.* S'appuyant sur les belles études qu'il a

faites de la flore fossile, M. le professeur Heer, de Zurich, a cru pouvoir fixer à dix-huit degrés la température moyenne de l'Europe centrale vers la fin de l'époque miocène, et à cinq degrés celle des îles Spitzbergen, au même moment. Il s'ensuit qu'avec cette élévation de température les conditions de la vie, pour les herbivores, étaient bien moins rigoureuses qu'aujourd'hui. Toutefois ces inductions climatologiques, fondées sur la comparaison de la flore fossile avec la flore contemporaine, doivent être accueillies avec une prudente réserve, car on ne sait pas encore jusqu'à quel point les végétaux qui semblent caractériser les contrées tropicales sont capables de supporter le froid (1).

Quoi qu'il en soit du degré de la température

(1) Le savant botaniste, M. Naudin, a été témoin d'un fait remarquable, à Collioures (Pyrénées-Orientales), pendant le rigoureux hiver de 1870. Le 17 janvier, le maximum de température était de 14 degrés 5 dixièmes ; le 21 janvier, la température s'abaissa à 0 degrés 8 dixièmes. La neige tomba sans interruption pendant 44 heures. « Je suis étonné, écrit M. Naudin à l'Académie des sciences, de la force de résistance des palmiers aux intempéries. Ce que j'observe sur les miens est, je crois, encore sans exemple. Ils ont été littéralement aplatis par le poids de la neige, comme des plantes desséchées dans un herbier ; de plus, la neige, qu'ils isolaient du sol par leurs feuilles étalées en rosette, s'était prise sur eux en un véritable glaçon, dans lequel ils étaient emprisonnés ; et ils ont passé, les uns dix jours, les autres onze ou douze, dans cette situation. Eh bien ! sauf ceux dont le cœur a été cassé, tous sont restés en parfait état de conservation. Au dégel, ils se sont re-

moyenne, il est un fait bien établi, c'est que de la configuration des terres dépend la direction des courants marins si influents sur le climat d'une région, comme on le verra plus loin au sujet du Gulf-Stream.

« A l'époque où vivait le mammouth, les basses terres de la Sibérie s'étendaient moins vers le nord qu'à présent. Les faits constatés par Wrangel ont d'ailleurs mis en évidence qu'un soulèvement lent du sol, analogue à celui qui s'opère dans une partie de la Suède, de la Norwége et du Groënland a lieu aussi, d'une manière incessante, sur les côtes de la mer Glaciale. Un tel changement dans la géographie physique de cette région, impliquant l'accroissement constant des terres arctiques, a dû tendre à y augmenter l'inten-

dressés, et ils sont, en ce moment, tels qu'ils étaient avant la neige. Les géologues qui s'autorisent de la présence de quelques palmiers dans les terrains de l'époque miocène pour conclure à l'existence d'un climat tropical en Europe, à cette époque, pourraient n'avoir pas autant raison qu'ils le supposent. » (Comptes-rendus de l'Académie des sciences. Vol. LXX, page 216.)

M. E. Blanchard, rendant compte des voyages du Père Armand David au Thibet, relate les faits suivants : « Sur les hautes montagnes de la principauté de Mou-pin, où l'hiver est d'une longueur interminable et d'une rigueur extrême, se trouvent des singes ! Au reste, la végétation tropicale a offert un exemple comparable : des fougères en arbre et des palmiers ont été observés en quelques endroits près des glaciers, et tout le monde sait que, pour conserver des échantillons de ces plantes, nous devons les maintenir dans des serres chaudes. » (*Revue des Deux-Mondes*, 15 juin 1871, page 619.)

sité des hivers, et c'est plutôt à cette augmentation qu'à une diminution générale de la température moyenne actuelle qu'il faudrait attribuer l'extinction du mammouth et de ses contemporains (1). »

2° *Tégument.* Quelles que soient les inductions que l'on puisse faire d'après la flore disparue ou la configuration changeante du continent, il est un fait zoologique qui, à lui seul, est une révélation, et une révélation sans chance d'erreur : c'est le tégument des éléphants de cette époque et de ces contrées. La laine épaisse dont ils étaient couverts prouve d'une manière irrécusable deux choses corrélatives ; à savoir que le climat était certainement assez rigoureux, sinon très rigoureux ; puis, que les animaux étaient capables de supporter les plus rudes hivers. Sous la zone torride, non-seulement la laine n'existe plus chez les animaux vivants en liberté, mais encore la peau est souvent nue.

3° *Nourriture.* Aujourd'hui même, dans les latitudes septentrionales, la végétation n'est pas si rare qu'elle ne puisse fournir une suffisante alimentation aux herbivores. « Sir Charles Lyell fait observer à ce sujet que, malgré le froid excessif qui règne aujourd'hui dans la partie orientale du continent asiatique, on trouve dans cette région des forêts de sapins, des bois de bouleaux, de peupliers et d'aunes qui s'avan-

(1) Zurcher et Margollé. *Les Glaciers.*

cent, en bordant la Léna, jusqu'au 60° degré de latitude. Sous le cercle polaire, où les grands arbres échangent leurs formes imposantes contre celles d'arbrisseaux rabougris, les mousses et les lichens, nourriture du renne, tapissent partout les rochers. Les champignons et les fougères, plusieurs espèces de saxifrages et diverses autres plantes s'y développent avec une rapidité surprenante, dès les premiers jours de l'été, sur la légère couche de terre qui recouvre les glaces dans certaines vallées. Ils offrent un frappant contraste, souvent décrit par les voyageurs, avec le morne aspect d'une région où l'hiver n'abandonne jamais son empire. Aussi rien n'est plus commun que l'émigration des animaux des climats septentrionaux suivant les saisons. Le bœuf musqué, par exemple, abandonne chaque année ses quartiers d'hiver et traverse la mer sur la glace pour aller paître, durant les mois d'été, les pâturages de l'île Melville, située sous le 75° degré de latitude (1). »

§ 1. — *Première explication.*

Mammouth tombé dans une crevasse de glacier. — De l'ensemble de ces faits qui embrassent la nature physique et les mœurs des animaux, la conséquence immédiate est que les mammouths pouvaient vivre dans des régions glaciales, et qu'en effet ils y ont vécu. Ils émigraient d'un pays à l'autre, suivant

---

(1) Zurcher et Margollé. *Les Glaciers.*

les vicissitudes des saisons. Comme les glaces leur servaient de passage; comme le continent lui-même renfermait des glaciers, n'est-il pas naturel de supposer que le mammouth de Cuvier, si bien conservé avec ses chairs, est tombé dans une crevasse de glacier et s'y est blessé assez grièvement pour périr au lieu même de sa chute? Dans le récit d'Isbrant-Ides sont notés les détails suivants : « Quelques os de la tête et entre autres celui du cou étaient encore teints de sang. » N'est-ce pas l'indication d'une blessure reçue, soit dans la chute même, soit dans un combat ayant amené cette chute? Une fois mort, la neige et la gelée l'ont saisi et emprisonné dans un cercueil de glace. On sait qu'à zéro degré, la chair des animaux se conserve inaltérée. Quoi de plus simple et de plus vraisemblable que cette explication? Lorsqu'on peut interpréter toutes les circonstances d'un fait, blessure, conservation des chairs, conditions de vie, par des causes actuelles et conformément aux lois physiques, à quoi bon l'inconcevable fantasmagorie d'un monde qui se disloque et se congèle.

La longue conservation d'un animal est loin d'être un fait isolé. Les exemples sont nombreux de ce fait, qui souvent a eu lieu dans des circonstances bien moins favorables que celles où se trouvait le mammouth sibérien. L'un des plus intéressants est celui qui est relaté dans le Bulletin de la Société géologique de France (1). En juin 1747, le corps d'une fem-

(1) Voir une note dans le *Discours sur les Révolutions du globe*. **Cuvier.**

me fut trouvé à six pieds de profondeur dans un marais tourbeux de l'île d'Axholme (Angleterre, Lincolnshire). Les sandales antiques qui recouvraient ses pieds offraient la preuve évidente de son enfouissement dans ce lieu depuis plusieurs siècles! Et cependant ses ongles, ses cheveux, sa peau, sont décrits comme ayant à peine quelques traces d'altération! Certes, l'explication de cet état extraordinaire de conservation est autrement difficile que celle du mammouth. Comment, en effet, ce cadavre de femme a-t-il pu échapper à la destruction dans une contrée habitée par l'homme, c'est-à-dire exposée à tous les accidents de la culture, de l'exploitation et aussi des caprices humains? Comment a-t-il pu, sans dommage, se trouver enseveli à une si faible profondeur; puis, une fois là, éviter toutes les chances de décomposition, soit par l'action des eaux pluviales infiltrées, soit par la réaction chimique des matières végétales en fermentation? Nous voilà loin de la facile conservation d'un quadrupède dans un glacier boréal, dans un terrain ou dans une mer dont la température inférieure à zéro conserve indéfiniment la chair animale, là où toutes les conditions concordent pour obtenir sans peine et naturellement un pareil phénomène! Et cependant, pour interpréter cette découverte d'un cadavre humain dans une tourbière, a-t-on jamais songé à suspendre les lois de la nature et à bouleverser les continents par un cataclysme général?

On ne recourt pas davantage à une cause miraculeuse pour expliquer la découverte des cadavres que rejettent les glaciers du Mont-Blanc. Le cas est pourtant analogue. On sait que les glaciers descendent lentement vers la plaine et qu'arrivés là, ils fondent, abandonnant ce qu'ils recèlent dans leur sein. Supposons un de ces accidents, hélas! trop fréquents ; supposons qu'un touriste imprudent ou malheureux tombe dans une crevasse, au sommet du Mont-Blanc. Des siècles s'écouleront avant que la partie culminante du glacier ait atteint la vallée, et, par la fonte, ait laissé à découvert le corps de la victime. Parce que la mémoire de l'accident sera depuis longtemps effacée, les savants de l'avenir seraient-ils en droit d'attribuer ce fait à des catastrophes imaginaires plutôt qu'à des causes naturelles? Personne assurément n'approuverait une telle induction. C'est cependant ce qu'a fait Cuvier à l'égard de ses trois pachydermes.

§ 2. *Deuxième explication.*

Mammouth surpris par une inondation; formation des îles à ossements. — La chute dans une crevasse de glacier est une première explication. Il en est une autre non moins naturelle qui assigne, en outre, à la formation des îles à ossements une cause non-seulement exacte et complète, mais encore étroitement liée au mode de destruction des pachydermes. Cette cause est actuelle, ce sont les inondations qui désolent périodiquement les bassins inférieurs des grands fleuves de Sibérie.

Dans la relation d'Isbrant-Ides, on lit cette description significative : « C'est dans les montagnes qui sont au nord-ouest de la rivière Kéta qu'on trouve les os et les dents de mammouth. On en trouve aussi sur les rivages du fleuve Iénizéa, des rivières de Trugan, Mungazéa, Léna, aux environs de la ville de Iakutskoï et jusqu'à la mer Glaciale. Toutes ces rivières, dans le temps du dégel, ont des cours de glaces si impétueux qu'elles arrachent des montagnes et roulent avec leurs eaux des masses de terre d'une grandeur prodigieuse. L'inondation finie, ces masses de terre restent sur leurs bords, et, la sécheresse les faisant fendre, on trouve, au milieu, des dents de mammouth et quelquefois des mammouths tout entiers. »

La peinture que fait Isbrant des débordements des fleuves sibériens est conforme à la vérité. Ces fleuves, qui comptent au nombre des plus grands du monde, se rendent des régions tempérées vers les régions arctiques. Lorsque, dans leur cours supérieur, le retour de la saison douce amène les débâcles, la partie inférieure se trouve encore gelée sur une étendue de plusieurs centaines de milles près de leurs embouchures. Alors ont lieu d'effroyables débordements ; les eaux furieuses se répandent sur la glace et souvent changent de direction, entraînant avec elles d'énormes masses d terre qui se heurtent pêle-mêle avec des bancs de glace. Il est aisé de comprendre que les torrents faisant irruption sur une immense étendue de terrain emportent dans leurs flots les cadavres des animaux morts ainsi qu'un grand nombre d'animaux vivants. Transportés ainsi dans la direction de la mer Arctique, la plupart viennent atterrir aux embouchures et s'enfouir dans les îles formées par les terres entraînées. De là cet inépuisable gisement d'os d'éléphants et de rhinocéros que l'on exploite depuis plusieurs siècles sans qu'il paraisse être appauvri. Plongés dans une eau qui, provenant de la fonte des neiges, est à zéro degré environ, les autres sont ensevelis, durant le trajet, dans des glaces flottantes ou dans un limon qui gèle aux approches du bassin inférieur. Suivant M. de Baër, de Saint-Pétersbourg, la terre se trouve constamment gelée jusqu'à la profondeur de 122 mètres environ, à Iakoutsk, ville située sur la rive occidentale de la Léna, au 62° degré de latitude, et à plus de 200 lieues de la mer Polaire. Il est évident que dans une telle région les corps des animaux, s'enchâssant dans l'eau ou le limon qui se congèlent, peuvent y rester indéfiniment sans être atteints de putréfaction.

La connaissance des phénomènes que présentent les grands fleuves de Sibérie donne la clé de toutes les circonstances particulières qui semblaient, au premier abord, indiquer une catastrophe subite. Si l'on trouve, par exemple, des ossements d'éléphants avec les éminences cartilagineuses les plus déliées et les plus fragiles, c'est que ces animaux, ayant péri dans un limon où la gelée les emprisonna, ont suivi le sort de la masse de terre qui les tenait enfermés. Charriés mollement dans cette gangue préservatrice, ils ont atteint sans encombre les estuaires du fleuve ; ou bien les eaux, par leur retrait, les ont déposés intacts dans la plaine.

En résumé, les mammouths ont pu vivre dans les contrées septentrionales, soit que le climat fût un peu plus doux, soit qu'il fût aussi rigoureux qu'aujourd'hui. La nourriture était suffisante; la laine épaisse qui couvrait leur corps les préservait des frimas et prouve, en même temps, que le pays habité par eux était froid. La conservation parfaite des quatre cadavres est expliquée complètement par les causes actuelles. Ces pachydermes ont succombé victimes d'une chute au milieu des glaciers ou ensevelis sous une avalanche. Ou bien, surpris par l'inondation, ils ont été entraînés dans une eau à zéro degré, avec d'énormes amas de terre, vers les régions polaires, où la glace les a enfermés dans un incorruptible tombeau. On peut encore supposer, si on le préfère, qu'ayant péri sur un sol limoneux, la gelée les y a fixés avant que les eaux débordées ne les aient emportés avec leur terrestre sépulture. Peu importe l'ordre de priorité ou de succession dans les circonstances de leur mort et de leur ensevelissement, puisque ces mêmes circonstances sont interprétées avec une égale vraisemblance et rendent compte à la fois de l'état des cadavres et de l'accumulation des débris fossiles dans les îles qui avoisinent l'embouchure des grands fleuves sibériens.

SECONDE SECTION

CHAPITRE Ier.

CONDITIONS DE LA FORMATION DES GLACIERS.

Au commencement du XIXe siècle, l'étendue des phénomènes auxquels plus tard on a donné le nom de *période glaciaire* était inconnue. La découverte des cadavres intacts appartenant aux grands pachydermes fossiles avait frappé d'étonnement tous les esprits. N'ayant rien alors qui pût régler son élan, l'imagination, fortement ébranlée, s'était donné libre carrière. En présence d'un fait qui semblait tenir du prodige, elle s'était sentie entraînée à lui assigner une cause merveilleuse. De là cet étrange bouleversement du globe, cette infraction inconcevable aux lois de la nature. On eût dit que trop lentes et trop faibles à son gré, un Être mystérieux, dans un moment de colère, les avait abrogées pour laisser dans un monde subitement détruit le témoignage inouï de sa puissance. Alliance inespérée ! La Science était devenue l'auxiliaire de la Poésie, et lorsqu'à la voix de Cuvier surgissaient de leur tombe tant de générations animales à jamais disparues, il semblait que vis-à-vis cette évocation magique, les causes actuelles fussent trop mesquines pour produire des hécatombes aussi grandioses et d'aussi effroyables catastrophes.

D'autre part, malgré la multiplicité des destructions générales, les âmes pieuses croyaient avec candeur y trouver la confirmation de la Bible et de son unique déluge, tandis que les esprits politiques, fermant volontairement les yeux sur l'inconciliable désaccord des deux doctrines, espéraient, à l'aide de la théorie de Cuvier, resserrer les liens de la domination théologique et donner à la religion vieillie un regain de jeunesse. Aussi, quel immense retentissement eut le *Discours sur les révolutions du globe !* Avec quelle force il s'empara des intelligences !... Mais dans la science il n'est pas, pour les théories, de règne éternel, à moins que ce règne ne soit fondé sur la vérité. L'impulsion donnée aux études géologiques portait ses fruits ; les faits s'ajoutaient aux faits, les découvertes aux découvertes, et déjà l'on pouvait reconnaître que le phénomène glaciaire avait une extension et une manière d'être telles qu'il devenait nécessaire de modifier les idées reçues et même de chercher une autre explication. C'est alors qu'apparut sur la scène un adversaire résolu du dictateur de la géologie, qui audacieusement opposa à la doctrine des catastrophes subites celle des causes actuelles. Cet homme est l'illustre Sir Charles Lyell (1).

Sir Charles Lyell a voué sa vie à la démonstration de la nouvelle théorie. Ses longs travaux, poursuivis avec une infatigable persévérance, ont été couronnés de succès : la doctrine des causes actuelles a triomphé. Sans doute, une grande obscurité plane encore sur ce point de l'histoire terrestre qu'on appelle la période glaciaire; mais la méthode à suivre dans la solution de cet important problème est celle qu'a tracée Lyell ; elle seule est au plus haut degré empreinte du véritable esprit scientifique : *l'élimination du surnaturel dans l'explication des phénomènes naturels*. La découverte de vestiges de glaciers sur la plus grande partie de l'Europe, puis celle de traces semblables en Amérique, tous ces faits réunis ont singulièrement agrandi le problème. Ce qui est difficile à expliquer, ce n'est pas la conservation des chairs de quelques éléphants, c'est l'étendue du phénomène dans les deux hémisphères et la zone où il a sévi. La somme des faits recueillis n'est pas encore assez grande; les recherches en Amérique n'ont pas encore été assez nombreuses ni assez complètes pour qu'on puisse soulever le voile qui en cache à nos yeux les réelles et

(1) Pour être juste, il faut reconnaître qu'en France Constant Prévôt a partagé avec Lyell la gloire de cette initiative scientifique.

indiscutables causes. Où en est la science sur cette question ? Tel est l'objet de cette section du livre.

Méthode. « Une erreur qui égare beaucoup de bons esprits, c'est qu'ils veulent absolument trouver une cause unique pour un grand nombre de faits différents. Selon eux, une théorie est absurde si elle n'explique pas tout. Ils veulent une hypothèse qui donne la solution complète de tous les phénomènes. Telle loi naturelle qui expliquerait parfaitement les blocs erratiques ou le diluvium, sera rejetée si elle ne donne aucune raison de la rupture des couches ou de la formation des montagnes, et réciproquement. Il n'y a pas de raison pour penser que tous les faits obscurs doivent avoir la même origine, et je crois qu'on arriverait plus sûrement à la vérité en cherchant une explication particulière à chaque phénomène (1). » Le conseil est excellent ; il est conforme à la véritable méthode scientifique qui consiste à partager l'objet en plusieurs divisions, à étudier celles-ci séparément, en un mot, à faire une analyse. C'est après la connaissance successive des diverses parties que doit venir la considération de l'ensemble. Avant de chercher quelle cause générale a hérissé de glaciers, sur une zone immense, les deux continents, il est nécessaire de savoir comment se forment les glaciers. C'est pour avoir négligé cette marche analytique et sûre que l'on a émis tant d'hypothèses chimériques. Lorsque les conditions qui concourent à la formation

---

(1) J. Adhémar. — *Révolutions de la mer*.

des glaciers ou à l'abaissement de la température dans chaque contrée auront été reconnues, il sera temps d'embrasser le phénomène dans sa totalité. Appuyé sur des faits bien constatés, on pourra, sans témérité, non pas donner l'explication certaine de la période glaciaire, mais indiquer, prévoir peut-être celle que la postérité réussira sans doute à donner.

I. — Le froid seul ne produit pas les glaciers. — Les plus belles études qu'on ait faites sur les glaciers sont dues à l'éminent physicien anglais, M. John Tyndall. Il a résumé dans une page remarquable de son livre sur *la Chaleur* les hypothèses erronées de ses devanciers et ses propres vues, fruit de longues observations : « La détermination des conditions qui permettent la formation des glaciers a longtemps été un problème pour les physiciens, et la discussion attentive des solutions que ce problème a reçues est vraiment instructive. Je n'ai pas de nouvelle hypothèse à proposer, mais il semble possible de donner à nos recherches une direction plus vraie, un but mieux défini. L'objet de tous les auteurs qui, à ma connaissance, ont écrit sur ce sujet a été de découvrir le moyen d'obtenir le froid. Plusieurs hommes éminents ont pensé, quelques-uns pensent encore que l'abaissement de la température à l'époque des glaciers était dû à une diminution passagère de la radiation solaire; d'autres ont imaginé que, dans son mouvement à travers l'espace, notre système peut avoir traversé des régions de basse température, et que les anciens glaciers se seraient formés pendant le passage à travers ces régions plus froides. D'autres savants, un peu plus dans le vrai, ont demandé la température la plus basse dont ils avaient besoin à une distribution différente des continents et des eaux. Si je comprends bien les écrits des savants qui ont proposé et soutenu ces diverses hypothèses, plusieurs d'entre eux semblent n'avoir tenu aucun compte de ce fait, que l'énorme extension des glaciers dans les âges passés démontre avec une rigueur tout à fait égale et l'action de la chaleur et l'action du froid. *Le froid ne produit pas de glaciers.* Vous pouvez avoir ici, à Londres, pendant un hiver entier, le vent du nord-est, le plus piquant et le plus froid sans qu'il tombe un seul flocon de neige. Pour se produire, la neige a besoin de sa matière première; et cette matière première, la vapeur aqueuse de l'air, est le produit direct de la chaleur... Il est parfaitement manifeste qu'en affaiblissant l'action du soleil, soit par une diminution d'émission, soit en faisant traverser au système solaire tout entier un espace de basse température, *nous détruirions les glaciers* dans leur source. De vastes montagnes de glace nécessitent infailliblement des masses adéquates de vapeur atmosphérique, et de la part du soleil une énergie grande dans la même proportion. Quand, en possession d'un appareil distillatoire, vous voudrez augmenter la quantité de liquide distillé, vous n'essayerez assurément pas d'obtenir la basse température nécessaire à la condensation du liquide en enlevant le feu de dessous la chaudière. Or, si je comprends bien la chose, c'est ce qui a été fait par les physiciens qui ont voulu produire les anciens glaciers par la diminution de la chaleur du soleil. Il est tout à fait évident que la chose la plus indispensable pour produire les glaciers est un *condenseur* perfectionné ; nous n'avons pas un iota à perdre de l'action solaire ; si nous avions besoin de quelque chose, c'est de plus de vapeur et surtout d'un condenseur assez puissant pour que cette vapeur, au lieu de tomber en averses liquides sur la terre, soit assez abaissée dans sa température pour descendre en neige. »

Ainsi donc, pour qu'un glacier puisse se former, il faut qu'un vent saturé d'humidité, grâce à l'évaporation causée par la chaleur solaire, trouve un condenseur, c'est-à-dire *un haut sommet*, où il laisse tomber la vapeur d'eau sous forme de neige. Sous l'action du soleil, la couche superficielle de la neige se fond ; l'eau s'infiltre dans la masse, peu à peu se refroidit, tombe à zéro degré et se transforme en glace. Avec les années l'épaisseur de cette glace va croissant ; les parois deviennent de plus en plus compactes et transparentes sous la pression des couches supérieures, lesquelles chassent l'air emprisonné dans des blocs neigeux. Ainsi se forment les glaciers.

II. — **Niveaux des zones de neige.** — Voilà un fait important bien constaté. Mais dans quelles conditions un lieu peut-il servir de condenseur à la vapeur d'eau ? Quelle est l'altitude nécessaire pour que cette vapeur d'eau retombe en neige et non en pluie ? En d'autres termes quel est le niveau particulier des zônes de neige ? Ce niveau dépend de trois causes principales mais d'inégale puissance :

1° La latitude du lieu ;

2° La hauteur du lieu ;

3° La position du lieu relativement aux courants atmosphériques ou marins.

I. — **La latitude du lieu.** — Puisque la chaleur versée par le soleil atteint son maximum à l'Équateur et son minimum au Pôle, il est nécessaire que la limite inférieure des neiges soit, d'une manière générale, la plus élevée sur les hauts sommets de l'Équateur, et la plus basse dans les contrées polaires. L'Annuaire du Bureau des Longitudes donne le tableau suivant de la hauteur *moyenne* de la limite inférieure des neiges perpétuelles à partir de l'Équateur ou 0° de latitude jusqu'au 65° de latitude.

A 0° de latitude. . . 4,800 mètres.
A 20°   —   . . . 4,600   —
A 45°   —   . . . 2,550   —
A 65°   —   . . . 1,500   —

Voici la hauteur de la zone neigeuse dans plusieurs lieux d'après des mesures directes. Au *Kilmanjaro* (centre de l'Afrique, 3° latitude sud) les neiges ne persistent qu'à une altitude de 5,200 mètres ; au-dessous de cette limite, elles fondent et se résolvent en pluie. Dans les Cordillières, leur limite inférieure monte à 4,800 mètres ; elle atteint 5,300 mètres sur le *versant nord* de l'Himalaya et 4,900 sur le *versant sud*. Plus on se dirige vers les pôles, plus elle descend : elle est à 1,500 mètres en Norwége, à 970 en Islande, à 700 au Cap-Nord, à 300 au Spitzberg; enfin dans les régions polaires, cette limite se confond avec le niveau de la mer.

Une erreur assez répandue est de croire qu'au dessus de la limite inférieure, la quantité de neige suit une progression croissante. Il n'en est rien. De même qu'il y a une limite inférieure, de même aussi il existe une limite supérieure : c'est l'espace qui s'étend entre ces deux limites qu'on appelle la zone des neiges. C'est là que prennent naissance les glaciers. En effet, la densité de l'air décroît en même temps que s'en accroît la sécheresse; or, passé une certaine limite, les nuages en vertu de leur poids spécifique ne peuvent plus s'élever. On sait que plus ils sont saturés d'humidité, plus ils tendent à se rapprocher de la terre : ce sont eux qui donnent ordinairement les pluies les plus abondantes. Grâce à de nombreuses observations, on a pu établir que sur les Alpes et les Pyrénées il pleut rarement à 3,000 mètres, parce que la densité des nuages les abaisse à un moindre niveau; jamais à 3,600 mètres parce que les rares vapeurs qui s'élèvent au-dessus de cette altitude sont converties en glace (1). Le plus souvent, ne pouvant déverser ces glaces dans une atmosphère aussi légère et sèche, elles s'abaissent dans les couches plus pesantes. Il y a donc une zone moyenne où la quantité de pluie ou

---

(1) Tschudi. — *Le Monde des Alpes.*

de neige, selon les températures, est la plus considérable. Dans les Alpes, cette zone est entre 2,200 et 2,600 mètres.

II. — La hauteur du lieu. — Les faits précédents rendent facile l'appréciation de l'influence qu'exerce au point de vue des glaciers la situation propre d'un lieu. Au pôle, où la chaleur est extrêmement faible, les glaciers peuvent se former dans la plaine même; à l'équateur, au contraire, où la chaleur est extrêmement forte, il faut que la hauteur du lieu soit telle que la condensation de la vapeur en neige soit possible. Voilà pourquoi au-dessous de 5,200 mètres au Kilimandjaro, ou de 4,000 à l'Himalaya, les nuages se résolvant en pluie, la formation des glaciers est impossible.

« La loi de décroissance de la chaleur dans le sens vertical est de un degré de température par 187 mètres d'augmentation dans la hauteur. On calcule ainsi que 80 mètres d'élévation produisent le même effet sur la température annuelle qu'un déplacement de un degré en latitude vers le nord. Sur le versant des Cordillières de la zone torride, les climats se trouvent étagés les uns sur les autres, depuis les forêts de cacaotiers des plaines basses jusqu'à la neige perpétuelle. Au pied de la montagne, on a tous les jours une chaleur qui dépasse de plusieurs degrés celle du mois d'août à Palerme. A 2,000 mètres, c'est l'été de Marseille; à 3,000 mètres, la fin du mois d'août à Paris; à 4,000 mètres, la neige commence à tomber;

mais on trouve encore des plantes alpestres en fleur, ce sont les premiers jours d'avril de la France septentrionale (1). »

L'un des hardis Français qui accomplirent le célèbre voyage d'exploration du Mékong et de la Cochinchine, 1866-1868, M. le docteur Thorel, fait une intéressante description du spectacle qu'offrent les groupes montagneux du Yunan. Le Yunan s'étend du 22° au 27° de latitude; quelques-unes des montagnes dépassent 3,000 mètres. C'est avec étonnement que nos explorateurs trouvèrent florissant sur ces montagnes la plupart de nos arbres, soit à l'état cultivé, soit à l'état sauvage. Ce fait est de la plus haute importance au point de vue des origines, non moins que probant au point de vue de l'influence qu'exerce la hauteur d'un lieu sur les productions végétales et sur les animaux. « La végétation et les cultures sont très variées, comme le climat de cette province; au fond des vallées et au pied des montagnes jusqu'à 1,200 mètres, les plantes des tropiques cultivées et à l'état sauvage; au milieu des montagnes, une végétation mixte; on y cultive encore le riz en été, mais en hiver on récolte dans les mêmes champs du blé, des pois, des fèves ou des pavots à opium. Tout à fait au sommet des montagnes, dans la zone froide, où l'irrigation n'est plus possible, la culture du riz est remplacée par celle des pays secs. On y voit tous les végétaux d'Europe cultivés et spontanés. Au milieu des chênes,

---

(1) Zurcher. — *Les Phénomènes de l'Atmosphère.*

des pins, des aunes, des bouleaux, des érables, des peupliers, des saules et des rhododendrons qui forment les forêts des montagnes, on trouve plusieurs espèces de poiriers, de cerisiers, de pruniers, de noisetiers, de châtaigniers, de vignes, à l'état sauvage. Chacun des nombreux groupes des montagnes du Yunan peut être considéré comme un monde en miniature où non-seulement les végétaux mais encore les hommes et les animaux sont étagés d'après les aptitudes qu'ils tiennent de leur origine (climat chaud ou climat froid). En quelques heures, en escaladant une de ces montagnes, on peut voir des représentants de la végétation du monde entier et des types des diverses races qui habitent ce curieux point de l'Asie (1). »

III. — La situation du lieu relativement aux courants atmosphériques ou marins. — Les courants atmosphériques ou marins, intimement liés à la configuration du sol, exercent une influence extraordinaire sur le climat d'une région.

« A. — *Courants atmosphériques.* — L'évaporation de l'eau se fait à presque toutes les températures; mais elle se fait avec une énergie d'autant plus grande que la température est plus élevée. A 20° au-dessous de zéro, un mètre cube d'air renferme déjà un gramme de vapeur d'eau; à 20° au-dessus de zéro, il

---

(1) Docteur Thorel. — *Notes médicales*, page 34.

en renferme 18 grammes; à 30° la quantité de vapeur s'élève à 35 grammes, et ainsi toujours croissant. Il suit de là que si une contrée est exposée à des vents tièdes et chauds qui ont pu se saturer de vapeur d'eau, soit sur la surface des mers, soit sur la surface des lacs intérieurs, les glaciers pourront se former et grandir, à cette condition essentielle que la contrée aura des condenseurs perfectionnés, c'est à dire de hauts sommets.

C'est précisément le cas de la partie méridionale de l'Asie. Les moussons, qui règnent périodiquement sur le grand Océan Indien, s'imprègnent d'une énorme quantité de vapeur d'eau sous l'action brûlante du soleil équatorial. Ainsi saturées, elles s'élancent sur l'Asie; là rencontrant les cimes des Ghattes, puis celles de l'Himalaya, elles déversent par torrents la pluie et la neige. C'est dans l'Himalaya, à Cherra-Pungee, qu'on a trouvé le maximum des pluies du globe, s'élevant à 767 centimètres par an. Aussi les glaciers de l'Himalaya sont-ils les plus vastes du globe. D'après le capitaine Montgomerie, celui de Biafo n'a pas moins de 103 kilomètres de développement (1).

Mais si le vent souffle de terre, ou si en passant au-dessus des montagnes il perd son humidité, les régions sont soumises à un effet inverse. Les côtes du Pérou sont sous l'influence des vents d'Est, lesquels ont été

---

(1) John Herschell. — *Météorologie.*
John Tyndall. — *La Chaleur.*
Marié-Davy. — *Les Mouvements de l'Atmosphère.*

desséchés par les Andes péruviennes, aussi n'y pleut-il pas. Le Chili est, au contraire, sous l'influence des vents du nord-ouest ou de l'ouest, lesquels sont des vents marins humides. Ces derniers sont à leur tour desséchés par les Andes du Chili et ne fournissent que peu de pluie aux Pampas de la Plata et aux déserts de la Patagonie.

La ligne des déserts du tropique nord commence à l'ouest de l'ancien continent, traverse l'Afrique dans toute sa largeur où elle n'est interrompue que par quelques oasis, puis va couvrir une partie de l'Arabie, le sud de la Perse, la Boukharie et la Mongolie jusqu'aux monts Khing-Khan (Mandchourie). Sa position et ses déviations s'expliquent admirablement par la direction des courants atmosphériques. Le désert de Gobi, dans la Mongolie, qui est entouré de tous côtés par de hautes montagnes, est voué à la mort et à la solitude. En effet, les vapeurs apportées par la mousson du sud-ouest sont condensés sur les monts Himalaya et sur les plateaux du Thibet; l'air apporté de l'Atlantique par les courants équatoriaux prolongés sur l'Asie a passé par de hautes latitudes où le froid l'a dépouillé de sa vapeur. Il s'ensuit que l'eau ne peut arriver ni par le sud, ni par le nord ou l'ouest sur le désert de Gobi; les vents d'est n'y sont eux-mêmes que des transformations des courants polaires.

En Europe, la ville de Yassi nous offre un exemple remarquable de l'influence qu'exerce sur le climat la direction des courants atmosphériques. Située vers le 47° de latitude, la ville est assise sur le versant de deux montagnes séparées entre elles par une étroite vallée. N'ayant aucun abri du côté du nord, elle est exposée entièrement aux vents qui soufflent des plaines de la Bessarabie et de la Russie ; aussi ses hivers sont-ils fort rigoureux. A cette époque de l'année, on voit le thermomètre descendre jusqu'à 25 et 30° au-dessous de zéro. En été, la chaleur et la sécheresse sont souvent excessives. Or, à Paris, quoique cette ville soit située à 2 degrés environ de plus au nord (48° 50′ 49″), la température s'abaisse rarement à — 15°. Cet écart considérable est propre à faire apprécier le rôle important que joue la circulation atmosphérique.

B. — *Courants marins.* — L'eau s'échauffe lentement et se refroidit avec une égale lenteur : aussi sa température pendant l'hiver est-elle supérieure à celle des continents. Comme les couches d'air situées à la surface des mers participent de cette constance relative des températures, il s'ensuit que le climat hibernal des contrées qu'elles visitent doit être sensiblement adouci. La démonstration de ce fait est fournie d'une manière éclatante par le célèbre courant marin qu'on appelle le Gulf-Stream. Le Gulf-Stream, contrairement à une opinion répandue, prend naissance sur les côtes occidentales de l'Afrique (Marié-Davy), puis s'alimente dans les eaux du Mexique. Ces eaux, échauffées elles-mêmes sous la zone torride avant d'être poussées dans le golfe mexicain par les vents, conservent toute l'année une température élevée. Pendant l'hiver, « la mer fume comme une chaudière en ébullition. » (Rapport du capitaine Duchesne.) Le Gulf-Stream longe les côtes de l'Amérique du Nord, s'infléchit au-dessous des bancs de Terre-Neuve, et vient réchauffer les côtes ouest et nord de l'Europe. La chaleur de ses eaux se communique à l'air, lequel se charge en outre de vapeur à leur surface.

Son action sur les climats d'Europe est d'une extrême puissance. C'est à lui que les côtes ouest et nord-ouest de notre continent doivent leur température relativement douce, tandis que celles du Labrador sont emprisonnées par une barrière de glace. Or le Labrador est situé entre le 50° et le 60° de latitude : ainsi de l'Angleterre. La différence de climat entre les deux contrées provient uniquement de la direction suivie par le Gulf-Stream, lequel s'éloigne du Labrador pour venir baigner les rivages européens. Québec et Christiania sont à peu près sur la même ligne isotherme de + 5°; et cependant Christiania est environ à 12° de latitude plus au nord que Québec ! Le port norvégien de Hammerfest, situé au delà de 70° de latitude, n'est jamais pris par les glaces. Tandis que les golfes norvégiens sont bordés de forêts et de verdure, le littoral russe, situé à peu de distance, à l'est, est aride et improductif : le mercure gèle dans les tubes (1). La cause d'un contraste si frappant est toute dans le cours du Gulf-Stream qui apporte aux

---

(1) On sait que le mercure ne gèle qu'à — 40°.

golfes ou fiords de Norwége la chaleur et la fécondité. Enfin une branche du grand courant marin remonte le long de la côte ouest du Spitzberg et donne ainsi l'explication de ce fait anomal qu'à la partie nord du Spitzberg la limite des neiges est à 150 mètres au lieu d'être au niveau du sol.

Rien n'est aussi propre à montrer l'action singulière des courants marins sur le climat que la comparaison des hivers des contrées sibériennes avec les hivers des pays européens. La différence des températures, à latitudes égales, fera saisir toute la grandeur du bienfait que rend à l'Europe le Gulf-Stream. Irkutsk (52° 17′ latitude nord) et Barnaoul encore moins au nord ont le même été moyen que Berlin (52° 30′ latitude nord) et que Cherbourg (49° 32′ latitude nord.) Mais la température moyenne des deux villes sibériennes en hiver est — 20°, tandis que la moyenne hibernale du nord-ouest de la France est de + 3° 95. Les exemples suivants mettent également en relief le rôle considérable que remplit le Gulf-Stream.

1° Iles Feroë (62° latitude nord) ont une moyenne hibernale de + 3° 90 centigrades ;

2° Edimbourg (55° 57′ latitude nord) a une moyenne hibernale de + 3° 47 ;

3° Ile du Man (54° 30′ latitude nord) a une moyenne hibernale de + 5° 59 centigrades.

L'hiver de l'Ecosse est aussi doux que celui de Milan

Lorsque l'on compare la moyenne calorique de l'année entière, les différences s'accusent d'une manière aussi caractéristique selon que les villes sont situées sur le bord de la mer ou dans l'intérieur des terres.

SITUATION	NOMS DES VILLES	LAT. NORD.	MOYENNE DE L'ANNÉE
Bord de la mer.....	Amsterdam.	52° 22'	+ 11° 68 cent.
Intérieur des terres.	Varsovie....	52° 14'	+ 7° 5 —
Bord de la mer.....	Copenhague.	55° 41'	+ 8° 2 —
Intérieur des terres.	Kasan.......	55° 48'	+ 2° 2 —

Dans la province de Yakoutsk, en Sibérie, au 62° de latitude, les moyennes de température de l'été et de l'hiver ont une variation considérable; de + 13° pour l'été, elles tombent à — 35° pour l'hiver! Yakoutsk est située au 62° de latitude; or, sous la même latitude, les côtes sud de la Norwége ont une moyenne de + 15 à 0°. A une latitude plus septentrionale encore, au 64°, les côtes sud de l'Islande ont une moyenne de + 10 à 0°. D'où proviennent ces énormes différences? Du Gulf-Stream qui baigne les rivages européens, tandis que les villes sibériennes, situées au milieu d'un continent immense, sont soumises à l'action des vents secs dont rien ne tempère la glaciale rigueur en hiver (1).

(1) Ch. Martius, *Notes sur l'hiver de 1870-1871. Comptes-rendus de l'Académie des Sciences*, t. LXXII, p. 594. (Comparaison

III. — Résumé. — 1° Le froid seul ne produit pas les glaciers. Le concours de deux causes est nécessaire pour cette formation : la vapeur d'eau, laquelle est due à l'action solaire, et un condenseur, c'est-à-dire un haut sommet.

2° La hauteur que doit avoir un lieu pour que celui-ci puisse servir de condenseur dépend de la latitude. Sous l'équateur, il faut une altitude moyenne de 4,800 mètres; au pôle, les glaciers se forment au niveau du sol. Pour les régions intermédiaires, l'altitude va en décroissant de l'équateur au pôle.

des minima de température pendant les deux mois de janvier et décembre, à Montpellier et à Paris.)

	Décembre 1870.	Janvier 1871.
Montpellier	— 16° 10	— 13° 70
Paris	— 11° 20	— 11° 00

« ... En résumé, quoique la température moyenne de l'hiver dernier à Paris ait été seulement de 1° 83, tandis que celui de Montpellier a pour moyenne 3° 16, il n'en est pas moins vrai que le froid a été plus prolongé et plus rigoureux dans le sud-est que dans le nord de la France, quoique Montpellier soit de 5° 14 plus rapproché de l'équateur que Paris. Mais la cité languedocienne n'est plus sous l'influence du Gulf-Stream; son climat est continental, et l'écart entre la température du jour et celle de la nuit s'accentue beaucoup plus qu'à Paris : de là des journées plus chaudes à cause de la sérénité habituelle du ciel, qui permet au soleil de réchauffer le sol et l'air, mais aussi des nuits plus froides dues à l'intensité du rayonnement nocturne avec un ciel étoilé et un air calme, car le vent du nord qui règne pendant le jour tombe presque toujours vers le soir pour recommencer le lendemain... »

3° Les conditions propres à la formation des glaciers sont favorisées ou affaiblies par les courants atmosphériques et marins.

IV. — Conséquences. — Les conséquences qui jaillissent des trois faits précédents sont les suivantes :

1° Un abaissement ou un soulèvement du sol détruirait ou établirait un condenseur, d'où destruction ou formation de glaciers.

2° Un changement dans la configuration du sol déterminerait un changement corrélatif dans la direction des courants marins, dans celle des courants atmosphériques ou dans le degré d'humidité de ces derniers, d'où importante modification dans les conditions propres à la formation des glaciers.

3° Le déplacement du pôle de l'écliptique, en changeant les latitudes, modifierait par cela même les climats et, par conséquent, la position qu'occupent aujourd'hui les glaciers.

Ce sont ces trois conséquences qu'il convient d'examiner pour en faire ensuite l'application aux époques géologiques.

CHAPITRE II.

APPLICATION AUX ÉPOQUES GÉOLOGIQUES.

§ 1ᵉʳ. — *Abaissement et soulèvement du sol.*

« Les continents, dit Agassiz, ont toujours été des surfaces de soulèvement graduel avec des oscillations d'élévation et d'abaissement comparativement légères; et les Océans, des surfaces de dépression graduelle avec des oscillations verticales également légères (1). » Cuvier ne croyait pas à l'abaissement ou au soulèvement du sol, ou, du moins, à une modification importante dans ce sens. La note qu'on lit dans le *Discours sur les Révolutions du Globe* est vraiment curieuse à cet égard : « C'est une opinion commune en Suède, dit Cuvier, que la mer s'abaisse et qu'on passe à gué ou à pied sec dans beaucoup d'endroits où cela n'était

---

(1) *Revue des Cours scientifiques*. Vol. 7ᵉ, p. 484.

pas possible autrefois. Des hommes très-savants ont partagé cette opinion du peuple ; et M. Léopold de Buch l'adopte tellement qu'il va jusqu'à supposer que le sol de Suède s'élève petit à petit. » Il est vrai qu'à l'époque où écrivait Cuvier, les géologues n'avaient pas encore accumulé les faits empruntés au globe entier, ni, par des observations nombreuses et précises, mis ces phénomènes d'oscillation au-dessus de toute dénégation.

L'importance des variations lentes mais continues de l'écorce terrestre est de premier ordre. Si l'Europe s'affaissait de 10 mètres seulement par siècle, le niveau de la mer au bout de 50 siècles aurait monté de 500 mètres. Or un simple affaissement de 166 mètres changerait radicalement la carte de l'Europe. La mer aurait envahi notre continent presque tout entier. C'est à peine si, sur l'immense nappe d'eau, émergeraient les hauts sommets des Pyrénées, des Alpes, des Apennins, et quelques hauts plateaux de la Russie. Paris serait enseveli sous les flots ; Toulouse et Vienne seraient des ports de mer. « Les débris de l'Europe auraient un climat très humide ; car, tandis que les vents d'ouest seuls nous apportent de la vapeur d'eau, tous les vents seraient des vents marins (1) ». Ces variations ne sont pas une pure hypothèse ; elles se font sous nos yeux, elles se continuent, et rien ne prouve qu'elles aient jamais eu, dans les temps antérieurs, une période d'intermittence.

(1) Sourel, *Le Fond de la mer*.

I. — **Pli d'affaissement dans l'hémisphère boréal.** — Des études faites par les savants contemporains et des observations recueillies pendant un siècle et demi, il résulte qu'un pli concave se forme du sud de la Baltique à l'Atlantique, en passant par le Danemark, la mer du Nord et les Pays-Bas. Ce pli se prolonge sous la Manche, probablement aussi sous l'Océan, quoique les moyens de le constater manquent à la science moderne; puis on le retrouve au nord-est de l'Amérique septentrionale et sur le Groënland. Voilà ce que l'on a vérifié aujourd'hui; les recherches futures étendront sans doute la ligne suivie par cet affaissement du sol. Une conséquence vraiment pleine d'intérêt, c'est que la direction d'est à l'ouest de l'affaissement donne aux oscillations de la Suède l'apparence d'un mouvement de bascule; tandis que le sud de la Suède s'abaisse, le nord s'élève. « De nouvelles îles apparaissent dans le golfe de Bothnie et la Finlande; si la progression continue, dans deux mille ans le golfe de Tornéa sera un lac semblable à ceux qui occupent les dépressions du granite sur toute la surface de la Finlande; et dix-huit cents ans plus tard, Stockolm sera rattaché à cette province par les îles d'Aland transformées en isthme (1). » Le mouvement qu'éprouve le sol suédois a été observé et étudié, depuis le commencement du dix-huitième siècle jusqu'à nos jours, par Celsius, Linné, Playfair, L. de Buch, Nilsson et sir Roderick Murchison. C'est ce

---

(1) Hébert. *Les Oscillations de l'écorce terrestre.*

dernier géologue qui a pu récemment, grâce aux travaux de ses devanciers et aux siens propres, tracer la ligne fixe autour de laquelle a lieu le mouvement de bascule en Suède.

Cette ligne passe au nord de la Scanie, province suédoise la plus méridionale, dont l'une des parties, la Witlanda, habitée au temps où florissait l'ordre teutonique, est déjà entièrement submergée. Le Spitzberg et la Sibérie participent à ce mouvement : ils sont dans une phase d'exhaussement. D'anciennes plages, au Spitzberg, sont aujourd'hui à 45 mètres au-dessus de la mer ; en Sibérie, des bois flottés et jetés à la côte par la mer sont aujourd'hui dans l'intérieur des terres à 40 ou 50 kilomètres du rivage. Une ancienne île, séparée encore du continent en 1760, était rattachée à la terre ferme en 1820.

Le pli d'affaissement qui part de la Baltique et passe dans la Manche produit l'effet de bascule pour le nord des Iles Britanniques : l'Ecosse, en effet, s'est élevée de 8 mètres environ depuis les Romains. Au sud de l'Angleterre, tel est l'affaissement des côtes du Devonshire que l'empiétement de la mer ne peut être arrêté que par des travaux artificiels(1). Perdu dans les profondeurs de l'Océan, on retrouve le pli

---

(1) Ellis. *Revue des Cours scientifiques.* Vol. 6°, p. 69. Session de Norwich.

N. B. Dans la séance du 23 mai 1870, M. Elie de Beaumont, a signalé de la part de M. de Botella, à l'Académie des Sciences, deux faits contemporains de soulèvement en Espagne. L'un des points est dans la province de Zamora (royaume de Léon);

entre le Groënland et l'Islande, après qu'il a côtoyé une partie de l'Amérique septentrionale : il y produit des effets identiques à ceux qu'on a vus en Europe. Les côtes du Labrador et du Haut-Canada s'affaissent; à la Nouvelle-Ecosse, les forêts de la baie de Fundy sont submergées. Mais les effets les plus remarquables sont ceux qu'il a produits au Groënland. Au neuvième siècle, les Danois avaient au Groënland des colonies très florissantes. Deux villes importantes renfermaient une population active et industrieuse. Chaque hiver, le canal qui sépare le Groënland de l'Islande était pris par les glaces; mais au retour de la belle saison, le passage devenait libre, et la flotte danoise apportait aux colons leurs approvisionnements en échange des produits de leur chasse et de leur pêche. En 1408, les glaces ne se rompirent point. Dès lors, les communications étaient interrompues avec la mère-patrie. Une partie des colons mourut de froid et de faim; les autres furent massacrés par les Esquimaux. Le refroidissement alla toujours en croissant si bien que le Groënland devint inhabitable. La cause en est dans un exhaussement général de la côte orientale pendant que la côte occidentale s'affaissait. L'altitude du pays était augmentée, et les eaux

---

l'autre dans la province d'A'ava. Ces deux points extrêmes se trouvent sur une ligne parallèle au système du Sancerrois. D'après M. Elie de Beaumont, des faits analogues ont été récemment constatés dans le Wurtemberg. (*Comptes-rendus de l'Académie des Sciences.*)

chaudes du Gulf-Stream étaient refoulées plus à l'est. Elévation du terrain, éloignement du Gulf-Stream, cette double conséquence de l'oscillation du sol eut pour effet certain d'abaisser considérablement la température du Groënland. Au lieu d'un pays cultivé et verdoyant, comme l'indique son nom (Groën land, verte terre), on n'a plus qu'une immense étendue de glaciers et l'image de la désolation.

II. — Plis d'affaissement dans l'hémisphère austral. — Dans l'hémisphère austral on remarque deux plis d'affaissement remarquables. L'un passe par les îles Basses, les îles Taïti, Gilbert, Marshall, Carolines. La longueur est de 13,000 kilomètres, et sa largeur moyenne, de plus de 2,000 kilomètres. On a constaté et l'on constate encore tous les ans, dans cette zone immense, la disparition de plusieurs îles et la diminution notable de quelques autres.

L'autre pli comprend la Nouvelle-Calédonie, l'Australie et le bassin de l'Océan indien avec les atolls des Chagos et des Maldives.

Entre ces deux plis s'étend une vaste région d'exhaussement, formée par un demi-cercle d'îles volcaniques : la Nouvelle-Zélande, l'île Kermadec, l'île des Amis, les Nouvelles-Hébrides, les îles Salomon, la Nouvelle-Guinée, etc.

On s'assure de ces mouvements du sol par l'accroissement et la hauteur des récifs coralliens. « La grandeur des récifs indique aussi l'époque depuis laquelle dure le mouvement du sol. L'accroissement annuel en hauteur des polypiers est d'environ trois millimètres. Or certains récifs ont plusieurs centaines de mètres d'épaisseur. Ceux des îles Gambier, par exemple, ont 360 mètres de hauteur, ceux des îles Fidji ont jusqu'à 900 mètres. Si l'accroissement des polypiers a toujours été le même, il leur a fallu trois cent mille ans pour édifier le récif des îles Fidji. D'autre part, les coraux ne peuvent croître que près de la surface de l'eau : le sol s'est donc affaissé de 900 mètres aux îles Fidji depuis que les polypiers ont commencé leur travail, et cet affaissement a duré trois cent mille ans (1). »

III. — Causes des oscillations du sol. — D'où proviennent ces oscillations lentes, mais continues, qui embrassent notre globe tout entier? Elles sont dues, selon toutes les probabilités, soit au refroidissement graduel de la mince écorce terrestre, soit à l'action chimique de la masse intérieure en fusion et à la pression des gaz, l'une des causes n'excluant pas l'autre, bien entendu. Ces mouvements sont presque toujours compensés par des mouvements inverses, l'affaissement d'une partie par l'exhaussement d'une autre, et réciproquement. La mer occupe toutes les cavités ; les proéminences seules apparaissent au-des-

---

(1) Sonrel. — *Le Fond de la Mer*. Consulter cet excellent ouvrage, page 273, action des pholades et des balanes ; pages 285, 322 et suivantes, résumé des travaux de Ehrenberg, de Dana, de Darwin, sur ce sujet.

sus des eaux ; aussi, la tâche de la science pour déterminer le progrès du phénomène est-elle ardue. Lorsque sur un point les énergies de la masse ignée centrale acquièrent une tension telle que la détente se fait par explosion, on a les phénomènes volcaniques, lesquels par la promptitude des effets produits révèlent d'eux-mêmes à la science humaine l'origine de l'oscillation terrestre. On sait combien d'îles éphémères ont apparu pour disparaître, combien d'autres ont persisté et sont devenues le siége de la vie sociale sous toutes ses formes. Délos, Rhodes et, sous nos yeux mêmes, Santorin, n'ont pas d'autre origine. En 1820, il se forma dans une baie de Gounapo (Moluques) un promontoire qui la combla. Le soulèvement se fit sans bruit, si bien que les habitants ne s'en aperçurent que par la chaleur extraordinaire de l'eau et enfin par l'apparition du fond soulevé de la mer. Quoiqu'elles se fassent graduellement et sans bruit, les vastes oscillations des continents et des mers n'éprouvent pas la moindre interruption. « Malgré son apparente immobilité, dit M. Hébert, toute la surface de la terre est soumise à des balancements continuels et qui sont aujourd'hui coordonnés de telle manière que ce sont, en général, les grandes zones continentales qui s'élèvent, et les grands bassins des Océans qui s'abaissent. Le relief du globe est tout simplement dû à une série de plissements qui se sont exécutés pendant des temps d'une durée incalculable. » Telle est aussi, comme on l'a vu, l'opinion d'Agassiz.

IV. — Conclusion. — Voilà un double fait bien constaté : 1° il y a des affaissements ; 2° il y a des exhaussements. L'écorce terrestre ne connaît pas le repos. Par conséquent rien n'est plus logique que d'essayer l'explication des phénomènes glaciaires par l'action des causes actuelles. Non-seulement cette tentative est légitime, mais elle seule est légitime, à l'exclusion de toute catastrophe merveilleuse, parce qu'elle seule s'appuie sur l'observation, sur l'inébranlable fondement de faits réels et palpables, et que, seule, elle procède avec la rigueur et la sûreté de la méthode scientifique.

Application aux glaciers alpestres.

On a vu que l'exhaussement de la partie occidentale du Groënland, joint à la déviation consécutive du Gulf-Stream, avait fait de cette contrée verdoyante un vaste désert. L'origine de ce fait important ne se perd pas dans la nuit des temps, il est d'hier ; on a la date précise du premier envahissement des glaces. On dirait une démonstration réservée à nos yeux pour nous apprendre quelques-unes des causes qui ont dû présider à la formation des glaciers dans les époques préhistoriques. En appliquant cette méthode d'exégèse aux phases de l'action glaciaire dans les Alpes, on est frappé de la justesse et de la vraisemblance avec lesquelles s'expliquent les péripéties du drame géologique.

I. — Phases successives de l'action glaciaire

dans les Alpes. — Il résulte des observations faites par de nombreux savants, surtout par M. Morlot, que l'on peut distinguer deux périodes d'extension des glaces, suivies chacune d'un retrait ; en tout, quatre phases successives.

Première période. Le glacier du Rhône, non-seulement se prolongeait jusqu'au Jura, mais encore atteignait l'altitude de 1,440 mètres au-dessus du niveau de la mer. Vint ensuite un retrait des grands glaciers, qui évacuèrent le Jura et se retirèrent même, en partie, jusqu'aux vallées des Alpes.

Deuxième période. Les glaciers s'avancèrent de nouveau, mais dans de moindres proportions. Néanmoins le lac de Genève fut comblé par le glacier du Rhône. Un second retrait ramena les glaciers à peu près aux limites qu'ils occupent aujourd'hui.

II. — Explication. — Le pied des glaciers de Chamounix est à 1,150 mètres au-dessus de la mer; le lac de Genève à 375 mètres ; Genève à 408 ; Neufchâtel à 438. Il suffit donc d'un soulèvement de 750 mètres pour que le lac soit comblé par les glaces ainsi que toute la contrée jusqu'au Jura. Or le décroissement de la température avec la hauteur est de un degré pour 188 mètres : il s'ensuit que le soulèvement de 750 mètres n'abaisserait la température moyenne de la contrée que de 4°. De 9°56 moyenne de son climat, Genève descendrait à 5°56. Cette température est celle même d'Upsal, celle de Stockolm et de la partie septentrionale de l'Etat de New-York, en Amérique. Il n'est donc pas nécessaire, pour expliquer l'extension des glaciers, de faire intervenir un froid miraculeux. Et si l'on songe que Genève est à 46° 12' de latitude, tandis que New-York est seulement à 40°, on reconnaîtra, par la répartition actuelle de la température, que le phénomène glaciaire est dû vraisemblablement à un simple soulèvement, c'est-à-dire qu'il appartient à l'ordre des causes actuelles.

L'alternative des périodes d'intensité, puis de retraits, trouve donc une naturelle et suffisante explication dans les oscillations permanentes de l'écorce terrestre, jointes aux causes atmosphériques ou marines qui ont pu en décupler l'énergie. Selon l'amplitude des soulèvements ou des affaissements, les glaciers ont avancé ou reculé avec une puissance proportionnelle. Certes, ce n'est pas excéder la mesure permise aux inductions que de demander seulement 750 mètres d'exhaussement pour combler toute la région qui s'étend jusqu'au Jura. En doublant l'élévation, on explique le maximum d'extension des glaciers qui atteignirent même le territoire français : la température moyenne serait réduite à 2° environ. Or, cette température est à peu près celle de Saint-Pétersbourg. L'intervention d'une catastrophe fantastique est donc inutile : le simple jeu des forces naturelles, lentement mais sans relâche agissantes, suffit pour produire un tel phénomène.

Cet exhaussement des Alpes n'est, en définitive,

qu'une hypothèse, dira-t-on ; rien ne prouve que les Alpes n'aient jamais été plus élevées. — A cette objection répond le célèbre ouvrage de M. Alph. Favre, *Recherches géologiques dans les parties de la Savoie, du Piémont et de la Suisse, voisines du Mont-Blanc*. L'éminent géologue de Genève a consacré à l'étude des Alpes près de trente années d'observations, de courses et d'ascensions souvent périlleuses. Son livre renferme la démonstration de ce fait qu'au commencement de l'époque quaternaire, les Alpes et même toutes les montagnes du globe étaient plus hautes que de nos jours. « Les Alpes, dit M. Alph. Favre, étaient plus hautes de tous les débris qui en ont été détachés, depuis le moment où en se soulevant elles ont redressé la molasse. Elles se sont abaissées de la masse immense de matériaux qui s'est répandue dans les plaines voisines sous forme de blocs erratiques, de cailloux, de sable, de glaise ; de tout ce qui a été entraîné dans les plaines éloignées du Rhin, du nord de l'Italie et du sud de la France jusque dans les environs de Montpellier, et encore de tout ce qui a été enfoui dans la mer. Les sommités des Alpes dépassaient donc la limite des neiges éternelles plus qu'elles ne le font maintenant, et l'étendue horizontale de ces montagnes au-dessus de cette ligne était également plus grande, ce qui était une cause puissante de l'agrandissement des glaciers. La marche de ceux-ci était facilitée par les pentes plus rapides des montagnes et par l'étroitesse des vallées. Notre climat était par conséquent plus froid. »

Les Alpes plus élevées, voilà le puissant condenseur trouvé ; reste la vapeur destinée à se convertir en neige. Cette seconde condition ne fait pas plus défaut que la première à l'explication de l'extension glaciaire : le Fœhn, ce brûlant sirocco de la Suisse, avait un haut degré de saturation humide (1) !

§ 2. — *Courants atmosphériques et marins.*

I. — **Le Fœhn** (2). — « Né dans les sables du Sahara, le Fœhn traverse la Méditerranée et se précipite sur les contreforts des Alpes avec une violence quelquefois extrême. Son arrivée est annoncée par une baisse subite du baromètre et produit une prostration complète des forces. Il mugit en notes lugubres dans les maisons, dont les habitants éteignent tous les feux ; il soulève les tuiles et les ardoises, abat et déracine les sapins séculaires ; il emporte et fait voltiger comme des feuilles d'automne les toits des petits chalets, dévaste les récoltes, saccage les vergers,

---

(1) Au Mont-Blanc, en hiver, un thermomètre laissé sur le sommet est descendu à —31°. Quatre-vingts mètres d'élévation sont regardés comme l'équivalent d'un degré en latitude. Le Mont-Blanc, qui a 4815 mètres d'altitude, peut être considéré comme étant situé à 60° 12' de latitude. Or cette latitude est celle même des plaines de Sibérie, où l'on a constaté jusqu'à —56° ! D'où provient cette énorme différence ? Des courants atmosphériques. Hüber. *Les Glaciers*, page 13.

(2) Hüber. *Les Glaciers*.

renverse les chariots, et, comme un génie malfaisant, il détruit tout sur son passage. Quand il souffle avec une semblable violence, le Fœhn prend les proportions d'un fléau : ajoutons toutefois que rarement seulement aux environs des équinoxes, il atteint le paroxysme de sa fureur. Le plus souvent, il aborde les Alpes en bienfaiteur. Dès le mois d'avril, il attaque l'hiver, qui depuis huit mois régnait sans partage, et le force à gagner les hauteurs. Souvent aussi ce qu'il a conquis en huit jours, il le perd en une seule nuit de tourmente : l'hiver redescend et reprend l'avantage. Cependant à force d'assauts réitérés et persévérants, le printemps est vainqueur, et l'hiver se retranche sur les sommets inexpugnables, d'où il ne redescendra qu'en septembre pour prendre sa revanche. Le Fœhn, avec l'auxiliaire des pluies chaudes, réglemente alors sa conquête nouvelle : il secoue les masses de neige sous lesquelles pliaient les pins et les aroles, développe partout les bourgeons et les pousses qu'il transforme en une fraîche végétation, et s'avance avec sa couronne de verdure jusqu'à la limite des forêts. Tout renaît à la vie. Plus actif encore que le soleil, le Fœhn peut diminuer de 60 à 70 centimètres, en douze heures, l'épaisseur de la couche de neige (1). Il est tellement la condition essentielle de l'été que les

---

(1) Le soleil peut fondre jusqu'à 40 et 50 centimètres de neige, en douze heures, lorsque la neige n'est pas trop compacte et que la chaleur irradiée peut en pénétrer la masse. Hüber.

montagnards, témoins chaque année de ces luttes, ont coutume de dire que le bon Dieu et le soleil doré ne peuvent rien contre la neige si le Fœhn ne vient à leur aide. »

Il résulte de là que si les glaciers de Chamounix, par exemple, s'arrêtent à 1,150 mètres, c'est au souffle sec et embrasé du Fœhn qu'ils le doivent. Par conséquent toute cause qui saturerait le Fœhn de vapeur d'eau en diminuant ainsi sa chaleur dissolvante, cette cause-là amènerait un accroissement considérable des glaciers sans qu'il fût besoin d'avoir recours à un exhaussement du sol. Eh bien ! cette cause a existé : le Sahara a été une vaste mer. Un éminent géologue suisse, M. Escher de la Linth, a résumé dans les lignes suivantes l'influence qu'aurait sur le climat alpestre la suppression du Fœhn (c'est-à-dire de la sécheresse embrasée du Fœhn) par suite de la conversion du Sahara en mer. « Les années dans lesquelles le Fœhn souffle moins souvent que d'autres sont plus favorables à l'extension des réservoirs de la neige et à l'allongement des glaciers. On trouve un exemple frappant d'un tel accroissement extraordinaire dans la période qui s'étend de 1812 à 1820. Si le Fœhn ne se manifestait plus, les glaciers recouvriraient de nouveau graduellement tout ce grand domaine qu'ils paraissent avoir occupé dans le passé. Or le Fœhn disparaîtrait si sa terre d'origine, le brûlant Sahara, se changeait de nouveau en mer. Car le Sahara a été une mer à une époque relativement récente; dans ce cas le Fœhn ne pouvait pas alors souffler en Suisse. On ne doit donc pas considérer comme invraisemblable que c'est par suite du soulèvement d'une région de l'Afrique que le climat de l'époque glaciaire a été transformé en celui que nous possédons aujourd'hui (1). »

Le Sahara n'a pas toujours été un désert de sables : les preuves abondent qu'il a été couvert d'eau à l'une des périodes de l'époque tertiaire. On trouve sur la plus grande partie de sa surface ou enfouies peu profondément une multitude de coquilles d'espèces récentes; l'une des plus abondantes est le *Cardium edulé*. « La réunion des témoignages fournis par

---

(1) De graves objections ont été soulevées par MM. Heer, Dufour, Hann, Dove, contre l'origine assignée au Fœhn. Sa naissance dans le Sahara ne serait admise que pour des cas exceptionnels. Le Fœhn deviendrait même, non plus un vent particulier à la Suisse, mais un phénomène général. Il serait regardé comme un rameau du grand courant équatorial, qui aborde notre zone tempérée comme vent du sud-ouest. La haute température et la sécheresse viendraient de ce qu'il descendrait brusquement d'une hauteur considérable en arrivant dans les vallées des Alpes. Comme il a dû franchir les cimes de la chaîne, il ne pourrait renfermer qu'une petite quantité de vapeur d'eau, et la chaleur dériverait d'une compression mécanique. Ces vues nouvelles, fondées sur l'observation de deux tempêtes, si elles tendent à restreindre les conclusions de M. Escher de la Linth, ne semblent pas toutefois appuyées sur des faits assez nombreux. Il est donc nécessaire que les observations futures viennent apporter la lumière dans une question aussi controversée. Les études poursuivies sans interruption par des savants d'un grand mérite attestent le haut intérêt que présente le Fœhn aux météorologistes.

les débris organiques recueillis, dit M. Richard Owen, confirme la présomption que le désert est le lit soulevé d'une ancienne mer... Les débris organiques que j'ai observés indiquent un laps de temps qui s'étend de l'oolithe supérieure et des terrains crétacés aux époques tertiaires de l'éocène ancien et du miocène moyen (1). » Ainsi, c'est un fait irrécusable : là où règne aujourd'hui une arène de feu, se déroulaient les flots d'un océan probablement plus profond, mais supérieur en étendue à la superficie de l'Europe entière. Les vents équatoriaux, au lieu d'être incendiés par le contact des sables enflammés, tempéraient leur chaleur en glissant sur les eaux. Ils se saturaient de vapeurs humides, tandis qu'aujourd'hui, avec leur violence habituelle, ils franchissent comme un éclair le canal relativement étroit de la Méditerranée en conservant leur sécheresse. Par cela que le Sahara était une vaste mer, il s'ensuivait un double résultat concourant à l'extension des glaciers : 1° diminution de l'ardeur torride du Fœhn; 2° saturation de vapeur d'eau. Soumises à une moindre action dissolvante, les neiges, en outre, tombaient en bien plus grande abondance. Non-seulement les Alpes devaient avoir une température plus basse, mais encore l'Italie et le bassin entier de la Méditerranée. Pourquoi, en effet, les régions situées vers le 40° degré de latitude au-

---

(1) *Comptes-rendus de l'Académie des Sciences*, 1869, p. 625. Mémoire de M. R. Owen, qui revenait d'un voyage d'exploration en Égypte.

12.

raient-elles un climat plus doux que l'État de New-York, lequel s'étend sur le même parallèle ? Aussi, après avoir reconnu le rôle important que joue le Fœhn, sir Charles Lyell, concluant ainsi que l'a fait M. Escher de la Linth, a pu dire avec raison : « Si le vent du sud venait à être dépouillé de cette chaleur ardente qu'il apporte chaque année des sables brûlants de l'Afrique, les neiges et les glaciers des Alpes s'accroîtraient immédiatement et pourraient, en quelque temps reconquérir la plus grande partie de leurs dimensions colossales d'autrefois. »

Par l'importance d'un seul vent à l'égard du climat alpestre, on peut juger de celle qu'ont les courants atmosphériques. Aujourd'hui il est difficile de préciser pour chaque contrée les effets produits par les courants : la météorologie est encore au berceau. La solution de ces problèmes exige des observations multipliées et une longue série d'années.

II. — Le Gulf-Stream. — Si l'influence des vents est grande selon les surfaces liquides ou terrestres qu'ils ont parcourues, grande aussi est l'influence des courants marins, et surtout du Gulf-Stream. On a vu quelle action bienfaisante ce dernier exerce sur les contrées occidentales de l'Europe. S'il était détourné de son cours, un phénomène inverse se produirait : l'Europe occidentale se refroidirait tandis que d'autres contrées, glaciales aujourd'hui, pourraient jouir d'un climat adouci. Un géologue anglais,

M. W. Hopkins, dans un remarquable *Essai sur les anciens changements des climats*, a essayé de calculer l'abaissement de la moyenne annuelle de l'Europe, si le Gulf-Stream venait à prendre une autre direction. Il évalue cette différence à 3° 5 centigrades environ. Or, pendant la période glaciaire, le continent de l'Amérique du Nord était encore sous les eaux, et le Gulf-Stream se dirigeait sur l'emplacement de la vallée actuelle du Mississipi.

D'un autre côté, Constant Prévôt, discutant les résultats qu'entraînerait la disparition de l'isthme de Panama et par suite le changement de cours du Gulf-Stream, était arrivé à un jugement analogue. Il ajoutait qu'à l'époque tertiaire une grande partie de l'Europe était couverte par la mer et qu'ainsi le continent émergé se trouvait « dans les conditions d'humidité et de température favorables à l'établissement et à l'extension des glaciers (1). » M. Hopkins a fait le même calcul; ses conclusions concordent avec celles de Constant Prévôt. Il a supposé aussi que si une partie de l'Europe septentrionale et centrale était submergée, un refroidissement de 2 à 3° viendrait s'ajouter à celui qu'entraînerait déjà un changement du cours du Gulf-Stream.

Enfin, sir John Herschell, dans sa *Géographie physique* (1861), a examiné les effets qui résulteraient de la suppression du détroit de Behring. Il s'accorde avec les géologues pour reconnaître le rôle immense que

---

(1) *Comptes rendus de l'Académie des Sciences*, t. XXXII.

remplit dans la nature, au point de vue du climat, la direction des courants marins.

En résumé, les phénomènes glaciaires, selon la théorie de M. John Tyndall, sont explicables par l'action combinée de la vapeur d'eau et d'un condenseur perfectionné. Ces deux producteurs de glaciers dépendent des oscillations du sol. Selon que le sol s'élève ou s'abaisse, il modifie les surfaces liquides ou terrestres du globe; par conséquent, les vents se dessèchent ou se saturent d'humidité; simultanément s'accroît ou diminue la puissance condensatrice des hauts sommets.

§ 3. — *Examen des causes astronomiques possibles.*

Au début de la géologie, lorsque les traces du phénomène glaciaire furent découvertes en plusieurs régions, l'insuffisance des documents, jointe à l'état peu avancé des sciences physiques et naturelles, poussa naturellement les savants à demander l'explication de l'extension des glaciers à l'astronomie. Aujourd'hui encore, quelques géologues impatients ou désespérant d'atteindre par la seule puissance des causes terrestres à l'interprétation complète des faits attendent des astronomes la solution du problème. Il est donc utile de passer en revue chacune des causes astronomiques possibles et d'examiner brièvement si, oui ou non, elles ont quelque valeur.

I. — **Passage de la terre à travers des régions**

intra-stellaires très-froides. — W. Herschell d'abord, puis Argelander, s'appuyant sur des observations fort délicates, ont émis l'opinion que probablement notre soleil avec son cortége de planètes se mouvait dans l'espace et qu'il semblait se diriger vers un point voisin de l'étoile π de la constellation d'Hercule (1). Le géomètre Poisson, prenant cette probabilité pour point de départ, proposa l'hypothèse d'un passage du système solaire à travers des régions intra-stellaires très-froides afin d'interpréter l'envahissement des glaces sur la terre à un certain moment.

Tout d'abord, quelle confiance ajouter à une hypothèse arbitraire, fondée elle-même sur une probabilité? Loin d'avoir le moindre caractère scientifique, elle en a un tout opposé, car la science a pour but d'éliminer les constructions imaginaires et de les remplacer par des faits. Lorsque la science est contrainte de se prêter à une hypothèse sous peine d'être arrêtée net dans sa marche, elle ne le fait qu'à titre provisoire et à la condition essentielle que cette hypothèse soit soumise à mille vérifications. Or rien dans l'hypothèse de Poisson n'a le caractère qu'exige la science. Elle est gratuite tout aussi bien que celle de Cuvier. Il est en effet aussi facile de faire passer la terre par une glacière intra-sidérale que de l'abîmer

---

(1) D'après W. Herschell, le point serait voisin de l'étoile γ; d'après Argelander et Struve, ce point serait situé entre π et μ d'Hercule, à un quart de la distance apparente de ces étoiles à partir de π.

sous des cataclysmes subits et universels. Jeu commode de l'imagination, l'explication proposée par Poisson doit donc être repoussée pour ce premier motif.

Elle doit l'être encore pour une seconde raison. Qu'est-ce que la chaleur ? Une vibration de molécules matérielles. Si les espaces célestes sont vides, s'ils ne contiennent pas de matière, comment pourraient-ils être plus chauds ou plus froids ? Or, rien jusqu'à présent n'a donné à soupçonner qu'il y eût dans l'immensité le moindre vestige de matière. Mais, dira-t-on, quelle idée doit-on se faire de la température de l'espace ? — Aucune, tant que l'on n'aura pas un fait qui puisse servir de base à une théorie. L'idée de température n'est point une idée absolue, c'est-à-dire indépendante de toute autre. Elle est relative, puisqu'elle dépend de ces deux idées fondamentales, matière et vibration. Or la matière n'existe pas dans l'espace, ou du moins si elle le remplit, notre ignorance sur ce sujet est entière. La vibration que peuvent imprimer les astres reste à l'état d'énergie potentielle ; pour que cette énergie entrât en acte, il lui faudrait l'indispensable condition d'un corps à faire vibrer. Par conséquent, puisque rien dans l'espace ne donne à penser qu'il renferme les deux conditions nécessaires pour créer la température, il est inutile d'en imaginer une : c'est une pure fantaisie. Aussi, quelle divergence voit-on entre les divers essais d'appréciation ! Fourier évaluait le froid à — 50°; Arago à — 56°; Péclet à — 60°; Humboldt à — 65°, et plus tard à — 77°; sir John Herschell à — 93°, et

Pouillet à — 140°. Enfin, pour montrer par un contraste frappant la discordance extrême d'inductions qui toutes avaient la prétention d'être fondées sur des faits, Poisson, le premier venu dans la voie, avait estimé le froid à — 13°, tandis que MM. Quételet et Althaus qui ont répété, le premier les expériences d'Herschell, le second celles de Pouillet, sont arrivés à des résultats numériques doubles et triples, c'est-à-dire à — 420° ! Les observations et les calculs de ces divers savants sont fondés tant qu'il s'agit de la température de l'atmosphère terrestre parce que là se trouvent les deux conditions nécessaires, matière et vibration. Mais étendus aux espaces intrà-sidéraux, d'où la matière est absente, ils n'ont plus de base ; leur valeur est nulle.

Enfin, une troisième raison péremptoire, celle qu'a donnée M. John Tyndall, écarte à jamais cette hypothèse : « Le froid ne produit pas les glaciers. » Il faut de la chaleur, qui vaporise l'eau, puis un condenseur qui convertit la vapeur en neige.

II. — Déplacement du pôle de l'Ecliptique. —

L'axe terrestre décrit autour du pôle de l'écliptique une révolution complète au bout de 25,868 ans. Le pôle nord, qui aujourd'hui se trouve placé près de l'étoile de la petite Ourse appelée pour ce motif étoile polaire, sera dans 12 mille ans situé à 5° de Wéga de la Lyre : le pôle de l'écliptique reste immuable. Si l'axe terrestre se déplaçait dans la terre, s'il en perçait l'écorce à un autre point, le pôle de l'écliptique changerait de place et avec lui les latitudes terrestres. La suite des siècles modifierait le climat des zones conformément aux positions variables du pôle de l'écliptique, lesquelles correspondraient aux déplacements hypothétiques de l'axe terrestre dans le corps même de notre globe. On pourrait alors, par le calcul et des mesures exactes, prévoir dans l'avenir ou reconstruire dans le passé les périodes glaciaires. Il n'en est rien. L'axe terrestre est immuable; les distances qui le séparent des diverses régions de la terre restent invariables; l'inclinaison de l'écliptique sur l'équateur reste sensiblement le même. Par conséquent, l'axe terrestre perçant notre sphéroïde toujours au même point, il est impossible que sa révolution autour du pôle immuable de l'écliptique produise un changement dans les climats.

III. Diminution séculaire de l'obliquité de l'Ecliptique.

— L'obliquité de l'écliptique est l'angle que le plan de ce cercle fait avec celui de l'équateur, et c'est à la position oblique de ces deux plans, l'un par rapport à l'autre, que sont dues les alternances des saisons. Si l'écliptique coïncidait avec l'équateur, il n'y aurait ni été, ni hiver; la durée des jours et des nuits serait toujours égale et la même pour tous les lieux de la terre. Chaque zone conserverait toujours la même température, celle qui règne aux équinoxes. Il est clair, d'après cela, que toute modification dans l'obliquité de l'écliptique entraîne un changement dans les climats. Reste à déterminer si l'obliquité de l'écliptique peut subir un écart tel que les changements dans les climats puissent donner la clé de la période glaciaire. L'obliquité de l'écliptique est aujourd'hui (1er juillet 1871) de 23°, 27', 21", 1; mais cette quantité est sujette à deux variations. L'une, périodique, est d'environ 18"; elle résulte de la nutation de l'axe terrestre. L'autre, inégalité séculaire dont la période n'est pas encore connue, est due à l'action exercée sur la terre par les autres planètes, particulièrement par Vénus et Jupiter. L'observation, en effet, démontre que l'obliquité de l'écliptique éprouve une diminution constante depuis des époques très éloignées. Ainsi, 1,100 ans avant Jésus-Christ, l'astronome chinois Tchéou-Koung trouvait que l'angle de l'écliptique était de 23°, 54'. En 250 avant Jésus-Christ, cet angle d'après les mesures d'Eratosthènes n'était plus que de 23°, 46'. Delambre, en 1800 de notre ère, trouva 23°, 28'. Cette obliquité n'est plus, en juillet 1871, que de 23°, 27', 21". En 1900, elle se réduira à 23°, 27', 9". La moyenne de cette diminution est de 48 secondes par an. Pour demander à cette variation si minime une explication plausible du phénomène glaciaire, il faudrait se résigner à l'attendre d'un nombre incalculable d'années. Cet espoir n'est pas même possible : «Le décroissement de l'obliquité, dit sir John Herschell, est resserré dans des limites peu étendues. Après une immense période de siècles, cycle dont la durée est déterminée par la combinaison des actions perturbatrices de toutes les planètes, l'obliquité redeviendra croissante et oscillera ainsi de part et d'autre d'une valeur moyenne, sans que les écarts dans un sens et dans l'autre puissent atteindre 1°, 21'. »

IV. — Déplacement lent du Périhélie (1).

— L'orbite que décrit la terre autour du soleil n'est pas un cercle parfait. S'il en était ainsi, le soleil devrait toujours avoir le même diamètre apparent, quelle que fût la position de la terre dans son orbite. Or, lorsqu'on mesure le diamètre apparent du soleil avec l'instrument appelé héliomètre, on remarque, d'une part, que ce diamètre augmente de plus en plus au fur et à mesure que le soleil se rapproche du solstice d'hiver; et, d'autre part, qu'il diminue au fur et à mesure que le soleil se dirige vers le solstice d'été. Le plus grand diamètre apparent correspond au 1er janvier; le plus petit, au 1er juillet. Comme on ne peut pas supposer que le soleil change périodiquement de dimensions, les variations de son diamètre apparent ne sauraient provenir que d'un changement de distance. Il en résulte : 1° que l'orbite décrite par la terre n'est pas un cercle parfait, mais une ellipse; 2° que, quant à la distance de la terre au soleil, le point le plus éloigné ou aphélie se trouve au 1er juillet environ, et que le point le plus rapproché ou périhélie est au 1er janvier. Si l'on suppose cercle parfait l'orbite terrestre et qu'on représente par 1 le demi-axe, on trouve qu'au 1er juillet, moment de l'aphélie, la distance de la terre au

---

(1) Sir John Herschell. *Astronomie.* — Arago. *Notice de* 1834.

soleil, comparée à ce demi-axe 1 pris comme unité de mesure, est égale à 1,01679. Alors la distance du périhélie n'est plus que 0,98321 (1). Le surcroît 0,01679 est ce qu'on appelle l'excentricité de l'orbite terrestre.

La distribution de la chaleur solaire est proportionnelle aux distances; son intensité est en raison inverse du carré des distances. Il semblerait donc que le globe terrestre dût recevoir du soleil une quantité de calorique plus grande dans les deux saisons, automne et hiver, que dans les deux autres printemps et été, puisque c'est en automne et en hiver que le soleil est plus rapproché de la terre. C'est en effet ce qui aurait lieu si la vitesse du soleil était toujours la même : mais il n'en est pas ainsi. Plus le soleil s'éloigne de la terre, plus sa vitesse angulaire diminue. Au contraire, plus il s'en rapproche, plus sa vitesse augmente. Au 31 décembre, par exemple, le soleil parcourt un arc de 1°, 1', 10", 1; au 29 juin, l'arc qu'il décrit n'est plus que de 57', 11", 8. Il s'ensuit qu'il parcourt les 180° qu'embrassent l'automne et l'hiver plus rapidement que les 180° qu'embrassent le printemps et l'été. Si, dans l'unité de temps, il verse plus de chaleur pendant l'automne et l'hiver, en revanche le printemps et l'été durent plus longtemps : « Tout compte

---

(1) 1,01679 + 0,98321 = 2 (les deux moitiés de l'axe entier de l'orbite terrestre). Comme l'axe entier de l'orbite terrestre a constamment la même longueur, il s'ensuit que plus la longueur d'un demi-axe (côté de l'aphélie) augmente, plus la longueur de l'autre demi-axe (côté du périhélie) diminue.

fait, dit Arago, la compensation est mathématiquement exacte. »

Ainsi donc, par suite du balancement entre la vitesse angulaire du soleil et la loi de la distribution de la chaleur, la quantité de calorique reçue par le globe terrestre, est la même pendant les deux grandes périodes hiver et automne, été et printemps. Il est évident que la température dans un lieu particulier considéré isolément dépend de l'obliquité des rayons solaires. Ce lieu particulier n'est qu'une fraction du tout, tandis qu'il s'agit ici du tout lui-même.

Le périhélie aujourd'hui correspond environ au 1er janvier, et l'aphélie au 1er juillet. Il en résulte que pour l'hémisphère boréal la durée du printemps et de l'été réunis, égale 186 jours, 11 h., 12′, 37″. Le soleil reste donc, chaque année, près de huit jours de plus dans l'hémisphère boréal que dans l'hémisphère austral.

Si le périhélie était fixe, la répartition des saisons pour chacun des deux hémisphères resterait sensiblement la même; il n'y aurait pas à s'occuper de ce fait astronomique au point de vue des climats. Mais il n'en est point ainsi. Le périhélie, loin d'être fixe, se déplace lentement sur l'écliptique d'une quantité réelle de 11″,7 par an. Comme ce déplacement s'ajoute à celui que produit la précession des équinoxes, lequel est de 50″,2, il s'ensuit que le déplacement total du périhélie est de 11″,7 + 50″,2 = 61″,9 par an. Au bout de 20,984 ans environ, le périhélie a fait le tour de l'écliptique.

Quelle est la conséquence directe de ce déplacement lent du périhélie? Un changement dans les durées relatives des saisons, puisque c'est la position du grand axe de l'écliptique par rapport aux lignes des équinoxes et des solstices qui détermine ces différences de durée. Or, quand on remonte dans la série des siècles, on reconnaît que, vers l'an 1250 de l'ère chrétienne, le grand axe coïncidait avec la ligne des solstices : à cette époque la durée du printemps était égale à celle de l'été, et la durée de l'automne égale à celle de l'hiver. Vers l'an 4,000 avant Jésus-Christ, le périhélie coïncidait avec l'équinoxe d'automne : alors les durées réunies du printemps et de l'été formaient une somme égale à celle des durées réunies de l'automne et de l'hiver (1).

De ces trois situations du périhélie : 1° celle d'aujourd'hui qui donne un été plus grand que le printemps et huit jours de soleil en plus pour l'hémisphère boréal; 2° celle de l'an 1250 après Jésus-Christ, qui a donné un printemps égal à l'été; 3° celle de l'an 4000 avant notre ère, qui a donné l'égalité entre la belle saison et la mauvaise; de ces trois situations faut-il conclure, avec quelques astronomes, que certains phénomènes glaciaires trouvent là leur explication? L'excès de huit jours solaires pour l'hémisphère boréal est-il la cause de l'accroissement des glaces au pôle austral? Oui, si le globe terrestre était sans montagnes, sans mers, sans végétation, en un mot,

(1) Delaunay. *Astronomie*.

s'il était vraiment une sphère mathématique. Mais il n'en est rien. Les montagnes, les mers, les territoires cultivés et les déserts introduisent des éléments qui bouleversent entièrement les déductions fondées sur la conception idéale du sphéroïde terrestre. Qui ne sait aujourd'hui que les hivers, dans les régions de notre hémisphère, doivent leur rudesse ou leur douceur, non pas à quelques jours supplémentaires de soleil, mais à la direction des courants atmosphériques et marins. Lorsque les courants polaires soufflent avec constance sur la zone tempérée, l'hiver est aussi rigoureux que celui d'une partie de la zone glaciale. Lorsque les vents brûlants d'Afrique dominent, les habitants du nord de la France jouissent d'une température aussi douce que les habitants privilégiés de Nice ou de Naples. Cet exemple particulier s'applique à toutes le régions où règnent les mêmes courants, dans les proportions qu'impose le degré de latitude. La configuration du sol joue aussi un rôle considérable à la fois dans la direction des vents et dans leur état de sécheresse ou d'humidité, de chaleur ou de refroidissement. A l'action des courants atmosphériques se joint l'action non moins puissante des courants marins. On a vu précédemment quelle influence a sur le climat d'une région la direction du Gulf-Stream. Qu'on se souvienne du port norwégien d'Hammerfest jamais obstrué par les glaces; des côtes occidentales du même pays où s'épanouit une riche végétation tandis qu'à côté, les territoires russes ont l'aspect désolé d'un manteau de glace! C'est que les uns sont visités par les eaux chaudes du Gulf-Stream et que les autres ne le sont pas. Et cependant la zone entière jouit du bénéfice des huit jours excédants de belle saison! Non, ce n'est pas cette différence dans la durée des saisons qui est la cause de l'accroissement des glaces au pôle austral : la somme de chaleur distribuée dans ce court espace est trop petite en comparaison du calorique que déversent sans relâche les courants atmosphériques et marins. C'est à ces derniers, à leur direction qu'il faut demander la cause des inégalités de température qui modifient si profondément la loi des latitudes. Cela est si vrai que si, par hypothèse, la configuration du globe subissait quelques changements, la rupture d'un isthme, par exemple, le déplacement d'une mer ou l'affaissement de bancs de sable, à l'instant les courants marins et atmosphériques quitteraient leur actuelle direction ou la conserveraient dans des conditions nouvelles de chaleur et d'humidité; la face du globe, au point de vue des climats, serait changée. Détruisez l'isthme de Panama, ce n'est plus pour l'occident européen que le Gulf-Stream ira dans les eaux brûlantes du golfe mexicain puiser ses trésors de chaleur; il roulera ses flots bienfaisants le long d'autres rivages. La simple suppression des bancs de Terre-Neuve, en déviant la grande rivière océanienne vers les parages du Labrador, rendrait à cette contrée désolée la verdure et la vie, tandis qu'à son tour l'Angleterre serait envahie par les glaces et la mort. Ce n'est donc pas le déplacement lent du périhélie et par conséquent les huit jours supplémentaires de soleil pour l'un ou l'autre hémisphère qui peuvent donner l'explication de la période glaciaire.

V. — Augmentation ou diminution de l'excentricité de l'orbite terrestre. — « Si l'on porte tout à coup, par la pensée, l'excentricité de l'ellipse à l'extrême; si l'on amène l'orbite à être si resserrée que ses deux branches rasent presque la surface du soleil, la quantité de chaleur reçue par notre globe augmentera (1). » Cette quantité diminue lorsque l'excentricité diminue, ou, ce qui est la même chose, lorsque le petit axe grandit. Herschell, vers 1832, s'occupa de ce problème précisément dans des vues géologiques. Il admit que dans la suite des siècles l'excentricité de l'orbite terrestre pourrait s'élever au point d'être les 25 centièmes du demi-grand axe, ce qui est l'excentricité même de la planète Pallas. « Il est très peu probable, ajoute Arago, que l'excentricité de notre orbite éprouve d'aussi énormes variations; et toutefois ces 25 centièmes n'accroîtraient que d'un centième la moyenne de la radiation solaire annuelle. » L'hypothèse d'Herschell n'a jamais été admise. Il ne faut point compter sur les variations de l'excentricité de l'ellipse, pas plus que sur celles de son inclinaison sur le plan équatorial. « On a reconnu que les variations de ces éléments, quoiqu'elles s'effectuent dans un grand nombre de siècles, n'en sont pas moins pé-

(1) Arago. *Notice de* 1834.

riodiques. Chacun de ces éléments, après avoir constamment augmenté ou constamment diminué pendant un certain temps, variera ensuite en sens contraire de manière à se rapprocher de sa valeur primitive. On a démontré que ces excentricités et ces inclinaisons, qui ont actuellement de petites valeurs, resteront toujours petites, en sorte qu'elles ne feront jamais qu'osciller entre des limites restreintes. C'est dans l'ensemble de ces résultats que consiste la stabilité du système du monde, telle qu'elle a été établie par les géomètres (1). »

VI. — Conclusion. — De cet examen critique il résulte que les phénomènes astronomiques ne peuvent point donner l'explication de la période glaciaire. L'avenir enrichira-t-il l'astronomie de connaissances capables d'infirmer cette conclusion ?... Cela n'est guère vraisemblable. Au surplus, si jamais cette hypothèse entrait dans le domaine de la réalité, il serait temps alors de la prendre en considération. Que le géologue cesse donc de lever les yeux vers le ciel, ce n'est pas de là que lui viendra le secours pour résoudre les problèmes géologiques. La science particulière dont il peut espérer plus tard de vives lumières est celle des courants atmosphériques et marins. La météorologie ne fait que de naître, et les travaux du capitaine Maury sur les courants océaniens ne datent que d'hier. C'est donc en s'appuyant sur les progrès

---

(1) Delaunay. *Astronomie*, page 567.

continus des sciences physiques que le géologue doit poursuivre ses études. Essayer de résoudre les difficultés particulières par des causes propres et puisées dans les conditions mêmes où sont placées ces difficultés, telle est la méthode, la seule qui puisse donner d'heureux fruits. C'est, pour ainsi dire et par analogie, une suite de monographies qu'il est utile de faire. Après une étude complète ou, pour le moins, suffisante de tous les faits, mais après cela seulement, une vaste synthèse pourra être légitimement tentée. Aujourd'hui les documents sont encore trop rares; la géologie n'a pas encore réuni assez de faits pour que l'entreprise soit couronnée de succès. Loin d'apporter la clarté et la vérité, une impatiente généralisation ne ferait que compromettre la science elle-même en détournant les esprits de la véritable voie, celle de l'étude des faits particuliers. M. Adhémar l'a dit avec une grande sagesse : « Il n'y a pas de raisons pour penser que tous les faits obscurs doivent avoir la même origine, et je crois que l'on arriverait plus sûrement à la vérité en cherchant une explication particulière à chaque phénomène. »

CHAPITRE III.

LA GRANDE CIRCULATION OCÉANIQUE.

§ 1er. — *Faits acquis.*

Avant les récents sondages opérés par MM. de Pourtalès et Agassiz (États-Unis), par MM. Sars père et fils (Norwège), par MM. Wyville Thomson, W. B. Carpenter, J. Gwyn Jeffreys (Angleterre), on admettait dans la science comme établis les six points suivants :

1° La surface des eaux seule est soumise à des courants; les eaux profondes sont immobiles.

2° La température des eaux profondes est uniforme; elle est de 3° 8 centigrades; elle est la cause de l'immobilité des eaux.

3° Les eaux profondes ne peuvent être habitées à cause de la pression énorme que devrait subir tout être vivant. Il y a donc une limite de profondeur pour la vie animale dans l'Océan.

4° Le terrain crétacé a eu son époque de formation, limitée et distincte dans le temps et dans l'espace. La phase de sa formation et de sa durée, par rapport aux autres phases géologiques, a été, non pas simultanée, mais successive. Elle est depuis longtemps parachevée.

5° La présence de coquillages et de mollusques fossiles dont les congénères habitent la zone glaciale est une preuve que le climat du pays où on les trouve a été froid.

6° Les couches géologiques sont caractérisées par la présence de certains coquillages, les types de ces fossiles étant tous éteints.

Les sondages exécutés dans les trois dernières années (1867-1870) ont renversé les points précédents et donné les preuves irrécusables des six faits suivants :

1° Les eaux profondes sont le siége d'un double courant, l'un équatorial qui va réchauffer les régions polaires, l'autre polaire qui va tempérer la chaleur des régions équatoriales. Il y a donc un grande circulation océanique, de même qu'il y a une grande circulation atmosphérique. Le Gulf-Stream, courant chaud de la surface, n'est qu'un cas particulier de la grande circulation océanique.

2° La température des eaux profondes est très-variable; dans le courant froid elle a été trouvée de $-1°,3$ et même de $-3°,47$ centigrades; dans la zone tempérée, très loin de la zone polaire, elle a été trouvée égale à — 1°, 1 centigrade. L'immobilité des eaux est donc impossible.

3° Les animaux du tissu le plus délicat peuvent vivre, se mouvoir dans les plus grandes profondeurs sans être incommodés. Il n'y a pas de limite de profondeur pour la vie animale dans l'Océan.

4° Un terrain calcaire, identique au terrain crétacé c'est-à-dire formé par les débris de coquilles vivantes, est en voie de formation continue dans les courants chauds venant de l'équateur : ce terrain est composé en majeure partie de globigérines, sorte de boue vivante.

5° La faune océanienne dépend, non de la profondeur des eaux, mais de leur température. Chaque courant a sa faune propre ; le courant chaud a la sienne, le courant froid en a une autre ; et ces deux faunes, non-seulement sont contemporaines, mais vivent côte à côte, et cela, jusque dans les régions équatoriales. Il en résulte que la présence de certains coquillages ne peut plus être regardée comme caractéristique d'une époque géologique ni du climat général d'un continent.

6° Dans les eaux profondes vivent plusieurs types d'animaux qu'on croyait éteints depuis longtemps et qui servaient à caractériser une époque géologique (1).

(1) *Revue des cours scientifiques.* 6° année, page 499 ; 7° année, page 578. Deux leçons de M. W. B. Carpenter.

I. — Grande circulation océanique. — M. le professeur Buff, dans sa *Physique de la terre*, présente ainsi la doctrine de la grande circulation océanique que Humboldt avait développée dans le *Cosmos* :
« L'eau de l'Océan, à de grandes profondeurs, présente même sous l'équateur une température très voisine du point de congélation. Ce phénomène s'explique par l'existence d'un courant continuel d'eau froide allant du pôle à l'équateur, chassant du fond de la mer l'eau qui est plus chaude et plus légère. Puis, cette même eau en se réchauffant cède à son tour la place à l'eau froide qui lui succède. D'un autre côté, l'eau qui abandonne constamment les régions froides est remplacée de deux manières : 1° l'eau chaude de la zone torride, étant plus légère, doit s'étendre des deux côtés de la surface de l'Océan, et, tout en se refroidissant peu à peu, doit s'avancer vers les régions polaires ; 2° de plus, l'évaporation est bien plus considérable entre les tropiques que partout ailleurs, et une grande partie des vapeurs qui se sont produites ne retombe sous forme de pluie ou de neige que dans des latitudes élevées. »

Il se fait donc un échange continuel entre les eaux de l'équateur et celles du pôle. Dans les parties les plus profondes de l'Océan, il y a un mouvement dans la direction de l'équateur. A la surface de l'Océan, l'eau chaude des mers tropicales se dirige vers le pôle en se refroidissant en chemin jusqu'à ce que sa température soit devenue assez basse pour qu'elle aille au fond et, dans cet état, retourne vers son point de départ.

Les sondages ont prouvé que dans les parties moins profondes de l'Océan circule le courant chaud, et dans les parties très-profondes le courant froid. Il suit de là que la plus ou moins grande profondeur des canaux qui séparent les îles ou les continents décide de la route que suivent les deux courants. Tandis que l'un roule ses eaux dans les plis profonds d'affaissement, l'autre se dirige par les parties exhaussées du lit océanique. Lorsqu'un seul passage existe pour les deux courants et que la profondeur n'en est pas suffisante, il se fait un mélange des deux courants. La température du courant froid s'élève tandis que celle de la masse entière se refroidit (1).

II. — **Température variable des eaux profondes.** — Ce qui a fait méconnaître l'existence de la grande circulation océanique, c'est la croyance que le fond des mers avait une température uniforme de 3° 8 centigrades. Les sondages des vaisseaux anglais l'*Eclair* et le *Porc-Epic* (croisières de M. W. B. Carpen-

---

(1) Entre le Groënland et l'Islande, le détroit est assez profond pour livrer passage au courant froid. Entre l'Islande et les îles Féroë, le lit de l'Océan, par son élévation, est une barrière réelle pour le courant polaire. Comme le plateau des îles Britanniques et même le fond de la mer du Nord offrent un obstacle de même nature, il est nécessaire qu'un courant d'eau glacée passe par le détroit profond qui sépare les îles Féroë des Shetlands.

ter) ont prouvé qu'une température, même inférieure à — 1°,1 centigrade peut être transmise par des courants polaires dans la zone tempérée, et que la température générale de la partie la plus profonde de l'Océan atlantique est plus polaire qu'on ne le supposait.

Cinquante ans auparavant, pendant le voyage de John Ross dans les mers arctiques, le général Sabine avait constaté dans un sondage qu'à une profondeur de 1,243 mètres le thermomètre avait marqué — 3° 47. Cette observation, qui sembla fort étrange, s'explique par ce fait : l'eau de mer, d'après les expériences de Despretz, peut descendre jusqu'à — 4° centigrades sans congélation pourvu qu'elle reste immobile. Dans ce cas, elle va toujours se contractant et n'acquiert son maximum de densité qu'à cette température. Il suffisait donc que l'endroit de la mer polaire où le général Sabine opéra le sondage ne fût pas visité par un courant chaud et conservât son immobilité pour que l'eau restât liquide à une aussi basse température.

Entre l'Écosse et les îles Féroë, la température de la surface est presque partout la même de 11° 11 centigrades. Mais si l'on pratique des sondages, on trouve que, sous cette surface à température uniforme, existent deux régions différentes, l'une froide, l'autre chaude. A 364 mètres, la température de la région chaude s'abaisse à 8° 3, et celle de la région froide à 7° 6. A 1,180 mètres, la température de la région chaude s'abaisse à 5° 8, et celle de la région froide à — 1° 3. C'est au-dessous de 370 mètres que s'accentue surtout la différence de température entre les deux régions.

On voit par cet exemple frappant quel est le mode de distribution des eaux de l'Océan, soit en surface, soit en profondeur. L'élévation de la température est à peu près uniforme pour la surface ; l'abaissement graduel l'est aussi pour la zone intermédiaire jusqu'à 400 mètres environ ; à partir de 400 mètres, les inégalités de température accusent avec énergie l'existence de deux courants distincts et contraires.

III. — Il n'y a pas de limite de profondeur pour la vie animale dans l'Océan. — Les draguages exécutés par la Suède, les États-Unis et l'Angleterre ont mis hors de discussion un fait d'une importance capitale, c'est qu'il n'y a pas de profondeur pour la vie animale dans l'Océan. A des profondeurs que l'on avait cru généralement jusqu'ici entièrement privées d'êtres vivants ou habitées seulement par des espèces inférieures, existe une faune abondante et variée, présentant des types aussi élevés que ceux des eaux moins profondes.

Dans une première expédition, MM. Sars ont trouvé à une profondeur de 822 mètres plus de 42 espèces de rhizopodes, échinodermes, conchifères, céphalopodes et crustacés. Dans une deuxième expédition au Spitzberg, ils ont recueilli un grand nombre d'animaux d'espèces différentes trouvés à des profondeurs de 3,656 mètres. La croisière du *Porc-Épic*, sous la direction de M. W. B. Carpenter, a reculé encore les bornes de ces sondages étonnants. A l'extrémité nord du golfe de Gascogne, la drague a ramené d'une profondeur de 4,431 mètres plus de 760 kilogrammes de globigérines avec des échinodermes, des mollusques, des annélides, des crustacés. Cette profondeur égale presque la hauteur du Mont-Blanc, laquelle est de 4,815 mètres. En cet endroit, la pression de l'eau sur le fond de la mer est de 472 kilogrammes environ par centimètre carré. Et cependant les animaux dont la chair est molle et les formes déliées y vivent et s'y meuvent avec aisance et liberté.

IV. — **Continuité du terrain crétacé.** — On le sait : le terrain crétacé et le terrain calcaire, qui tous deux ont pour élément le carbonate de chaux, se distinguent par leur origine radicalement distincte. Le terrain crétacé, composé de coquilles microscopiques (travaux de M. Ehrenberg), est d'origine organique, tandis que le terrain calcaire, sédiment déposé par les eaux qui le tenaient en suspension, est d'origine inorganique. Les sondages récents ont prouvé que les abîmes océaniques, dans le lit du courant équatorial, sont recouverts d'une boue vivante qui a reçu le nom de globigérine. C'est la globigérine qui a contribué principalement à la formation du terrain crétacé. En même temps que le plateau européen s'est soulevé, il s'est produit très probablement un affaissement graduel de ce qui forme maintenant le fond de l'Atlantique. Les globigérines de la surface européenne, avec un grand nombre de types de la vie animale qui les accompagnaient, ont dû peu à peu se répandre sur la surface du terrain atlantique d'affaissement à mesure qu'elle offrait des conditions favorables à leur existence. Il résulte de là que la formation du terrain crétacé, commencée jadis dans la partie continentale de l'Europe, se continue de nos jours au fond de l'Océan. Cette époque géologique n'est donc pas encore achevée ; le sera-t-elle jamais ?...

V. — La faune océannienne dépend, non de la profondeur, mais de la température des eaux. — La distribution des êtres vivants dans les mers profondes dépend, non pas de la profondeur, mais de la température des eaux. Le lit où circule le courant froid a sa faune ; le lit du courant chaud en a une autre. Les sondages de l'*Éclair* et du *Porc-Épic* ont montré que, par ce fait seul qu'une région est traversée par deux courants, l'un venant du pôle et l'autre de l'équateur, il existait simultanément deux faunes distinctes au fond de la mer sur de vastes espaces contigus. Et ces deux climats n'étaient séparés que par une distance de quelques milles en ligne horizontale et de 548 mètres en ligne verticale.

La partie froide est habitée principalement par des échinodermes, des éponges ; la partie chaude a pour domaine exclusif les globigérines et les éponges vitreuses. Quant aux mollusques, ils semblent être communs aux deux régions.

Le terrain des deux lits est aussi différent que les deux faunes. Le fond où coule le courant froid est composé de sable quartzeux mêlé de particules volcaniques, lesquelles proviennent probablement du Spitzberg et de l'île de Jean-Mayen. Le lit du courant chaud est composé de boue de globigérines : c'est un terrain crétacé.

Entre les îles Féroë et l'Ecosse abondent des animaux, surtout des échinodermes, qu'on croyait appartenir seulement au Groënland, à l'Islande et au Spitzberg. Ces espèces se sont rencontrées souvent avec une abondance extraordinaire. Une fois, la drague, d'un seul coup, ramena 500 kilogrammes de globigérines. Les draguages de l'*Éclair* ont révélé ce fait surprenant que, dans des profondeurs où la température est inférieure de plus de 1°1 au zéro, point de congélation de l'eau douce, prospère une faune de la plus grande variété. Ce qui n'est guère moins remarquable, c'est l'influence de la température sur la croissance de certains animaux communs aux deux régions : dans la région froide ils passent à l'état nain. Ainsi le *Solaster papposa*, de 15 centimètres qu'il a dans les régions chaudes, est réduit à 5 centimètres dans la région froide. L'*Astérocanthion violaceus* et la *Cribella oculata* subissent une diminution analogue. La réduction est si étrange qu'on aurait pu croire que ces animaux appartenaient à d'autres espèces si leur structure n'avait pas été exactement la même que celle du type ordinaire. En rapprochant ce fait de ceux que cite en botanique le savant M. Gubler (1),

---

(1) Voir p. 29, 1re partie, chap. 4, *Causes de sélection naturelle*.

on reconnaîtra quelle énergique influence exerce le milieu ambiant, soit gazeux, soit liquide, sur le développement des plantes et des animaux.

VI. — Types retrouvés d'animaux qu'on croyait éteints. — Plusieurs types regardés comme caractéristiques des époques géologiques précédentes, et qu'on croyait éteints depuis longtemps, se retrouvent encore vivants dans les profondeurs de l'Océan. Un *rhizocrinus*, membre de la famille *Apiocrinite* qui appartient à l'oolithe, a été trouvé d'abord par MM. Sars aux îles Loffoden, puis par M. de Pourtalès au golfe du Mexique, et aussi par M. W. B. Carpenter. Ce dernier, près de l'île d'Ouessant, a ramené d'une profondeur de 4,431 mètres un autre *crinoïde* se rattachant au même type que les *rhizocrinus*. Les draguages du *Porc-Épic* ont fait connaître sept espèces de mollusques qu'on croyait anéantis, un grand *échinide* du genre Diadème, un *clipéastroïde* trouvé déjà par M. de Pourtalès dans le golfe mexicain, et un grand nombre de foraminifères qui présentent une remarquable analogie avec les formes déjà reconnues dans la craie.

§ 2. — *Conséquences.*

I. — La superposition des couches distinctes peut indiquer de simples déplacements de courants océaniques et non des époques géologiques distinctes. — Le fond où roulent les eaux polaires est formé de sable quartzeux et de particules volcaniques avec une faune particulière d'échinodermes et d'éponges. La région du courant équatorial est un terrain crétacé formé par un dépôt de globigérines auxquelles sont mêlées les éponges vitreuses caractéristiques. Et ces deux régions sont contiguës. Qu'une oscillation du sol vienne élever la région froide et parallèlement par un jeu de bascule abaisser la région chaude, alors un échange de lit se fait entre les deux courants. Les eaux froides recouvriront les globigérines éteintes d'une couche arénacée et de particules volcaniques arrachées aux terrains polaires, et installeront leur faune boréale sur les dépouilles de la faune équatoriale. A son tour, la faune des eaux chaudes émigrera dans le lit abandonné du courant polaire et commencera, sur le fond quartzeux, la formation d'une couche et d'une colonie crétacées. Dans cette double interversion causée par une simple oscillation du sol, il n'y aura pas eu solution de continuité au point de vue de la formation de deux terrains si différents, et par conséquent point d'époques distinctes. Ces deux terrains auront une origine simultanée, parallèle, mais non successive ; et cette origine sera l'œuvre lente ou rapide, des forces naturelles toujours agissantes. On ne peut donc plus, en géologie, prendre pour base des estimations relatives au temps la seule superposition des couches géologiques, dans le sens qu'on y attachait naguère lorsque chaque couche était considérée comme n'apparaissant qu'après la formation complète et parachevée, dans le temps et dans l'espace, de la couche qui précédait. « Nous sommes encore dans la période crétacée » a dit M. Wywille Thomson. Peut-être même faudra-t-il reculer l'origine de la craie à des époques plus éloignées, comme sembleraient l'indiquer les globigérines que MM. Philipps et Carpenter ont trouvées dans certaines couches du calcaire carbonifère.

II. — La présence de fossiles appartenant à la faune des eaux froides indique l'ancien lit d'un courant polaire, et non un climat glacial pour une région. — Quelques exemples empruntés aux observations faites par le Porc-Epic feront saisir, par l'énorme différence entre la température de la surface et celle du fond, combien est erronée l'estimation des anciens climats qu'on déduisait de la présence de coquilles septentrionales. Voici, pris entre plusieurs autres, le résultat de deux sondages que l'on fit près du bord ouest de l'Atlantique septentrional :

TEMPÉRATURE DE LA SURFACE.	TEMPÉRATURE DU FOND.
1° + 17° 77 centigrades.	+ 2° 88 centigrades.
2° + 18° 60 —	+ 2° 50 —

Entre l'Ecosse et les îles Féroë, la température de la surface fut trouvée de 12° centigrades, tandis qu'à 1,200 mètres environ de profondeur, la température des eaux s'abaissait à — 1° 2. Supposons qu'une élévation du sol mette à sec les abîmes, où vit la faune des eaux glaciales du Spitzberg, les géologues de l'avenir, s'ils conservaient la méthode actuelle d'estimation, concluraient de la présence des coquilles fossiles que le climat de la région suprà-écossaise a été, à notre époque, celui même de la zone polaire. On voit combien grande serait leur erreur. C'est cependant sur cette base que sont fondées, en majeure partie, les appréciations des géologues contemporains pour ce qui concerne les climats des époques préhistoriques.

On n'a pas encore opéré de nombreux sondages, au même point de vue scientifique, dans les régions équatoriales, ni confirmé par des milliers de faits, arrachés au sein des flots, l'existence générale d'une température voisine de zéro dans les parties profondes de l'Océan, même entre les tropiques. A l'avenir et à un avenir très-prochain est réservée la démonstration expérimentale de ce fait, conséquence nécessaire du mouvement qui porte les eaux du pôle à l'équateur en sens inverse du mouvement de surface qui entraîne les eaux chaudes de l'équateur vers les contrées polaires. Or il il est incontestable aujourd'hui que chacun de ces courants a sa faune particulière. Par conséquent, la présence de coquilles septentrionales dans les profondeurs de l'Océan équatorial, alors que les eaux de la surface échauffées par un soleil ardent ont une température dépassant 30°, ne peut plus être acceptée comme une médaille frappée au coin d'un climat boréal. Elle atteste le passage d'un courant polaire : voilà tout.

Cette vérité n'est pas moins applicable aux époques

préhistoriques qu'elle ne l'est au temps où nous vivons. Des mers profondes ont dû toujours exister ; les forces physiques qui entretiennent la circulation océanique ont dû toujours agir, bien que modifiées dans leur action locale par la distribution particulière des terres à chaque époque. Donc, toujours et sans discontinuité, les courants polaires ont dû nourrir une faune arctique dans un terrain sous-marin quelconque. Les continents actuels n'étant que des surfaces de soulèvement, il en résulte qu'ils ont dû conserver les vestiges des anciens courants. Par conséquent il n'est plus possible d'accepter aujourd'hui la présence de fossiles appartenant aux faunes septentrionales comme preuve d'une période glaciaire. C'est dans un autre ordre de faits que les géologues devront désormais puiser leurs arguments.

On se souvient du phénomène remarquable signalé à l'Académie des sciences par M. Naudin (1). Pendant le rigoureux hiver de 1870, par une température qui, en trois jours, passa de $+14°5$ à $-0°8$, des palmiers aplatis par la neige et emprisonnés dans de véritables glaçons restèrent dix jours en cet état. La tempête une fois passée, ils reprirent leur vigueur ordinaire. Ce fait donne à penser que la présence, dans une latitude élevée, de végétaux appartenant aujourd'hui à la flore méridionale n'est pas une preuve péremptoire que le climat de ces latitudes se rapprochait de celui des tropiques.

---

(1) Voir, IIIe partie, chapitre III, page 163, la note.

Quelle conclusion tirer de ce qui précède ? C'est que les géologues se sont trop hâtés dans leurs affirmations relatives aux climats des différentes époques géologiques. Il est certain aujourd'hui qu'une faune arctique n'est pas la preuve d'un climat glacial; il est probable qu'une faune regardée aujourd'hui comme propre au midi, n'a pas eu jadis ce caractère exclusif. De nouvelles observations sont nécessaires; mais en attendant que l'avenir jette de la clarté sur les points obscurs, il est prudent de suspendre son jugement ou une appréciation qui reposerait sur des faits peu nombreux et des inductions mal assises. Les conquêtes dues aux sondages récents sont destinées à opérer une véritable révolution en géologie. Elles débiaient le problème glaciaire d'une foule d'imaginaires difficultés qui semblaient le rendre à jamais insoluble. Déjà le domaine de cette période étrange se trouve singulièrement réduit par la découverte de la grande circulation océanique et les conséquences qu'elle entraîne. Quant à l'explication des glaciers, la méthode de l'illustre John Tyndall, vapeur d'eau et condenseur perfectionné, suffira sans doute à lever les derniers voiles. Courants océaniques et condenseurs dépendant des oscillations du sol, la recherche de la solution se trouve transportée sur la terre, sur le vrai champ de la science. Là encore, dans cette partie si mystérieuse de la connaissance universelle, le surnaturel aura été banni. Cette nouvelle victoire sur le merveilleux fera faire à l'esprit humain un nouveau pas dans une meilleure et plus libre possession de lui-même.

IV.—La présence de types qu'on croyait éteints prouve qu'il n'y a pas eu de destructions universelles.—Lorsque Cuvier, dans son premier Mémoire, soutint que chaque époque avait vu ensevelir dans une catastrophe commune les animaux alors existants, et qu'à chaque époque suivante avaient surgi des espèces nouvelles : « Est-ce que le Créateur a recommencé l'œuvre des six jours ? » s'écria ironiquement Geoffroy-Saint-Hilaire. La découverte faite dans les gouffres de l'Océan de types qu'on croyait éteints a porté un dernier coup à la théorie de Cuvier. Non, Dieu n'a pas recommencé l'œuvre des six jours, selon la pittoresque expression de Geoffroy; la vie animale n'a pas eu de solution de continuité, et les modifications qu'elle a dû subir ont été l'effet naturel du jeu des lois physiques. Il est facile de comprendre, en effet, que les oscillations du sol, en déplaçant le lit des courants, ont dû introduire de graves changements dans les conditions de vie des faunes marines. Si ces changements ont, en même temps, été brusques et considérables (phénomènes volcaniques), ils ont bien pu amener dans toute la région où ils se sont produits l'extinction d'un grand nombre des espèces qui l'habitaient; d'autres espèces ont pu émigrer à la recherche d'une température plus favorable et transporter ainsi dans d'autres localités les types qui ne pouvaient plus vivre dans leur premier séjour, formant ainsi des colonies selon l'expression de M. Barrande. Si les changements se sont opérés graduellement, la plus grande partie des espèces composant la faune de la région dont la température changeait ont pu s'acclimater peu à peu. Elles ont subi dans leur structure et dans leurs habitudes des modifications qui ont suffi pour établir des différences spécifiques, tout en conservant assez de rapports généraux avec le type primitif pour le représenter encore. Un exemple remarquable de ce fait est fourni par les modifications graduelles dans le type de l'*Apiocrinus*, en le suivant depuis l'époque oolothique jusqu'à nos jours. Ainsi donc, extinction d'espèces, dissémination d'espèces, variations d'espèces, voilà trois faits qui résultent de l'action combinée des courants océaniques et des oscillations du sol. Les catastrophes fantastiques n'ont rien à y voir. En revanche, ils sont favorables à la théorie de Darwin, à laquelle ils apportent un nouvel et considérable appui.

CHAPITRE IV.

LONGUE DURÉE DES ÉPOQUES GÉOLOGIQUES.

« Pourquoi les races actuelles, me dira-t-on, ne seraient-elles pas des modifications des races fossiles, modifications qui auraient été produites par les circonstances locales et le changement de climat, et portés à cette extrême différence par la longue succession des années ?... C'est que la catastrophe qui les a détruites ne leur a pas laissé le temps de se livrer à leurs variations. » Telle est l'objection de Cuvier. Dans son histoire des travaux de ce grand zoologiste, M. Flourens insiste avec force sur ce point : « Lors donc qu'on irait jusqu'à accorder que les espèces anciennes auraient pu, en se modifiant, se transformer en celles qui existent aujourd'hui, cela ne servirait à rien ; car, comme le dit encore M. Cuvier, elles n'auraient pas eu le temps de se livrer à leurs variations. » Cuvier était un esprit trop rigoureux pour laisser quelque chose d'indéterminé dans une assertion. Il précise donc, dans un autre passage, quelle est la courte durée qui s'est écoulée depuis la dernière catastrophe, c'est à dire depuis le moment où, selon lui, les races actuelles ont fait leur apparition sur la terre. « Je pense, avec MM. Deluc et Dolomieu, que s'il y a quelque chose de constaté en géologie, c'est que la surface de notre globe a été victime d'une grande et subite révolution, dont la date ne peut remonter beaucoup au-delà de cinq à six mille ans (1). »

Malheureusement pour l'argumentation de Cuvier, les cinq ou six mille ans de MM. Deluc et Dolomieu sont allés rejoindre les grandes et subites révolutions dans la vaste nécropole où gisent les erreurs du passé. Il n'y a pas eu de destructions soudaines et universelles; la vie s'est perpétuée sans solution de continuité, et la durée des époques géologiques se compte par milliers de siècles.

I.—**Pyramide de Chéphren.**—L'éminent zoologiste anglais, M. Richard Owen, a fait, au retour d'un voyage en Egypte, la communication suivante à l'Académie des sciences : « Les découvertes faites à Saggarah et à Memphis par M. Mariette-bey paraissent avoir établi que l'époque de Chéphren, fondateur de la seconde pyramide, se rapporte au troisième règne de la quatrième dynastie de Manéthon, qui ne re-

(1) Cuvier. *Discours sur les révolutions du globe*, pages 77, 78, 177.

monte pas à moins de six mille ans avant le moment actuel(1). » Chacun sait que l'époque de la construction des pyramides est relativement récente. Voilà donc la date de la dernière catastrophe singulièrement reculée par les découvertes archéologiques. Mais les faits naturels sont autrement précis et concluants.

II. — Delta du Nil. — D'après les calculs les plus modérés, le dépôt des sédiments du delta du Nil ont exigé plus de 12,000 ans (Girard, Horner). Quelques-uns lui attribuent plus de 30,000 ans (Rosière, Linant-bey). L'accroissement a été calculé à raison de 63 millimètres par siècle (2).

III.—Delta du Mississipi.—Pour le delta du Mississipi, la plus basse estimation, d'après sir Ch. Lyell, lui assigne plus de 100,000 ans. Le delta s'étend sur plus de 77 mille kilomètres carrés avec 100 mètres environ de profondeur.

IV.—Delta de la Tinière. — Le delta formé par le torrent de la Tinière, près de Villeneuve, en Suisse, est, d'après M. Morlot, l'œuvre de plus de 100,000 ans.

V. — Soulèvement de la côte de Norwége. — Le soulèvement de la côte de Norwége où se trouvent

---

(1) *Comptes-rendus de l'Académie des sciences*, 1869, page 637.
(2) Lyell. — *Ancienneté de l'homme*, pages 39, 28, 337, 60, 299, 115.

les couches marines post-tertiaires, en supposant que la rapidité d'exhaussement vertical continu fût de 75 centimètres par siècle (ce qui est une moyenne très-élevée), ce soulèvement exige au moins 24,000 ans.

VI. — Submersion du pays de Galles. — La submersion du pays de Galles, d'après l'amplitude de 420 mètres que prouvent les coquilles glaciaires, exigerait 56,000 ans. M. le professeur Ramsay, d'après ses propres observations, évalue cette durée à plus du triple.

VII. — Tourbes de la Somme. — L'évaluation des années qu'a demandées la formation des tourbes de la Somme est presque impossible, tant le nombre en est effrayant. Ces tourbes ont 9 mètres d'épaisseur. Or, M. Boucher de Perthes, d'après ses recherches et ses observations, estimait que l'accroissement par siècle ne devait pas dépasser 3 centimètres. Mais, comme le fait observer judicieusement sir Ch. Lyell : « Il ne faut pas chercher à appliquer en France la loi de l'accroissement trouvée en Danemark : les différences dans l'humidité du climat, dans l'intensité et la durée des chaleurs de l'été et des froids de l'hiver, aussi bien que la diversité des espèces de végétaux dominants, sont autant de causes qui modifient l'accroissement de la tourbe quand il s'agit de comparer non-seulement diverses contrées de l'Europe, mais même deux périodes successives dans un même pays. »

VIII. — Bancs de houille. — D'après le calcul de M. Élie de Beaumont, le charbon que pourraient fournir nos forêts actuelles formerait, tout au plus, sur l'étendue des houillères exploitées, une couche de 16 millimètres en cent ans. Or, dans le midi de la France, on trouve des bancs de houille qui ont 30 mètres de profondeur. En accordant à la végétation des temps anciens une activité dix fois plus grande, la durée de formation dépasserait encore 18,000 ans.

IX.—Coraux des îles (1).—Certaines espèces de polypes vivent à une profondeur de 400 mètres dans la mer. Il n'en est pas de même des coraux. Ils vivent près de la surface et ne s'en éloignent pas plus de 40 mètres. Ces deux conditions sont indispensables à leur vie. L'agitation de la surface entraîne loin d'eux les matières rejetées ou sécrétées par leur corps, lesquelles seraient pour eux un poison, et en même temps leur amène incessamment leur nourriture. Ainsi, le corail est limité dans son accroissement : il ne peut ni vivre hors de l'eau ni s'étendre en profondeur. Qu'arrive-t-il lorsque les polypiers ont atteint la surface de l'eau ? L'existence deviendrait pour eux im-

---

(1) Genres astrée, caryophyllie, méandrine, oculine, madrépore, etc; ce sont les deux genres astrée et caryophyllie qui contribuent le plus à la construction des récifs.

possible si le sol ne s'affaissait lentement et ne laissait toujours une nappe d'eau suffisante au-dessus de la colonie qui continue de s'accroître. Si donc on peut, par une observation attentive, constater quel est l'accroissement d'un corail par an, on aura un moyen certain de calculer le nombre d'années qu'aura exigé la formation d'un polypier. Voici le résultat des études faites par plusieurs naturalistes :

D'après M. Dana, les madrépores branchus croissent de 44 centimètres par an.

M. Hunt observa à Westkey, dans la Floride, en 1857, une méandrine qui avait acquis en onze ans 165 millimètres, c'est-à-dire 15 millimètres par an.

Une oculine, observée par le même naturaliste, croissait environ de 19 millimètres par an.

M. Ehrenberg, qui a consacré plus d'une année à l'examen des coraux de la mer Rouge, attribue des milliers d'années à des méandrines ayant 2 mètres 74 centimètres de diamètre.

En possession d'un tel critérium, on peut avec méthode et sûreté déterminer l'âge d'un polypier. Deux exemples suffiront, le premier emprunté aux îles Fidji, le second aux récifs de la Floride.

1° Les récifs coralliens des îles Fidji ont jusqu'à 900 mètres de hauteur. Or, l'accroissement annuel du corail générateur est d'environ 3 millimètres. Il s'ensuit que le récif des îles Fidji atteste au moins 300,000 ans d'existence.

2° Sans parler des récifs des îles Gambier qui ont 300 mètres ni de ceux de Taïti qui ont 76 mètres, une preuve éclatante de longue durée nous est fournie par les récifs de la Floride. C'est au célèbre naturaliste Agassiz, adversaire déclaré du Darwinisme, qu'on doit ces belles observations. Il avait d'abord estimé que les quatre bancs concentriques qui entourent la pointe méridionale de la Floride remontaient à plus de 30,000 ans. Tel était le résultat d'une première étude en 1851. « Or, un nouvel examen des récifs de la Floride, dit Agassiz en 1869, m'a convaincu que cette estimation tombe au-dessous de la réalité. Le temps moyen du développement des coraux, déterminé par l'observation directe, n'est pas de moitié aussi rapide que je l'avais supposé d'abord. Je suis maintenant convaincu qu'on peut, sans exagération, porter l'âge de ce récif à 100,000 ans, tant sont lentes toutes les opérations de la nature. » D'après la nouvelle évaluation d'Agassiz, il faudrait porter au double le temps nécessaire à faire émerger de l'Océan la partie de la péninsule de la Floride située au sud du lac Ogeechobée. Or, en 1857, Agassiz avait attribué à cette période de temps une durée de 200,000 ans (1) !

X. — **Conclusion**. — Nous voilà bien loin des six mille ans de Cuvier. Et si l'on songe que ce n'est pas seulement dans le cercle restreint de la dernière époque géologique, mais dans la série entière des évolu-

(1) Agassiz. *De l'espèce et de la classification en zoologie*, pages 80, 81.

Voir aussi Sorel. *Fond de la mer*, page 314 et suivantes.

tions terrestres que se meut la théorie de la variabilité, que restera-t-il de cette objection fondée sur la limitation du temps? Cuvier lui-même n'a soutenu que dans son premier Mémoire la théorie des destructions totales suivies de créations d'êtres entièrement nouveaux. Ne dit-il pas dans le paragraphe même où il assigne la date de six mille ans au dernier cataclysme : « C'est depuis cette révolution que le petit nombre d'individus épargnés par elle se sont répandus et propagés sur les terrains nouvellement mis à sec. » A l'article Nature du *Dictionnaire des sciences naturelles,* il va même jusqu'à écrire : « Nous ne croyons pas même à la possibilité d'une apparition successive des formes diverses. » S'il y a une doctrine aujourd'hui qui ait l'assentiment des géologues, c'est qu'il n'y a jamais eu de destructions totales et que la chaîne des êtres n'a jamais été violemment interrompue. Le débat sur la descendance modifiée des espèces ne peut donc pas être écarté par une objection qui se fonde sur une évaluation aujourd'hui convaincue d'erreur. C'est sur le terrain même de la longue durée des époques géologiques qu'il doit être porté, ainsi que l'a fait Agassiz. Quelle que soit la divergence des opinions sur ce point, il n'en est pas moins vrai que les évaluations, même les plus modérées, suffisent à la théorie darwinienne. « La théorie dynamique de la chaleur du soleil, dit sir W. Thomson (1), rend

---

(1) *Revue des Cours scientifiques.* 6e année, page 59.

presque impossible l'hypothèse que la surface de la terre ait été illuminée par le soleil pendant un grand nombre de dizaines de millions d'années. Enfin, formellement, lorsque nous considérons l'état de la température souterraine, nous sommes conduits par toute espèce de considérations à conclure que l'état actuel des choses sur la terre, la vie que nous y voyons, toute la série zoologique dont nous considérons le développement, doivent être limités à une période d'une centaine de millions d'années. » Cent millions d'années !... A défaut de l'infini, c'est encore un assez vaste champ : la théorie de Darwin peut aisément s'en contenter.

QUATRIÈME PARTIE

L'ESPÈCE, LE GENRE

LE CROISEMENT

ET L'HOMME

INTRODUCTION

La théorie de Darwin est-elle entièrement vraie; ou bien, n'a-t-elle qu'une part de vérité; et, dans ce dernier cas, quelle en est la valeur ou la portée? Pour répondre à ces questions, il n'est qu'un seul moyen, c'est de soumettre à un examen critique le fondement même de toute classification, c'est-à-dire l'Espèce.

Toutes les divergences, en effet, proviennent de l'idée que les naturalistes se sont faite de l'espèce et de la définition qu'ils en ont donnée. Il est clair que si l'idée de l'espèce était une; si elle n'était que le reflet de ce qui est, le moindre écart n'aurait pu avoir lieu, pas plus qu'on ne peut en géométrie donner deux définitions du triangle. Comment se fait-il que les animaux étant là, sous nos yeux, sans cesse à la portée de l'observation, les naturalistes n'aient pas donné à leurs jugements, et à leur manière de grouper, une formule identique? Il a donc fallu que dans leurs définitions ils aient admis quelque chose qui n'avait pas de réalité objective, c'est-à-dire qui n'appartenait pas en propre à l'objet étudié; et qu'ainsi leurs classifications aient eu un côté d'une valeur purement subjective, c'est-à-dire propre au sujet, à l'homme même qui étudiait les objets. Il en résulte que les définitions et les formations de groupes varient selon le point de vue où se placent les divers naturalistes, et selon l'importance que chacun attribue aux mêmes caractères.

La IV⁰ partie de ce livre comprendra le résumé critique de ce qui concerne l'espèce, le genre, le croisement; puis l'application des notions acquises aux différents groupes humains; enfin, pour que le cycle soit complet, l'exposé succinct du célèbre Mémoire de M. le professeur Huxley sur *La Place de l'homme dans la nature*. Le lecteur pourra donc embrasser le Darwinisme dans toute son étendue et le juger, avec connaissance de cause, non-seulement en lui-même, mais encore d'après ses rapports avec les autres grands problèmes de l'histoire naturelle (1).

---

(1) Dans la IV⁰ partie, j'ai mis à contribution le Cours professé au Muséum par M. de Quatrefages et publié par la *Revue des Cours scientifiques*. Ce Cours abonde en faits du plus haut intérêt. La question du Monogénisme y est prise dès le principe et traitée avec grands développements. L'examen du Darwinisme, qu'a publié le même auteur, est non moins digne d'éloge par l'impartialité et la vigueur de la critique: il fait honneur à l'homme et au savant.

PREMIÈRE SECTION

CHAPITRE PREMIER

L'ESPÈCE.

§ 1ᵉʳ. — *L'Espèce physiologique.*

« Il n'est permis, en physiologie, d'envisager comme membres d'une même famille que les individus dont la filiation généalogique est démontrée. Dès qu'il s'agit de ressemblances, plus ou moins étroites, entre des êtres dont la dérivation d'une même souche reste en dehors des limites de l'observation, on sort de la question physiologique pour rentrer dans le domaine des familles zoologiques naturelles, uniquement constituées sur le fait de la parité de structure (1). »

(1) **Agassiz.** — *De l'Espèce*, page 383.

I. — **Définition de l'Espèce.** — Voyons par quelles étapes successives est passé l'esprit humain avant d'arriver à la définition dernière de l'espèce physiologique.

A. *Progéniture identique.* — Supposons que, dans une ferme, un couple de moutons donne naissance à une postérité nombreuse, de structure et de couleur identiques. Que dira le fermier à la vue de ces animaux issus d'une commune souche? Ce sont des individus de la même espèce. L'espèce, pour lui, en ce moment se compose de deux éléments: la filiation et la ressemblance.

B. *Variétés et Races.* — Tout à coup, par des causes physiologiques ou autres qu'il ignore, notre fermier voit apparaître des moutons qui se distinguent de leurs congénères par divers caractères. Chez les uns, la couleur de la robe varie; les autres, au lieu de laine, ont une toison soyeuse (moutons Mauchamps); plusieurs ont les membres du chien basset (moutons ancons). Dira-t-il que ces individus appartiennent à des espèces différentes? Non, puisqu'il les a vus naître, puisqu'il sait qu'ils sont fils des mêmes parents; mais l'idée qu'il se faisait de l'espèce se modifiera. L'espèce, pour lui, sera toujours la succession d'individus qui se perpétuent; mais le deuxième élément, la ressemblance, qui tout d'abord lui semblait aussi nécessaire que la filiation, perdra à ses yeux son importance absolue. Il se sentira ébranlé dans son jugement premier et fortement disposé à retrancher de l'espèce la notion constitutive de ressemblance.

C. *Métamorphoses.* — Dans cette situation d'esprit, il remarque un papillon déposant des œufs sur un chou de son jardin. Il observe que de chaque œuf naît une chenille ; puis, qu'au bout d'un certain temps la chenille s'enferme dans une enveloppe résistante (chrysalide); enfin que cette coque se brise et laisse échapper un papillon semblable au papillon pondeur. Il ne dira plus que la chenille, la chrysalide et le papillon sont trois animaux différents, trois espèces différentes. Non, il ne verra là que les métamorphoses d'un seul et même individu. Ses tendances à retrancher de la définition de l'espèce la notion de ressemblance puiseront dans ce spectacle une nouvelle énergie. Une chose toutefois le retient : c'est que le livre d'histoire naturelle qu'il a consulté, lui apprend que les vertébrés eux-mêmes subissent, dans le sein de leur mère, des phases analogues; qu'en définitive, la différence entre eux et l'insecte est dans le milieu où se passent ces phases diverses ; bref, que les larves sont incapables de se reproduire et qu'à l'adulte seul, individu parfait, appartient le privilége d'avoir une progéniture. Or les papillons adultes ressemblent aux papillons dont ils sont issus.

D. *Génération alternante.* — Poursuivant sa lecture, notre fermier arrive à l'exposé de la célèbre découverte du norwégien Sars : la génération alternante.

Parmi les nombreux exemples, il trouve celui-ci emprunté à la classe des acalèphes :

« Depuis près d'un demi-siècle (1), les zoologistes ont admis, entre autres grandes divisions de l'embranchement des rayonnés, la classe des acalèphes et celle des polypes. Cette distinction semblait plus que justifiée. On a, en effet, constaté entre les deux groupes des différences bien plus profondes et plus nombreuses que celles qui séparent les reptiles et les oiseaux. Aspect extérieur, organisation intérieure, rien ici ne se ressemble.

Tous les Acalèphes (ἀκαλήφη, ortie) sont libres et nageurs; la plupart sont solitaires. Au contraire, à peine quelques Polypes (πολύς nombreux, πούς pied) jouissent-ils de mouvements obscurs de reptation; presque tous sont fixés à demeure, et l'immense majorité vit en colonies.

Les méduses (classe des acalèphes) se reconnaissent à leur ombrelle en forme de champignon ou de cloche, tantôt incolore et transparente, tantôt opaline et richement teintée à la façon des émaux. Cette ombrelle est à la fois le corps et l'organe locomoteur de l'animal. Dans son épaisseur sont cachées les cavités digestives, les canaux circulatoires; ses contractions rhythmiques servent à la natation. Au centre de la face concave, là où serait placé le pied du champignon ou le battant de la cloche, on trouve la bouche,

---

(1) De Quatrefages. — *Métamorphoses de l'homme et des animaux*, page 168.

entourée presque toujours de divers appendices. Enfin le bord même de l'ombrelle est souvent garni de cirrhes, parfois très-longs et contractiles, qui servent à l'animal, de bras ou de lignes de fond pour saisir, enlacer et tuer la proie qu'ils apportent ensuite à la bouche.

L'aurélie rose (*medusa aurita*) est une belle méduse à ombrelle presque hémisphérique de dix à douze centimètres de diamètre, teintée de rose pâle et dont le rebord est garni de tentacules courts et roussâtres. Elle pond des œufs, à trois sphères concentriques, qui se transforment en larves. Celles-ci, dont le corps ovalaire est couvert de cils vibratiles et présente en avant une petite dépression, nagent pendant quelques temps avec beaucoup de vivacité, à la manière des infusoires, auxquels elles ressemblent de manière à tromper quiconque bornerait là ses observations.

Cette première phase de la vie chez les méduses dure environ 48 heures. Les mouvements se ralentissent alors, et la jeune larve semble fatiguée. A l'aide de la dépression qui a été signalée, elle s'attache à quelque corps solide. L'animal errant jusque-là va désormais végéter sur place. Un mucus épais sécrété par elle s'étend sur un large disque qui le fixe solidement. La jeune aurélie change de forme en même temps que de genre de vie. Elle s'allonge rapidement; son pédoncule se rétrécit, son extrémité libre se renfle en massue. Bientôt une ouverture se montre au centre de cette extrémité et laisse voir une cavité interne; quatre petits mamelons s'élèvent sur les bords, grandissent et deviennent autant de bras; d'autres ne tardent pas à paraître et à s'allonger à leur tour. L'infusoire de tout à l'heure s'est changé en polype, et c'est ce dernier que Sars avait décrit d'abord sous le nom de *scyphistoma*.

Sous sa forme polypiaire, la méduse jouit de toutes les propriétés des véritables représentants de ce groupe. Elle se multiplie entre autres par bourgeons et par stolons (1). Tantôt des bourgeons naissent sur un point du corps, et ne tardent pas à reproduire l'animal-souche, tantôt ils s'allongent en tige grêle qui rampe sur le sol jusqu'à une certaine distance, et sur laquelle poussent des tubercules. Ceux-ci se changent en autant de cornets largement évasés, courts, dont le bord est garni de vingt ou trente filaments grêles et mobiles. Chacun des derniers venus peut d'ailleurs se conduire comme les premiers, et donner naissance à de nouvelles générations qui étendent de plus en plus la colonie. On dirait un fraisier jetant en tous sens les tiges grêles qui, de proche en proche, peuvent garnir une plate-bande entière.

La méduse vit pendant quelque temps sous cette forme; puis un cornet acquiert une longueur triple ou quadruple de celle de ses frères, et en même temps il devient cylindrique. Une première dépression cir-

---

(1) On appelle *stolons* ou jets ces espèces de branches grêles qui partent du bas de la tige d'une plante et qui, prenant racine à quelque distance de leur point de départ, produisent une plante nouvelle. Le fraisier nous donne un exemple de ce mode de multiplication.

culaire se forme près de la couronne des tentacules ; d'autres se prononcent de même et s'espacent régulièrement jusque près du pédicule, qui n'est lui-même jamais atteint. Le corps du polype se trouve ainsi comme cerclé de dix à quatorze anneaux.

Ces anneaux sont d'abord lisses, mais bientôt leur bord inférieur se festonne; les festons se caractérisent; les angles s'allongent et se transforment en huit petites lanières bifurquées à leur extrémité. En même temps, les sillons intermédiaires se creusent de plus en plus, et arrivent jusque tout près de l'axe du polype. Celui-ci, à ce moment, ne ressemble pas mal à une pile de petites assiettes à bords profondément découpés, très-plates, et tenant les unes aux autres par leur centre. Le scyphistoma s'est pour ainsi dire coupé lui-même en tranches. C'est la méduse, parvenue à ce point de son évolution, que Sars avait décrite sous le nom de *strobila*, et l'on voit combien était excusable la méprise du naturaliste norwégien.

Arrivées à ce degré de développement bien imparfait encore, les divisions du strobila donnent déjà les signes irrécusables d'individualisation. Chacune d'elles agite isolément les rayons en franges de son bord libre; si l'on vient à en toucher une, elle se contracte seule.

Pour que toutes ces tranches d'un animal naguère unique deviennent autant d'animaux distincts, il suffit qu'elles se séparent, et c'est ce qui ne tarde pas à arriver. La plus élevée, celle qui porte encore les tentacules du scyphistoma, se détache la première, et l'on ne sait ce qu'elle devient. Celles qui suivent en font autant et nagent immédiatement dans le liquide à la façon des acalèphes. Ce sont déjà des médusaires, mais non pas des aurélies; et Sars les compare avec raison à une espèce très-différente appartenant à un autre genre, l'éphyre à huit rayons (*ephyra octoradiata*).

Ni la forme, ni surtout l'organisation ne sont donc encore ce qu'elles doivent être; mais bientôt ces larves se complètent. D'abord très-plates, comme nous l'avons dit plus haut, elles deviennent de plus en plus concaves d'un côté et convexes de l'autre; la cavité digestive, les canaux gastro-vasculaires se prononcent; la bouche s'ouvre et s'entoure de ses tentacules; les cirrhes marginaux se montrent d'abord rares, puis plus nombreux; les appareils reproducteurs mâle et femelle naissent sur des individus séparés et entrent bientôt en fonction. Enfin, au lieu d'un seul infusoire, au lieu d'un scyphistoma plus ou moins ramifié, au lieu d'un strobila plus ou moins segmenté, ou d'un essaim d'éphyres, on a sous les yeux de nombreuses aurélies roses, toutes semblables à celle qui avait pondu l'œuf unique primitif. »

La génération alternante diffère essentiellement de la métamorphose, et c'est en vain que plusieurs auteurs ont essayé d'identifier les deux choses. Dans la métamorphose comme on l'observe chez les insectes, l'être né d'un œuf subit une transformation après l'autre, en succession directe immédiate, jusqu'à ce qu'il acquière la forme définitive. Mais si différent qu'il se montre aux diverses époques de sa vie, c'est constamment et toujours le même individu. Dans la génération alternante, l'animal né de l'œuf, au lieu de parvenir par des changements successifs à revêtir le caractère de ses parents, produit, au contraire, soit par bourgeonnement, soit par scission, un grand nombre d'individus nouveaux. Ceux-ci, déjà séparés de l'œuf par une génération, récupèrent en se développant les caractères du producteur de l'œuf (1).

En présence de la génération alternante, qu'est-ce que devient la notion de ressemblance comme élément essentiel dans la définition de l'espèce? Elle s'évanouit; celle de filiation reste seule. C'est ainsi que, par étapes successives, on arrive à reconnaître que l'espèce est la succession des individus qui se perpétuent. La ressemblance, qui tout d'abord semblait aussi caractéristique que la filiation, décroît d'importance au fur et à mesure que les observations nouvelles révèlent des cas où les enfants ressemblent de moins en moins aux parents; elle cesse d'être caractéristique de l'espèce, au moment où les familles issues d'une même paire n'ont avec celle-ci aucun rapport de forme, de structure, de genre de vie.

II. — **Définition de la Variété.** — Il est impossible d'admettre la ressemblance comme élément de l'espèce puisqu'elle est loin d'accompagner constamment les produits des mêmes progéniteurs. Il n'en est

---

(1) Agassiz. *De l'Espèce,* page 148.

pas moins vrai que dans les groupes d'animaux supérieurs elle règne d'une manière générale. Aussi chacun se fait-il des animaux observés un type uniforme. Par exemple, le nom du mouton rappellera à tout fermier un animal d'une certaine stature, portant une toison de laine, et ainsi de suite. Lorsque, par des causes connues ou non, on voit dans un troupeau composé d'individus semblables apparaître tout à coup une dissemblance frappante chez un nouveau fils, quel nom lui donner? Celui de variété.

En 1761, dans la ferme de Seth-Wright (Massachussets), aux États-Unis, naquit un bélier différant de ses frères par ses membres, lesquels avaient les proportions du chien basset. Ce caractère imprévu, qui s'écartait considérablement du type du troupeau, faisait de ce bélier une *Variété*. La *Variété* est donc une dissemblance qui se manifeste dans un ensemble de caractères uniformes.

III. — Définition de la Race.

La brièveté des jambes de notre bélier-basset l'empêchant de franchir les clôtures présentait un avantage. On l'employa comme reproducteur, et, quelques années après, un troupeau entier de moutons-bassets peuplait la ferme : une nouvelle race, celle des ancons (moutons-loutres), était créée. La *Race* est donc l'ensemble des individus issus d'une variété qui leur a transmis en héritage son caractère distinctif.

C'est de la même manière qu'est née la race des moutons Mauchamps. Au milieu d'un troupeau de mérinos ordinaires appartenant à M. Graux, naquit en 1824 un bélier qui avait une toison soyeuse au lieu de laine proprement dite. Ce bélier, sous l'habile direction de M. Graux, est devenu la souche de la race célèbre dite Mauchamp. Cette race non-seulement aujourd'hui est constituée, mais encore elle a donné des sous-races déjà distinctes. C'est-à-dire que dans la race proprement dite des Mauchamps quelques variétés ont apparu, lesquelles ont pu être transmises, par génération, à une suite nombreuse de descendants.

Puisque la race est l'ensemble d'individus qui reproduisent uniformément, par voie d'héritage, le caractère d'une variété, il suit de là que la notion de ressemblance est inséparable de l'idée de race. Aussitôt, en effet, que cette ressemblance s'altère en quelque point, l'individu porteur de cet écart devient une variété. Si cette variété peut être transmise, par héritage, à une succession de descendants, une autre race ou sous-race est créée. Et toutes ces variétés, races ou sous-races, appartiennent à la même espèce parce que toutes elles descendent, par filiation, d'une même paire de progéniteurs.

§ 2. — L'Espèce morphologique.

« L'histoire naturelle (1) doit avoir pour base ce que l'on nomme un système de la nature, ou un

---

(1) Cuvier. *Introduction au règne animal*, p. 9 et suiv.

grand *catalogue* dans lequel tous les êtres portent des noms convenus, puissent être reconnus par des caractères distinctifs et soient distribués en divisions et subdivisions, elles-mêmes nommées et caractérisées, où l'on puisse les chercher.

» Pour que chaque être puisse toujours se reconnaître dans ce catalogue, il faut qu'il porte son caractère avec lui ; on ne peut donc pas prendre les caractères dans des propriétés ou dans des habitudes dont l'exercice soit momentané, mais ils doivent être tirés de la conformation.

» Presque aucun être n'a de caractère simple, ou ne peut être reconnu par un seul trait de sa conformation ; il faut presque toujours la réunion de plusieurs de ces traits pour distinguer un être des êtres voisins qui en ont bien aussi quelques-uns, mais qui ne les ont pas tous, ou les ont combinés avec d'autres qui manquent au premier être ; et plus les êtres que l'on a à distinguer sont nombreux, plus il faut accumuler de traits ; en sorte que, pour distinguer de tous les autres un être pris isolément, il faut faire entrer dans son caractère sa description complète.

» C'est pour éviter cet inconvénient que les divisions et les subdivisions ont été inventées. L'on compare ensemble seulement un grand nombre d'êtres voisins, et leurs caractères n'ont besoin que d'exprimer leurs différences, qui, par la supposition même, ne sont que la moindre partie de leur conformation. Une telle réunion s'appelle un genre.

» On retomberait dans le même inconvénient pour

distinguer les genres entre eux si l'on ne répétait l'opération en réunissant les genres pour former un ordre ; les ordres voisins, pour former une classe, etc. On peut encore établir des subdivisions intermédiaires.

» Cet échafaudage de divisions, dont les supérieures contiennent les inférieures, est ce qu'on appelle une méthode. C'est à quelques égards une sorte de dictionnaire où l'on part des propriétés des choses pour découvrir leurs noms, et qui est l'inverse des dictionnaires ordinaires, où l'on part des noms pour apprendre à connaître les propriétés... La méthode est le plus sûr moyen de réduire les propriétés des êtres à des règles générales, de les exprimer dans les moindres termes et de les graver aisément dans la mémoire.

» Il ne peut y avoir qu'une méthode parfaite, qui est la méthode naturelle : on nomme ainsi un arrangement dans lequel les êtres du même genre seraient plus voisins entre eux que ceux de tous les autres genres ; les genres du même ordre, plus que ceux de tous les autres ordres, et ainsi de suite. Cette méthode est l'idéal auquel l'histoire naturelle doit tendre ; car il évident que si l'on y parvenait, l'on aurait l'expression exacte et complète de la nature entière. En effet, chaque être est déterminé par ses ressemblances et ses différences avec d'autres ; et tous ces rapports seraient parfaitement rendus par l'arrangement que nous venons d'indiquer. En un mot, la méthode naturelle serait toute la science, et chaque pas qu'on lui fait faire approche la science de son but. »

Il est incontestable que dresser un *catalogue* de la nature répond à un besoin de l'esprit humain. Avide de connaître, l'homme s'efforce d'abord d'embrasser la totalité des phénomènes; mais la faiblesse de sa mémoire l'avertit bientôt que s'il ne parvient pas à remédier à l'insuffisance de cette faculté par quelque ingénieux procédé, les travaux accomplis seront sans cesse à refaire : l'édifice de la science ne s'élèvera jamais. C'est ainsi que s'impose à lui la nécessité « de classer et de disposer ses connaissances de manière à en embrasser plus aisément l'ensemble et à faciliter les recherches ultérieures. » Ce besoin est tellement impérieux que Buffon lui-même, après avoir nié qu'il existât dans la nature rien qui ressemble à un système, terminait son ouvrage en groupant les oiseaux suivant certains caractères généraux. L'esprit humain ne peut donc point se passer de classification. Mais à la lumière de quel flambeau seront tracées ces grandes coupes dans l'ensemble des êtres ? Pour Cuvier et presque tous les naturalistes, c'est la structure qui doit guider le savant. La Morphologie ($μορφή$ forme, $λόγος$ description), voilà le critérium de la classification ainsi entendue; c'est elle qui a déterminé les grandes divisions du règne animal en embranchements, classes, ordres, familles, genres, espèces.

Quelle est la valeur de ces divisions ? Sont-elles naturelles ou artificielles ? Sont-elles le produit de l'habileté et de l'ingéniosité humaines, ou sont-elles l'expression de la nature même? Parmi les naturalistes, dit Agassiz, « les uns reconnaissent pleinement le caractère artificiel de leurs systèmes; les autres soutiennent, au contraire, que les leurs sont l'exacte expression des rapports établis par la nature entre les objets eux-mêmes. Mais, que les systèmes aient été présentés comme naturels ou artificiels, on les a constamment considérés jusqu'à ce jour comme exprimant l'idée que l'homme se fait des choses de la nature, et non comme un plan conçu par l'intelligence suprême et manifesté dans les choses. Les expressions si communément usitées quand il s'agit des genres, des espèces ou des grandes divisions de nos systèmes : M. A. a fait de telle espèce un genre; M. B. emploie telle ou telle espèce pour former son genre, et celles que beaucoup de naturalistes se permettent quand ils parlent de *leur* espèce, de *leur* genre, *leur* famille, *leur* système, mettent pleinement en lumière cette conviction que les groupes ainsi désignés sont la création propre de celui qui parle. Il n'y a dans ces innombrables systèmes qu'un seul point sur lequel tous semblent s'accorder : c'est l'existence dans la nature d'espèces distinctes persistant avec toutes leurs particularités. Du moins, il en a été longtemps ainsi; mais l'immutabilité des espèces a été elle-même mise en question. Au delà de l'espèce, la foi dans la réalité des divisions généralement admises par les créateurs de systèmes diminue grandement. Ainsi, pour les genres, le nombre des naturalistes qui les admettent comme division naturelle est très-petit; bien peu d'entre eux ont exprimé la croyance que les genres ont une existence aussi distincte que les espèces. Quant aux familles, aux ordres, aux classes ou à toute autre division supérieure, on les regarde universellement comme d'utiles artifices imaginés pour rendre plus facile l'étude d'objets innombrables en les groupant de la manière la plus commode (1). »

Voilà le jugement porté sur les classifications par le naturaliste le plus hostile peut-être aux vues modernes sur la variabilité des espèces. Comment s'étonner alors que des hommes de génie, tels que Buffon et Etienne Geoffroy-Saint-Hilaire, aient déserté la voie qu'a suivie et préconisée Cuvier avec tant d'ardeur! Avides de pénétrer la nature et de lui arracher ses secrets, ils ont refusé de consumer leur vie et leurs travaux à l'établissement d'un catalogue, très-utile sans contredit, mais artificiel, pour s'attacher à la nature prise en elle-même : ils se sont donc bornés à des monographies. Est-ce à dire que Cuvier et son école se soient enfermés dans le cercle exclusif de la structure? Tant qu'il s'est agi de tracer les grandes lignes de la classification, ils n'ont pas quitté le terrain de la morphologie : la chose était nécessaire. A l'heure présente, la science en est là : l'embranchement, la classe, l'ordre, la famille ont un caractère subjectif, c'est-à-dire représentant, au fond, non la nature, mais la manière dont l'esprit humain l'envi-

(1) Agassiz, *De l'Espèce*, p. 2 et suiv.

sage. Ces coupes sont d'autant meilleures qu'elles sont fondées sur des caractères réels et groupés avec un art plus parfait; mais elles ne révèlent pas les liens de parenté unissant les individus qu'elles comprennent, elles les laissent isolés. Or c'est là précisément ce que veut pénétrer l'intelligence humaine. Le lion est-il le frère, le cousin du tigre, le parent à un degré quelconque de tout autre animal? Ou bien les groupes, même les plus petits, ne sont-ils unis par aucune consanguinité? En un seul mot, quelle est l'origine des espèces? Voilà la question qui se présente sans cesse à l'homme; voilà le problème qui s'impose à lui avec une force invincible, car connaître est la loi même de l'entendement. Aussi, lorsqu'il fallut définir l'espèce, Cuvier, obéissant à ce sentiment ainsi qu'à la signification qu'a toujours donnée le public au mot espèce, fit-il entrer dans la définition l'idée de filiation à côté de l'idée de structure : « L'espèce, dit-il, est la réunion des individus descendus l'un de l'autre ou de parents communs, et de ceux qui leur ressemblent autant qu'ils se ressemblent entre eux. » Il y a donc deux critériums de l'espèce ainsi définie : 1° au point de vue de filiation, le critérium est la fécondité du rapprochement sexuel; 2° au point de vue morphologique, le critérium est l'identité de structure. En outre, par la disposition même des deux parties de la définition, il résulte que la ressemblance est là pour attester la communauté d'origine, lorsque la preuve directe de l'accouplement fécond fait défaut : de sorte que, par la lettre et par l'esprit, la définition qu'a donnée Cuvier est celle de l'espèce physiologique. Toutes les autres divisions de la classification sont purement morphologiques.

Agassiz, partisan énergique et convaincu de la fixité des espèces, a senti que si l'espèce était définie physiologiquement, la cause qu'il défendait était perdue. Il s'est donc efforcé « d'écarter de la définition philosophique de l'espèce l'idée d'une communauté d'origine et, conséquemment aussi, de la nécessité d'un lien généalogique. Quant à la fécondité sexuelle, il faut rejeter ce soi-disant critérium comme peu sûr et nécessairement hypothétique. La science exacte doit se passer de lui, et plus tôt elle en sera débarrassée, mieux ce sera (1). »

Les objections que présente Agassiz pour écarter l'accouplement fécond comme critérium de la communauté d'origine se résument, au fond, en une seule : la distribution géographique d'espèces semblables sur des points séparés par d'immenses intervalles. Par exemple, les poules de Shang-Aï se mêlent avec nos poules communes; or, vu la distance qui les sépare, elles n'ont jamais pu avoir la moindre accointance, elles descendent donc d'ancêtres différents.

La distribution sur des aires géographiques diverses est sans doute une difficulté à surmonter ; mais ce n'est qu'un point d'histoire à éclairer. Parce que l'on ignore les migrations qui ont pu et ont dû avoir lieu

---

(1) *De l'Espèce*, chap. II. sect. VI.

pendant les périodes géologiques et surtout durant les périodes glaciaires, il n'est pas légitime d'inférer que jamais l'habitat n'a pu être commun. Est-ce que les découvertes de M. Albert Gaudry à Pikermi, n'ont pas démontré qu'à un moment de la durée, en Attique, l'éléphant africain, l'hyène tachetée, l'hippopotame, etc., vivaient en commun avec le castor, le renne, le bœuf musqué ? Enfin, quelque grand que soit cet obstacle, il est mécanique et extérieur; il ne touche pas au vif du problème de l'origine. Bien plus ! c'est de l'origine physiologique que viendra la lumière sur le point si obscur de la distribution géographique des espèces. Car, une fois démontrée l'identité de deux espèces qui vivent à d'énormes distances, on saura qu'il faut chercher, on cherchera, on trouvera peut-être le foyer d'où ont rayonné les deux groupes aujourd'hui séparés (1).

En résumé, l'espèce morphologique étant fondée

---

(1) Voir page 183 de ce livre le récit du docteur Thorel. Dans le Yunan, contrée située du 22° au 27° de latitude boréale, le voyageur français a trouvé, au pied des montagnes, la flore tropicale; puis, sur les sommets, la flore européenne, pruniers, pêchers, abricotiers, cerisiers, etc. Or, voici ce que pensaient les botanistes relativement à l'origine de ces végétaux :

Pêcher. — Venu de Perse en Europe, un peu avant l'ère chrétienne. Alph. de Candolle croyait que la pêche, n'ayant aucun nom sanscrit ou hébreu pur, ne devait pas être originaire de l'Asie occidentale, mais probablement de la terre inconnue, de la Chine. On voit combien était juste la prévision de l'illustre botaniste.

Abricotier. — Alph. de Candolle admettait que l'abricotier

sur des conditions de structure ainsi que sur des conditions extérieures de temps et d'habitat (Agassiz), est, de l'aveu même d'Agassiz (p. 268), une entité aussi idéale que les autres divisions de la classification. D'une valeur toute subjective, elle peut être acceptée comme moyen mnémonique dans un simple *catalogue* de la nature. Mais dans un problème tel que celui de l'origine, problème de la nature vivante elle-même, où la question posée est, au fond, celle-ci : « Les êtres animés sont-ils frères ? » L'espèce vraiment objective, la seule réelle, est l'espèce physiologique.

N. B. Il est bien entendu que, en dehors des individus qui la constituent, l'espèce physiologique n'existe pas. Le débat entre le nominalisme et le réalisme est clos depuis longtemps. En disant que l'espèce physiologique seule est objective, on exprime par là la relation de cause à effet qui unit un groupe d'individus descendant de parents communs. De telle sorte

descendait d'une espèce sauvage qu'on trouve dans les régions caucasiennes.

Prunier. — Cet arbre était considéré comme originaire du Caucase.

Cerisier. — Les cerisiers dériveraient de plusieurs souches originaires de l'Asie mineure. Le nom viendrait de la ville de Cérazonte.

On voit combien ces arbres européens, dont l'origine étrangère est certaine, ont rayonné loin de leur foyer, et par quels climats différents ils ont dû passer avant de prendre racine là où nous les trouvons aujourd'hui.

qu'en supprimant les ancêtres existants à un moment quelconque, toute la lignée qui a suivi n'aurait pu apparaître.

Appendice. — Voici sommairement quelles sont les vues d'Agassiz sur l'origine et sur la définition des espèces :

« 1° Les espèces n'ont pas pris origine par couple unique; mais elles ont été créées avec un très-grand nombre d'individus, dans les proportions numériques qui produisent l'harmonie naturelle entre les êtres organisés. La même espèce a pu prendre origine à la fois dans des localités différentes, ce qui exclut tout lien généalogique.

» 2° Les espèces sont définies, dans le temps, par la période géologique à laquelle elles appartiennent; dans l'espace, par les rapports entre les individus et le monde ambiant, par les habitudes, ornementation, genre de vie, accroissement, structure, etc. En un mot, la définition de l'espèce est une biographie. »

Cette hypothèse toute gratuite sur l'origine des espèces tient à une conception platonicienne d'Agassiz. Pour ce naturaliste, « le plan de la création n'est pas issu de l'action nécessaire des lois physiques, mais a, au contraire, été conçu par l'Intelligence toute puissante, et mûri dans sa pensée avant d'être manifesté sous des formes extérieures tangibles (page 10)... Le plan de la création tout entière a été mûrement délibéré et arrêté longtemps avant d'être mis à exécution (page 183). » De même que le dieu de Platon a façonné le monde d'après les idées archétypes, de même le dieu d'Agassiz « a institué les coupes zoologiques comme les catégories de sa pensée (page 8)... L'espèce existait pleinement avant que le premier individu provenant de l'union du premier couple fût venu au monde (page 265). » Ainsi, l'embranchement, la classe, l'ordre, la famille, le genre et l'espèce, sont les moules préexistants où ont été jetés successivement tous les êtres qui ont apparu sur la terre. « Les individus d'une espèce quelconque, ceux de toutes les espèces existant à l'heure présente, succèdent à d'autres individus qui ont vécu antérieurement et précèdent des générations qui leur survivront; ils ne constituent pas l'espèce, ils la représentent. L'espèce est une entité idéale (idée archétype de Platon) aussi bien que le genre, que la famille, que l'ordre, la classe ou l'embranchement; elle continue à exister, tandis que, génération après génération, ses représentants meurent (page 268). »

Une telle théorie appartient à la métaphysique : elle n'a rien de commun avec la science. Quoi qu'en dise Agassiz (1), la tâche de la science est d'expliquer naturellement des faits naturels; cette tâche est terminée lorsque la science a découvert les lois générales qui régissent les phénomènes. Libre au penseur de s'élever jusqu'à la cause première en s'appuyant sur les découvertes scientifiques; mais en tant que naturaliste, il n'a pas ce droit. Du moment qu'il fait in-

(1) *De l'Espèce*. Note de la page 13.

tervenir la cause première dans l'interprétation des faits naturels, non-seulement il s'égare et perd toute créance, mais encore il commet l'acte anti-scientifique par excellence, puisque la science est l'élimination de la cause première dans l'explication du monde. Il aura beau etre doué de la plupart des qualités qui font le savant, il n'aura pas l'esprit scientifique.

Du reste, il y a toujours du danger à tutoyer Dieu. Voyez, par exemple, comment Agassiz, cet éminent zoologiste, explique les organes rudimentaires ou sans fonctions : « Le rudiment d'œil du poisson aveugle, l'*amblyopsis spelœus*, lui a été laissé par le Tout-Puissant comme réminiscence du plan général de structure sur lequel est construit le grand type auquel il appartient (page 20)... Les organes qui n'ont pas de fonctions n'ont été conservés que pour maintenir une certaine uniformité dans la structure fondamentale. Leur présence n'a pas pour but l'accomplissement de la fonction, mais l'observation d'un plan déterminé. Elle fait songer, par exemple, à telle disposition fréquente dans nos édifices où l'architecte reproduit extérieurement les mêmes combinaisons en vue de la symétrie et de l'harmonie des proportions, mais sans aucun but pratique (page 12). » Etre mis sur la même ligne qu'un pauvre architecte à qui sont avarement mesurés l'espace, la pierre et l'argent, voilà qui est flatteur pour le Tout-Puissant !

CHAPITRE II.

DÉFINITIONS : MÉTISSAGE, HYBRIDATION, ATAVISME, RETOUR AU TYPE, VARIATION DÉSORDONNÉE, OSCILLATIONS.

I. — **Métissage.** — On appelle métissage le croisement des races appartenant à la même espèce. Le métis est le produit de ce croisement.

II. — **Hybridation.** — On appelle hybridation le croisement de deux espèces distinctes. L'hybride est le produit (s'il y en a) de ce croisement. L'hybridité est la condition d'un animal ou d'un végétal hybride.

Ces deux expressions, métis et hybride, ont été malheureusement employées souvent l'une pour l'autre. De là, une équivoque regrettable, une confusion continuelle qui a rendu stériles les discussions les plus laborieuses. C'était, en effet, le meilleur moyen de ne pas s'entendre. « Une science est une langue bien faite », a dit Condillac. S'il est une question où l'on ait senti la force de cette vérité, c'est bien celle du croisement des races et des espèces.

III. — **Atavisme.** — On appelle atavisme (*atavus*, ancêtre) la tendance qu'ont les descendants modifiés et croisés à reprendre un ou plusieurs caractères de la souche primitive. En voici un exemple frappant rapporté par Girou de Buzareingues : un chien, braque par caractère, mais qui provenait d'une famille métisse de braque et d'épagneul, fut uni à une femelle braque de race pure : il engendra des épagneuls.

IV. — **Retour au type.** — Lorsqu'on croise deux hybrides provenant d'une première union entre deux espèces distinctes, les produits du croisement de ces deux hybrides (si ce croisement est fécond) cessent d'avoir un caractère mixte : ils retournent en totalité à l'une des espèces-mères, ou ils se partagent entre l'une et l'autre. Exemple : M. Naudin croisa le *datura stramonium* avec le *datura ceratocaula*. Les hybrides issus de ce croisement furent croisés entre eux : les produits retournèrent tous au type *datura stramonium*.

V. — **Variation désordonnée.** — On appelle variation désordonnée les variations singulières qui se présentent souvent dans les hybrides de deuxième, troisième, etc., génération avant leur retour complet au type paternel ou maternel. En voici un exemple : M. Naudin croisa la linaire à fleurs jaunes avec la linaire à fleurs pourpres. Les hybrides issus de ce premier croisement furent uniformes de caractères; et ces caractères étaient intermédiaires entre les caractères de chacun des deux parents. Dès la seconde génération, les plantes offraient la confusion la plus étrange : « On y trouvait tous les genres de variation possibles, de tailles rabougries ou élancées, de feuillages larges ou étroits, de corolles déformées de diverses manières, décolorées ou revêtant des teintes insolites, et de toutes ces combinaisons il n'était pas résulté deux individus entièrement semblables (les premiers hybrides étaient uniformes). Il est bien visible qu'ici encore nous n'avons affaire qu'à la variation désordonnée, laquelle n'engendre pas des individualités (1). » Ces plantes hybrides retournèrent les unes à la linaire jaune, les autres à la linaire pourpre.

VI. — Oscillations. — Lorsqu'une variété apparaît, telle que le mouton-ancon et le mouton-mauchamp, le croisement ne donne pas toujours de fils possédant le caractère varié du père. L'atavisme ramène de temps en temps des produits semblables au type uniforme de l'espèce. Les éleveurs le savent bien; aussi ce n'est guère qu'après plusieurs générations et des sélections faites avec intelligence et sévérité qu'ils parviennent à asseoir la race. Ces effets d'atavisme,

---

(1) *Comptes-rendus de l'Académie des sciences*, 24 mai 1864.

renaissants mais isolés, sont les oscillations qui précèdent l'établissement d'une race.

Il importe de ne pas les confondre avec le retour au type. En effet, l'atavisme est le retour d'un ou de quelques-uns (métis) au type uniforme de l'espèce, tandis que la presque universalité conserve et transmet la variation. Le retour au type est le retour de tous (hybrides) aux types-parents, tandis que pas un ne conserve ni transmet le caractère mixte du premier croisement. L'atavisme n'empêche *jamais* la formation d'une race; le retour au type l'empêche *toujours*. Distinction précieuse à maintenir, car elle sert à caractériser avec netteté le métis et l'hybride.

CHAPITRE III.

EXAMEN DU CRITÉRIUM DE L'ESPÈCE ET DU CRITÉRIUM DU GENRE.

§ 1ᵉʳ. — *Critérium des races d'une même espèce ou critérium de l'Espèce.*

Connaître est pour l'entendement un besoin plus tyrannique peut-être que le manger pour le corps. Les animaux qui nous entourent et ceux que nous découvrons dans les pays étrangers sont-ils issus d'une même souche ou de souches différentes? En l'absence de documents et ne pouvant pas remonter le cours des âges, la science n'a qu'un moyen à sa disposition, la méthode expérimentale. Elle étudie les faits qu'elle a sous les yeux, elle expérimente, compare, et réussit le plus souvent à dégager la loi qui régit les phénomènes. Une fois maîtresse de ce critérium, elle l'applique aux faits inconnus, soit dans le temps présent, soit dans les siècles antérieurs. Avec la splendeur de son langage, Buffon a dit : « La science sait percer la nuit des temps, reconnaître par l'inspection des choses actuelles l'ancienne existence des choses anéanties, remonter par la seule force des faits subsistants à la vérité historique des faits ensevelis, et former une chaîne qui, du sommet de l'échelle du temps, descend jusqu'à nous. » (1)

Au début de la zoologie, alors que les faits connus et étudiés étaient loin d'être aussi nombreux, aussi variés que ceux qu'on possède aujourd'hui, deux critériums semblèrent d'égale importance pour distinguer les espèces : la filiation et la ressemblance. Le premier critérium est physiologique, le second est morphologique. La discussion précédente sur la définition de l'espèce a montré combien l'espèce morphologique diffère de l'espèce physiologique. La première, utile pour dresser un catalogue des êtres, surtout eu égard à l'insuffisance où est la science actuelle de former une classification physiologique, est en définitive une création de l'esprit humain qui envisage la nature d'une certaine manière : elle a un caractère subjectif. La seconde, au contraire, a son fondement dans la nature, puisqu'elle est le lien d'existence qui unit l'individu à l'individu : elle est objective. Il est donc utile d'insister sur cette différence essentielle entre les deux cri-

(1) *Époques de la Nature.*

tériums, l'un physiologique, l'autre morphologique. Dans le problème des races, où la question posée est celle-ci : les individus sont-ils les enfants de tels autres ? le critérium physiologique est le seul qui donne la vérité. Agassiz, défenseur acharné de la fixité des espèces, le reconnaît lui-même : « Il n'est permis, en physiologie, d'envisager comme membres d'une même famille que les individus dont la filiation généalogique peut être démontrée. » Filiation généalogique, c'est la fécondité du père transmise au fils, et ainsi de suite, sans interruption ; car, à l'instant où s'arrêterait la fécondité, la filiation cesserait d'exister. Par conséquent, filiation généalogique et fécondité continue sont deux termes corrélatifs, exprimant le même fait, mais à deux points de vue. Considéré comme *effet*, le lien qui unit un groupe d'individus s'appelle filiation généalogique. Considéré comme *cause*, ce même lien s'appelle fécondité continue. Lorsqu'étant donné deux groupes d'individus inconnus il s'agit de découvrir s'ils sont de même espèce ou d'espèces distinctes, il est clair que le critérium sera la fécondité continue. Lui seul est infaillible (1).

Non-seulement la morphologie, comme critérium ne peut donner que des probabilités, mais encore, si l'on s'en fiait à elle seule, elle serait un guide trom-

---

1) Voir Huxley. — *Place de l'homme*, page 29, la note. Cuvier, dans une lettre à son ami Pfaff, avoue que le seul caractère certain et infaillible pour reconnaitre une espèce, c'est l'accouplement.

peur et très-apte à égarer le naturaliste. Les faits suivants, pris entre mille, en donneront la preuve (1).

Végétaux. — 1° *Plantains*. — Les botanistes qui jugent d'après les caractères morphologiques seuls avaient, d'après ce critérium, déterminé plusieurs espèces de plantains. M. Decaisne, que Darwin appelle à juste titre « l'un des plus célèbres botanistes d'Europe, » récolta en rase campagne les graines d'un plantain appartenant à l'une des espèces les plus généralement admises. Il les sema et les cultiva au Muséum, en imitant, autant que possible, les conditions particulières aux terrains où poussent les formes les plus distinctes de ce genre. Par cette simple reproduction des conditions du milieu, M. Decaisne obtint sept plantains que les morphologistes avaient déclarés espèces. De l'une à l'autre de ces plantes, toutes issues d'une même mère, on rencontrait des feuilles rondes et courtes ou assez longues pour servir de fourrage, disposées en rosette écrasée ou allongées en touffe droite et fournie; la plante était entièrement glabre ou couverte de poils; la racine, annuelle chez les unes, était vivace chez les autres. Tous ces traits étaient héréditaires et reproduisaient ceux des races naturelles. Il avait suffi à l'habile expérimentateur de placer son unique plantain dans les conditions de mi-

---

(1) De Quatrefages. — Darwin — et — *Revue des cours scientifiques*, vol. 5º.

lieu semblables à celles où vivaient les prétendues espèces morphologiques (1).

2° *Carottes*. — On sait quelle énorme différence il y a entre la carotte sauvage (*daucus carota*), dont la racine est extrêmement grêle, dure et coriace, et la carotte de nos jardins, charnue et savoureuse. Voilà deux espèces bien distinctes au point de vue morphologique. M. Vilmorin imagina de garder pendant l'hiver quelques *daucus* tardifs qu'il repiqua au printemps. Il obligea ainsi une plante annuelle à dépenser sa vie en deux ans. Au bout de quatre générations, le *daucus carota* coriace et grêle était transformé en carotte charnue et tendre. Réciproquement, M. Vilmorin réussit à transformer les carottes de ses plates-bandes en *daucus* sauvages.

3° *Radis*. — Par des procédés semblables, M. Carrière a transformé en cinq ans le radis sauvage (*Raphanus raphanistrum*), regardé par tous les cultivateurs comme une mauvaise herbe. Entre les mains de cet habile jardinier-chef des pépinières du Muséum, une racine immangeable et pesant au plus vingt-deux grammes s'est métamorphosée en un légume excellent, dont le poids varie de trois à six cents grammes.

4° *Utriculaire commune*. — Dans une communication faite à l'Académie des sciences, en 1868, M. Vail

---

(1) Voir à la page 29 de ce livre l'action du milieu sur les plantes, d'après les observations du savant M. Gubler.

Voir aussi Darwin, *Variations*, le chapitre XXIII. *Action définie des conditions extérieures*.

Tieghem achève ainsi la description anatomique d'une plante aquatique, l'utriculaire commune : « Au temps où l'utriculaire doit fleurir, la plante s'élève et vient flotter à la surface de l'eau... Nous devons voir dans un pied fleuri d'utriculaire comme deux êtres différents ingérés l'un dans l'autre : 1° l'être aquatique, végétant horizontalement sans racines, pouvant tour à tour s'élever à la surface de l'eau ou en gagner les profondeurs ; 2° l'être aérien, dressé vers le ciel, produisant des fleurs à son sommet, et implanté sur le premier, qui lui sert de sol ou pour mieux dire de racines. Chacun de ces êtres, non-seulement accomplit une fonction spéciale dans un milieu particulier, mais possède encore une structure intime appropriée à cette fonction et à ce milieu ; et la différence à cet égard est si grande entre eux que tout anatomiste, à qui l'on soumettrait des fragments isolés de ces deux axes, n'hésiterait pas à déclarer qu'ils appartiennent à des types végétaux distincts et fort éloignés. »

Insectes. — *Abeilles*. — Les abeilles de Bourgogne, petites et brunes, deviennent en Bresse, après deux générations, des abeilles grosses et jaunes, comme la race du pays.

Poissons. — *Truites*. — Des œufs de truite saumonée furent tirés, par M. Coste, de l'eau où vivaient leurs parents, et placés dans une eau différente. Dans ce nouveau milieu, ils blanchirent et produisirent des truites décolorées.

Oiseaux. — 1° *Poules.* — Dans nos climats, en France et en Angleterre, les poulets naissent couverts d'un duvet très-serré. Chez la même espèce transportée dans les îles du golfe du Mexique et dans les parties chaudes de l'Amérique, ils portent d'abord le même vêtement d'enfance. Mais au bout de quelques générations, ce duvet s'éclaircit de plus en plus ; puis il n'existe plus guère qu'au moment de la naissance pour tomber quelque temps après en ne laissant sur le corps de l'animal que les tuyaux des rémiges (faits observés par M. Roulin). Un morphologiste qui n'aurait pas suivi la filiation de ces poulets créoles nus, issus directement de poulets européens richement emplumés, ne les aurait-il pas classés en deux espèces distinctes ?

2° *Pigeons.* — Personne n'ignore quelles différences extraordinaires, non-seulement de plumage, mais de structure, on remarque dans les nombreuses races de nos pigeons domestiques. Un morphologiste croirait trouver dans ces différences un critérium certain pour ses déterminations spécifiques. Eh bien ! le célèbre éleveur anglais, sir John Sebright, se fait fort de reproduire quelque plumage que ce soit en trois ans ; il en demande six pour obtenir la tête et le bec.

Mammifères. — 1° *Chevaux.* — Malgré les différences qui séparent le pur-sang anglais du cheval arabe, il est constaté par les registres officiels, *Racing calendar, Turf register, Weather leg's general Stud Book*, que le pur-sang anglais descend, en ligne directe, et sans croisement, des chevaux arabes importés en 1670.

2° *Bœufs.* — Les bœufs frisons formaient en Hollande une race très-grande. Il furent entièrement détruits par une épizootie qui dura deux ans, de 1769 à 1771. Pour les remplacer, on alla chercher dans le Jutland des bœufs d'un taille très-petite. A la quatrième génération, la race frisonne était reconstituée.

Les bœufs qu'on trouve en Amérique y ont tous été importés d'Europe. Tous avaient à l'origine des cornes et des poils. Or aujourd'hui, au Paraguay, il s'est formé spontanément une race de bœufs sans cornes, les Pelones, dont le cuir est presque nu, enfin une troisième race, les Calongos, qui est entièrement nue.

« Les différences extérieures, plumes, poils, cornes, sont loin d'être légères (1). Il suffit de se rappeler ce que sont, au point de vue de l'anatomie, un poil, une plume, une corne.

» Le poil est produit par un organe vivant, un bulbe enfermé dans une gaîne fibreuse qui dépend du système cutané. Ce bulbe reçoit par des artères un sang que des veines remportent ; des nerfs viennent aussi l'animer. Ainsi le poil résulte d'un organisme complexe qui se rattache intimement à l'organisme général. Il en est de même pour les plumes.

(1) De Quatrefages. — *Revue des cours scientifiques*, vol. V, page 598.

» Les cornes sont, ou bien pleines et caduques, ou bien creuses comme celles du mouton et du bœuf. Chez ces derniers animaux, la matière cornée est produite par un appareil analogue à l'appareil pileux; elle se moule autour d'un axe osseux qui constitue une partie importante du squelette, et qui est, de plus, très-largement abreuvé de sang par les sinus veineux dont il est sillonné.

» Ainsi, pour qu'un seul poil disparaisse, il faut qu'un appareil en relation intime avec le système cutané, vasculaire et nerveux vienne à s'atrophier. Pour qu'un seul point s'ajoute, il faut qu'un appareil de la même nature s'organise; et pour que le pelage éprouve une variation générale, il faut que chacun de ces éléments complexes soit modifié. Enfin, pour que les cornes disparaissent ou pour qu'elles se multiplient, il est nécessaire qu'une partie du squelette s'annihile ou apparaisse; il faut aussi supposer une modification dans l'appareil circulatoire qui, nous l'avons vu, abreuve le noyau osseux ainsi que l'organe producteur de la matière cornée.

» Tous les raisonnements du monde ne sauraient atténuer la signification de semblables faits. Si l'on n'en aperçoit pas toujours la valeur, c'est parce qu'ils se passent journellement sous nos yeux, et que l'habitude émousse l'étonnement qu'ils devraient naturellement nous inspirer. »

3° *Moutons.* — Les modifications observées chez nos bœufs importés en Amérique se retrouvent aussi chez nos moutons également transportés dans le Nouveau-Continent. A côté des races à laine, il s'est produit des races à poils ras et lisses. Le nombre des cornes a varié. Réduit à 0 chez certains moutons du Muséum, il peut s'élever jusqu'à 4, comme dans une race du Chili, et même à 5 comme en Islande.

A propos des races ancon et mauchamp, Darwin fait cette réflexion importante au point de vue de l'incertaine valeur qu'a la morphologie comme critérium : « Si les races ancon et mauchamp avaient apparu il y a un ou deux siècles, nous n'aurions aucun document sur leur origine, et les mauchamps surtout eussent sans aucun doute été regardés par plus d'un naturaliste comme la descendance de quelque forme primitive inconnue (1). »

D'une part, la fécondité indéfinie dans les croisements des races morphologiquement les plus opposées; d'autre part, la stérilité des croisements entre groupes extrêmement semblables l'un à l'autre, sont deux faits qui arrachent à Darwin cet aveu décisif : « La fécondité parfaite de tant de variétés (races) domestiques qui diffèrent extrêmement l'une de l'autre, comme on le voit dans les choux et chez les pigeons, est un fait remarquable, surtout lorsqu'on réfléchit combien il existe d'espèces qui, bien qu'extrêmement semblables l'une à l'autre, sont entièrement stériles lorsqu'on les croise (2). »

(1) Darwin, *Variations*. Tome 1er, p. 107; tome II, p. 437, 438, et chap. XIX, p. 200.
(2) Darwin. *Origine des Espèces*, chap. VIII, sect, 7e, p. 327.

Conclusion : le seul critérium certain des races d'une même espèce est la fécondité continue.

Pourquoi les naturalistes, pour la plupart, se tiennent de préférence sur le terrain morphologique. — Un phénomène qui d'abord paraît assez singulier, c'est que la plupart des naturalistes, même ceux qui sont partisans de la variabilité des espèces, se tiennent, de préférence, sur le terrain morphologique. Les causes en sont complexes de prime abord ; au fond, elles se résument en une seule, l'impossibilité pour la science actuelle de déterminer expérimentalement, non-seulement l'origine des espèces fossiles, mais celle des espèces contemporaines. Or, l'esprit humain, une fois possédé par un problème, est impatient de le résoudre : de là ce penchant des naturalistes pour la détermination morphologique.

1° Il est, en effet, malheureusement trop vrai que les croisements ne sont guère praticables que sur les animaux domestiques. Nuls à l'égard des fauves en liberté, les moyens d'expérimentation sur les animaux sauvages réduits en captivité sont très-restreints : les conditions en sont généralement détestables. Quoique des résultats importants aient déjà été obtenus, on peut dire toutefois que comparés à l'immensité des études à faire, ils se réduisent presque à rien.

2° Les expériences de croisement exigent de longues années et des soins assidus. Or, c'est depuis un siècle à peine que les croisements ont été essayés méthodiquement et dans un but scientifique. Ces tentatives n'ont eu lieu qu'à de longs intervalles, le plus souvent interrompues soit par des causes personnelles (maladie, insuffisance de ressources, mort, etc.), soit par des causes politiques (révolutions, guerres amenant la destruction des parcs d'expériences). Par conséquent, avec l'appui si faible d'expériences commencées à une époque si récente et soumises aux chances de tant d'accidents divers, il est difficile de donner au problème de l'origine sa véritable solution, la solution physiologique.

3° Enfin, comment appliquer le critérium de la fécondité continue aux nombreux groupes d'animaux fossiles ?

Ces considérations expliquent l'invincible tendance des naturalistes à ramener la question de l'origine sur le terrain de la morphologie. Là, en effet, la forme interne et externe, pour les animaux vivants, et le squelette, pour les fossiles, devenant la matière des travaux du naturaliste, l'étude en est toujours possible, toujours praticable. Comment, par exemple, Darwin, partisan des transformations lentes, s'efforce-t-il de poser le problème ? Le voici : C'est un fait que, en vertu de l'hérédité, le fils ressemble à son père plus ou moins étroitement, mais jamais avec une exactitude parfaite; cette divergence va s'accusant de plus en plus, en passant d'une génération à l'autre. Par conséquent, si entre un type ancien et un type moderne; si entre deux types quelconques on peut intercaler un certain nombre de types gradués, qu'a-t-on fait ? On a retrouvé les divergences qui s'étaient manifestées à chaque génération : le lien généalogique est donc reconstitué par l'aide de la seule morphologie. Plus les types intermédiaires sont nombreux et moins ils offrent entre eux de différences, plus grande aussi est la probabilité de communauté d'origine.

Probabilité !... Oui, mais hélas! rien que la probabilité. Car, non-seulement les transformations peuvent être et sont même le plus souvent brusques, mais encore, comme l'a dit Darwin lui-même avec mélancolie : Il est tant de groupes identiques par la structure dont le croisement est stérile !

§ 2. — *Critérium des espèces d'un même genre ou critérium du Genre.*

Avec les années et la fréquence des expérimentations, le critérium *fécondité continue* permettra de distinguer les espèces réelles et de classer parmi les simples races un nombre considérable de groupes que la morphologie avait déclarés espèces. Le premier degré de la classification vraiment naturelle pourra donc être solidement établi. Mais comment poser le second degré, le genre ?

Lorsqu'on croise une jument et un âne, on obtient un mulet; le mulet est infécond dès la première génération. Quel rapport y a-t-il entre l'âne et le cheval ? Le squelette est d'une structure identique, les différences sont extérieures. C'est ici qu'intervient Darwin. A la question posée il répond : L'âne et le cheval sont deux races issues de la même souche, mais qui depuis des siècles ont divergé. Le problème revient donc à ceci : Prouver que, au bout d'un certain nombre de générations, les unions entre races de la même espèce deviennent à peu près infécondes.

Comme on le voit, le problème de la transmutation des espèces semble être résolu de deux manières, l'une directe et d'une valeur absolue : le croisement des espèces toujours fécond; l'autre indirecte et presque contradictoire: le croisement des races devenant infécond au bout d'un certain nombre de générations. Or, dans l'état actuel de la science, s'il y a un fait bien constaté, c'est la stérilité des hybrides; les croisements féconds des espèces sont rares, et à peine dépassent-ils la troisième génération. Donc la solution directe du problème, pour ce qui concerne l'hybridité, n'est pas possible. Reste la seconde : c'est à celle-là que s'est attaché Darwin. Il cite un fait emprunté à Youatt, d'où il résulterait que, dans le Lancashire, le croisement des bestiaux à cornes longues et courtes aurait été suivi d'une diminution notable dans la fécondité à la troisième ou quatrième génération. En premier lieu, une diminution n'est pas une suppression de fécondité. Il est vrai qu'on pourrait arguer du peu de temps accordé à l'expérience; en ce cas, la solution du problème, sans être trouvée, permettrait du moins d'être espérée. Mais Darwin, avec cette bonne foi et cette loyauté qui lui ont concilié le sympathique respect de ses lecteurs, avoue qu'un autre éleveur Wilkinson a constaté, sur un autre point de l'Angleterre, l'établissement d'une race métisse provenant de ce même croisement. Le problème n'a donc pu, pas davantage, être résolu indirectement.

Malgré cet échec, il n'en est pas moins vrai que le premier croisement de l'âne et de la jument a été fécond ! Quelle influence a pu avoir sur la fécondité une divergence qui s'est accentuée pendant des centaines de siècles ? Voilà une grande inconnue qui défie aujourd'hui nos efforts. A peine les expériences et les observations datent-elles d'un siècle, et encore avec quelles intermittences ! C'est à l'avenir, et à un avenir très-éloigné qu'est réservé le jugement définitif, car le temps est ici l'un des éléments nécessaires. Si dans un siècle ou deux on peut prouver que deux races issues de la même souche et dont la filiation sera hors de doute donnent, par leur croisement, des produits inféconds à la manière des hybrides actuels, il est évident que le problème sera résolu : les espèces ne seront plus que des races ayant beaucoup divergé de la souche commune. Ce qu'on appelle aujourd'hui la transmutation des espèces ou transformisme se trouvera n'être qu'une simple question d'années.

Mais nous, contemporains, à qui l'avenir est fermé, quelle déduction devons-nous tirer du croisement fécond de l'âne et du cheval ? Il existe une parenté entre eux, voilà ce qu'on ne peut nier. Mais à quel degré ? Voilà aussi ce que nous sommes impuissants à déterminer.

On ne peut se dissimuler que la production d'un

hybride, celui-ci fût-il infécond dès la première génération, ne permet plus de regarder comme infranchissable l'abîme qui séparait une espèce d'une autre espèce. C'est donc une présomption en faveur de la conception de Darwin. 1° La variété serait une espèce en voie de formation; 2° les espèces qui, par leur croisement, donnent des hybrides plus ou moins promptement inféconds, seraient des races plus ou moins éloignées, mais en tous cas très-éloignées d'une souche commune; 3° les espèces dont le croisement est stérile seraient des races qui auraient divergé presque immédiatement à l'aurore des temps, si bien que les éléments producteurs, mâle et femelle, auraient perdu toute faculté de s'harmoniser l'un avec l'autre dans l'évolution primordiale où se forme l'embryon.

L'embryon!... voilà, en effet, où gît le secret de toute création. Mystérieuse officine où s'élabore tout être qui apparaît à la vie, l'ovule subit des évolutions dont les phases ont pu être observées et notées. On sait que le concours des deux éléments, mâle et femelle, est nécessaire pour la formation d'un animal; mais quel est le rôle que joue chacun de ces éléments? L'élément masculin n'intervient-il que pour régulariser les évolutions désordonnées que subit l'ovule, ainsi que plusieurs observateurs ont cru le remarquer dans les œufs d'animaux inférieurs (1)?

(1) Observations faites par M. de Quatrefages sur les œufs des hermelles et des tarets.

Hélas! rien de certain n'est connu; l'obscurité sur ce point est restée impénétrable.

Mais si l'on ignore la part qui revient à chacun des éléments dans l'élaboration d'un être vivant, l'embryologie peut-elle, du moins, donner de précieuses indications sur les formes successives que revêt l'embryon pendant la vie intrà-utérine? Voici les faits tels que les expose le grand physiologiste, M. de Baër, d'après ses travaux embryologiques (1).

Il n'existe pas de série unique de développement de l'être le plus infime à l'être le plus élevé, c'est-à-dire à l'homme. Dès le principe, les développements de l'ovule sont différents : ils se ramènent à quatre types (embranchements de Cuvier).

1° *Le type périphérique* (rayonnés); le développement procède d'un centre et produit des parties identiques dans un ordre rayonnant.

2° *Le type massif* (mollusques); le développement produit des parties identiques, courbées autour d'un espace conique ou autre.

3° *Le type longitudinal* (articulés); le développement produit des parties identiques, partant des deux côtés d'un axe et se refermant supérieurement le long d'une ligne opposée à l'axe.

4° *Le type à symétrie double* (vertébrés); le développement produit des parties identiques, qui partent des deux côtés d'un axe, se projettent en haut et en bas et se closent le long de deux lignes.

(1) Voir Agassiz. — *De l'Espèce*, page 360 et suivantes.

Premier fait. — L'embryon ne passe pas d'un embranchement à un autre embranchement; l'embryon d'un vertébré est vertébré dès le commencement et ne correspond, à aucun moment, à un invertébré.

Second fait. — Les embryons vertébrés ne passent pas, pendant qu'ils se développent, par d'autres formes permanentes d'animaux vertébrés. Par exemple, l'embryon de l'homme ne passe pas par les formes des autres vertébrés arrivés à la vie; il n'affecte donc pas d'abord le type poisson, puis les types reptile, oiseau; non. La première évolution de l'embryon indique le type vertébré; la 2ᵉ évolution indique la classe du vertébré (mammifère, ou oiseau, ou reptile, ou poisson); la 3ᵉ évolution, le genre, etc. De sorte que chaque phase est marquée par une différenciation caractéristique jusqu'à la dernière phase où l'individu complet apparaît sur la scène extérieure. Plus diffèrent deux formes animales adultes, plus leur développement embryologique doit être étudié de bonne heure pour qu'on puisse distinguer une ressemblance entre elles. Par exemple, la ressemblance entre l'embryon de l'homme et l'embryon du poisson n'existe qu'à la première évolution; dès la seconde, ils diffèrent, tandis qu'entre l'embryon de l'homme et celui d'un autre mammifère la ressemblance existe à plusieurs phases (1).

En résumé, chaque embryon d'un type donné, au

---

(1) Voir dans Huxley. — *De la Place de l'Homme*, page 180, le paragraphe qui résume les concordances des phases embryonnaires.

lieu de traverser d'autres formes définies, devient de moins en moins semblable à ces formes; un embryon de type supérieur n'est, par conséquent, jamais identique avec un autre type animal.

De Baër est arrivé à la découverte de ces faits par l'étude de l'embryon. Déjà Cuvier était parvenu aux mêmes conclusions par l'anatomie des animaux adultes. « Il existe quatre formes principales, quatre plans généraux, si l'on peut s'exprimer ainsi, d'après lesquels tous les animaux semblent avoir été modelés et dont les divisions ultérieures, de quelque titre que les naturalistes les aient décorées, ne sont que des modifications assez légères, fondées sur le développement ou l'addition de quelques parties, qui ne changent rien à l'essence du plan. »

« Quand on songe, dit Agassiz, combien complétement les recherches de M. de Baër ont été indépendantes de celles de Cuvier; combien diffèrent les points de vue d'où ces deux hommes ont traité le même sujet, l'un préoccupé spécialement du mode de développement des animaux; l'autre envisageant presque exclusivement la structure; quand on considère en outre quelle étroite concordance il y a dans les résultats généraux auxquels ils sont parvenus, il est impossible de ne pas éprouver une confiance profonde dans l'opinion qu'ils soutiennent tous deux : à savoir que le règne animal présente quatre divisions primaires, dont les représentants sont organisés d'après quatre plans différents de structure, et croissent suivant quatre modes différents de développement. »

Quelle lumière peut-on obtenir des faits embryogéniques relativement à l'origine des espèces? Cette similitude qui règne à la période initiale et se continue graduellement jusqu'à un point déterminé d'où s'écartent l'un après l'autre les divers groupes d'animaux, cette similitude incline la pensée vers une communauté d'origine pour chacun des embranchements. De ce côté encore, la théorie de Darwin trouve un nouvel encouragement. Mais de là conclure que positivement les espèces dérivent de quatre types, il y a loin; il y a aussi loin que de la réalité au rêve, du fait à l'espérance. Or si la science, dans l'œuvre ardue qu'elle se propose d'accomplir, est animée par la flamme d'une conception théorique et soutenue par l'espoir de voir cette conception réalisée, il n'en est pas moins vrai que son seul et unique fondement est le fait. Hors du fait, elle n'est pas la science, mais le roman.

CHAPITRE IV.

CRÉATION LENTE DES ESPÈCES PAR LA SÉLECTION NATURELLE.

(Examen critique.)

§ 1ᵉʳ. — *Point de vue morphologique.*

On a vu quelle action le milieu exerce sur les êtres; on sait aussi quels changements le végétal et l'animal doivent subir pour lutter avec avantage contre les impressions du climat ou contre les autres êtres, et pour conquérir ce qui est indispensable à la vie. S'adapter ou mourir, telle est la loi des conditions d'existence (1).

(1) Darwin. — *Variations*, tome II, page 264. « J'ai parlé de la sélection comme de la puissance dominante, bien que son action dépende d'une manière absolue de ce que, dans notre ignorance, nous appelons variabilité spontanée ou accidentelle. »

Page 263. « La variabilité, qui seule rend la sélection pos-

Lorsque des êtres quelconques, végétaux ou animaux, sont placés dans un milieu déterminé, qu'arrive-t-il ? Il faut que leurs organes se mettent en harmonie avec ce milieu, sous peine de mort. La lutte pour l'existence et la sélection, qui en est la suite, ne font qu'éliminer les faibles ou, en général, ceux dont l'organisme manque de flexibilité. Puisqu'elles tendent à ne laisser survivre que les individus dont tous les organes sont devenus aptes à supporter les conditions du milieu, il résulte que la lutte pour l'existence et la sélection naturelle sont essentiellement des agents d'adaptation.

D'autre part, les conditions du milieu restant toujours les mêmes, la lutte pour l'existence et la sélection agissent nécessairement sur les individus toujours de la même manière et toujours dans le même sens. Il s'en suit que les organes se façonnent de plus en plus sur le même modèle, le modèle le plus propre à résister au milieu, et que les différences individuelles tendent à s'effacer insensiblement. Donc, une fois le milieu donné, la lutte pour l'existence et la sélection travaillent à uniformiser de plus en plus les individus d'une même race.

La contre-épreuve donne le même résultat. Si l'on

sible, a elle-même pour cause principale les changements dans les circonstances extérieures. »

Page 446. « La variabilité dépend principalement du changement dans les conditions d'existence. »

Origine des espèces, page 256. « La loi des conditions d'existence est la loi suprême. »

change l'animal ou le végétal de milieu, il faut qu'il s'adapte aux nouvelles conditions d'existence, il faut varier. C'est alors qu'intervient la sélection. Celui-là seul survit qui est assez robuste pour surmonter les difficultés de l'adaptation et subir les variations harmoniques. Une fois que le genre de variations a été déterminé par le milieu, mais après cela seulement, la sélection agit pour imposer ces variations à chaque individu et dans les mêmes proportions, autant qu'elles sont nécessaires au triomphe dans la concurrence vitale. L'idéal de la sélection serait d'avoir ramené tous les individus à un type identique, celui qui serait le mieux apte à supporter les conditions du milieu où ils doivent vivre.

La botanique et la zoologie abondent en faits de ce genre. On a vu, au chapitre IV de la première partie, comment la même plante subit les variations les plus extrêmes selon qu'elle passe d'un terrain humide et ombragé à un terrain sableux et ensoleillé, d'une plaine située au milieu des terres à une falaise sur le bord de la mer. Ces altérations profondes, il faut que les individus les éprouvent ou qu'ils meurent. Une fois le terrain et le milieu donnés, la sélection oblige les individus à prendre, ici la forme *umbrosa*, là celle qu'on appelle alpine, ailleurs la forme maritime, travaillant sans cesse à donner à tous la similitude des caractères et l'égalité d'énergie fonctionnelle.

En zoologie, des faits non moins nombreux mettent en pleine lumière l'uniformisation que la sélection imprime aux races. En voici un entre autres très-caractéristique. En Corse, les cerfs se distinguent aisément des cerfs du continent européen : ils ont perdu près de la moitié de leur taille; tous leurs membres se sont transformés proportionnellement, leurs bois mêmes se sont modifiés. Buffon les avait appelés cerfs-bassets. Or, d'après le témoignage formel des écrivains grecs et romains, la Corse n'avait pas le moindre cerf avant le règne de Titus. Il s'ensuit que le cerf de Corse descend de notre cerf continental; que les graves modifications subies ont été déterminées par le milieu, et que la sélection, en les imposant à tous les cerfs de Corse, a donné à ceux-ci un caractère uniforme.

La contre-épreuve a été faite par Buffon. Un cerf de Corse, pris jeune et élevé par notre grand naturaliste, acquit en quatre années la haute taille et la membrure proportionnée des cerfs du continent.

Conclusion: Au point de vue morphologique, la sélection ne crée pas les races; mais les races une fois créées par le milieu, la sélection leur donne peu à peu la stabilité et l'uniformité.

§ 2. — *Point de vue physiologique.*

Ainsi qu'on l'a vu, il y a deux manières de résoudre le problème de l'origine des espèces: directement, en créant une espèce physiologique; indirectement, en prouvant qu'après des croisements poursuivis, deux races, d'abord fécondes entre elles, perdent la faculté de se croiser.

1° *Directement.* — Le croisement de deux espèces distinctes a donné naissance à des hybrides toujours stériles, soit immédiatement, soit au bout d'une ou deux générations. L'impossibilité de créer une espèce physiologique supprime donc, actuellement, toute solution directe.

2° *Indirectement.* — Sur ce point, on a l'aveu de Darwin lui-même. Après les recherches les plus longues et les plus sérieuses, il a reconnu qu'on ne peut constater un seul cas de croisement devenu infécond entre races animales, et qu'entre races végétales, tout ce qu'il a été possible d'apercevoir, c'est une certaine inégalité de fécondité. Il en tire la conclusion suivante, qui clôt le débat : « Les espèces ne doivent donc pas leur stérilité mutuelle à l'action accumulatrice de la sélection naturelle. » (*Variations*. Tome II, page 199.)

Conclusion générale. — Ni au point de vue morphologique, ni au point de vue physiologique, la sélection naturelle ne peut créer des espèces par transformations lentes.

§ 3. — *Observations diverses.*

1° Darwin, pour échapper à la grave objection tirée de la stérilité des hybrides, essaye d'expliquer la fécondité continue des races domestiques par la domestication même, conformément à l'opinion de Pallas (1). Que la domestication accroisse la fécondité, c'est généralement exact ; mais elle ne la crée pas. Elle donne un milieu ou des conditions favorables au développement d'une faculté essentielle de l'animal, mais elle ne la fabrique pas, cette faculté ; elle ne la tire pas du néant. Elle ne la fait même point passer de la puissance à l'acte, selon la formule d'Aristote ; car un individu qui n'engendrerait pas à l'état libre serait radicalement infécond à l'état domestique. Voilà bien des années que le mulet vit en domesticité, et qu'on le cultive avec un soin jaloux pour éveiller chez lui la faculté procréatrice, pourquoi le mulet est-il resté infécond ? Pourquoi la mule, depuis tant

---

(1) 1° Le lapin sauvage porte quatre fois l'an et fait de 4 à 8 petits ; le lapin domestique porte six à sept fois l'an et fait 4 à 11 petits ; la cane sauvage pond de 5 à 10 œufs ; la cane domestique en pond de 80 à 100 dans une année.

Une nourriture abondante, des soins et une température modérée développent une fécondité qui devient héréditaire. Telles sont les causes principales, mais non les seules, très probablement, de l'accroissement de la fécondité par la domestication.

2· Chez certains animaux, l'effet produit par la captivité est tout opposé : ils deviennent stériles. Tel est l'éléphant, quoique le mâle et la femelle entrent périodiquement en rut. Ni le tapir, ni le tigre de l'Inde ne se reproduisent ; les singes, très rarement.

3· Par un phénomène assez étrange, il est constant qu'en captivité beaucoup d'animaux s'unissent avec des espèces distinctes et produisent avec elles des hybrides, tout aussi et même plus facilement qu'avec leur propre espèce. Ainsi, la tigresse a produit plusieurs fois avec le lion. (Darwin.)

de siècles, n'a-t-elle donné que deux ou trois produits ? C'est qu'entre l'accroissement de fertilité et la stérilité absolue, il y a un abîme. La fertilité accrue est due à une cause, l'absolue stérilité à une autre, par conséquent la première ne peut fournir aucune lumière sur la seconde.

2° Dans la critique, d'ailleurs si remarquable, qu'il a faite de la doctrine darwinienne, M. de Quatrefages soutient que, quand même l'homme parviendrait à créer une race hybride, le problème ne serait pas résolu, attendu qu'il faudrait prouver que la nature peut en faire autant. Même réponse qu'à Darwin. En effet, si l'homme parvenait à produire une race hybride à force de soins et de sélections méthodiques, il n'aurait pas doté les animaux croisés d'une faculté nouvelle; il n'aurait fait que donner à une faculté innée un milieu propice à son développement. Resterait à démontrer que jamais, ni dans le temps ni dans l'espace, il ne s'est présenté une seule condition favorable à la production de cas d'hybridité. Est-ce que les naturalistes de Paris, de Londres ou de Berlin ont le don d'ubiquité et peuvent assister à tous les phénomènes d'animalité qui se produisent sur la surface du globe ? Est-ce que les naturalistes du dix-neuvième siècle peuvent savoir ce qui s'est passé pendant les millions d'années des époques géologiques ? De ce que nous ne savons rien, de ce que nous ne pouvons pas savoir, nous n'avons pas le droit de conclure qu'une chose n'est pas, et bien moins encore, qu'elle est impossible. En quoi est-il absurde ou contradictoire, avec le mode fonctionnel des facultés physiologiques, qu'un tigre et une lionne, par exemple, aient des enfants, lesquels prolifieraient à leur tour, et cela indéfiniment?

3° M. de Quatrefages, non-seulement affirme que le croisement des espèces est et sera toujours stérile, mais encore, au nom de l'ordre qui règne dans l'univers, il soutient que cette infécondité est nécessaire afin d'éviter la confusion qui résulterait de croisements en tous sens : « Les barrières entre espèces sont enlevées; partout apparaissent des types intermédiaires, partout disparaissent et s'effacent progressivement les distinctions actuelles, etc.... (1) » Cet argument est du ressort des causes finales; il appartient à la métaphysique et non à la science, au surnaturel et non au naturel. Propre à fournir un beau sujet de sermon à un théologien, il ne peut infirmer en rien la théorie de Darwin fondée sur la science naturelle (2).

(1) De Quatrefages. *Darwin*, p. 334.
(2) Quand même il y aurait confusion, aurait-on pour cela le droit de traduire la Nature en police correctionnelle? Est-ce que la Nature universelle existe ou agit uniquement pour faciliter à un avorton perclus de rhumatismes et blindé de flanelle la confection d'un catalogue? Oh! la déplorable voie! Voyez-vous poindre cette nuée de questions?

Si la Nature est jalouse d'établir une barrière entre les espèces, pourquoi permet-elle la production des hybrides? Pourquoi le croisement des races, la formation d'innombrables métis ?...

Si la Nature s'intéresse à la symétrie dans la classification, à *fortiori* doit-elle prendre à cœur la symétrie dans l'ordre moral. Alors pourquoi les inégalités sociales, les maladies, les calamités, les crimes ?

> Pourquoi suis-je en un point resserré par le temps ?
> Mes jours devraient aller par delà vingt mille ans ;
> Ma taille, pour le moins, dut avoir cent coudées ;
> D'où vient que je ne puis, plus prompt que mes idées,
> Voyager dans la lune et réformer son cours ?
> Pourquoi faut-il dormir un grand tiers de mes jours ?
> . . . .
> — Tes pourquoi, dit le dieu, ne finiraient jamais.
>
> (Voltaire, 6ᵉ *Discours sur l'Homme*.)

Hélas ! quand laissera-t-on en paix la Nature et ses intentions, pour étudier exclusivement ce qui est ? Le *cause-finalisme* est à la science ce que la phthisie pulmonaire est à l'homme.

CHAPITRE V.

APPRÉCIATION GÉNÉRALE DU DARWINISME.

« Ce que Darwin a présenté comme la théorie de l'origine des espèces, dit Agassiz, ce n'est pas le résultat graduellement conquis de recherches pénibles, s'appliquant à la solution de quelques points de détail pour s'élever ensuite à une synthèse générale et compréhensive ; non, c'est une doctrine qui, de la conception, descend aux faits et cherche des faits pour soutenir une idée.

» Les darwinistes s'emparent de tous les travaux de la zoologie moderne par lesquels nous avons été conduits à la connaissance des affinités sensibles, évidentes, d'animaux différents, ils en font autant de preuves d'une filiation généalogique et présentent ensuite ce prétendu enchaînement des êtres, qui sont censés remonter tous à une souche commune, comme la conséquence de faits établis de notre temps par la zoologie et l'anatomie comparée.

» La philosophie n'a rien produit en zoologie, bien qu'elle ait vivifié l'anatomie comparée. De même, la théorie d'une transformation graduelle du règne animal tout entier, par suite de générations successives présentant une série de différences, n'est point le résultat d'études spéciales; c'est une doctrine à laquelle nos connaissances actuelles servent tant bien que mal de point d'appui. Les faits eux-mêmes s'y trouvent interprétés, non pas dans la sincérité d'un travail de recherches originales, mais avec tout ce qu'il y a de forcé dans les arguments d'une école doctrinaire.

» Il faut se résigner à envisager l'origine des espèces comme chose inconnue, quelque désirable que puisse en être la connaissance. Je n'affirme pas que cette origine doive nous demeurer à tout jamais inconnue; mais je soutiens que l'explication fournie par Darwin et ses adeptes n'est pas conforme aux faits que la nature met sous nos yeux (1). »

Le jugement porté par Agassiz caractérise assez justement, au fond, la conception de Darwin, ou plutôt les exagérations des disciples effrénés du naturaliste anglais. On a vu que, au vif même de la question, c'est-à-dire au croisement d'espèce avec espèce, la naissance d'un hybride tendait à incliner la balance du côté de Darwin. Aussi Huxley admet-il la théorie de son illustre ami, mais à titre provisoire; il ne pourra l'accepter définitivement « qu'à la condition qu'on montre une espèce physiologique créée par le croise-

---

(1) *De l'Espèce*, chap. III, sect. 7.

ment sélectif. » Il la compare à la théorie qui attribue la lumière aux ondulations de l'éther. « Le physicien philosophe peut admettre cette théorie bien que l'existence de cet éther soit encore hypothétique. » Malheureusement la comparaison de Huxley n'est pas juste. Toute hypothèse, en effet, doit non-seulement rendre compte des phénomènes et être soumise à d'incessantes vérifications, mais encore permettre de prévoir les faits. Tel est le caractère de l'hypothèse des ondulations. Elle a détrôné la théorie de l'émission parce qu'elle donnait l'explication de tous les phénomènes, et en particulier des interférences; elle a supporté et supporte encore tous les jours la rude épreuve de l'analyse mathématique (1); enfin elle a permis de calculer de nouvelles découvertes. L'éther est donc une hypothèse à *posteriori*.

La conception de Darwin n'a aucun des caractères qui permettent de l'assimiler aux hypothèses du physicien. D'abord elle ne rend pas compte de tous les faits; ensuite elle ne peut recevoir la sanction de la vérification expérimentale puisque les transformations nécessaires pour la création d'une espèce exigent des milliers de générations (1); enfin la prévision de l'avenir lui est à peu près fermée. Elle est donc surtout une conception *à priori*, laquelle ne part pas des faits, mais descend à eux, selon l'expression d'A-

---

(1) De Quatrefages. *Ch. Darwin*, page 174.

(1) Darwin. *Origine des espèces*, page 131.

gassiz, et parmi eux cherche des appuis pour se soutenir.

Est-ce à dire que la conception de Darwin n'ait aucune part de vérité? L'examen qui vient d'être fait prouve qu'elle interprète un certain nombre de faits positifs, tandis que d'autres, encore obscurs, semblent devoir plus tard recevoir d'elle la lumière. Agassiz lui-même avoue que les travaux modernes de paléontologie et d'embryologie peuvent jusqu'à un certain point l'étayer (1). Mais ce qui la distingue surtout des vues antérieures sur l'origine des espèces, c'est que, écartant toute intervention théologique, Darwin essaye de résoudre le problème à l'aide des seules ressources de la science humaine : elle est donc en cela supérieure à ses aînées. C'est un grand honneur pour Darwin d'avoir ainsi secoué le joug des métaphysiques. Aussi, malgré le côté aventureux et idéal de sa conception, celle-ci n'en atteste pas moins chez son auteur, au plus haut degré, le véritable esprit scientifique.

Quoi qu'il advienne du darwinisme, il en restera deux faits généraux acquis à l'histoire naturelle : la lutte pour l'existence et la sélection naturelle. Seulement, ces deux lois, au lieu d'une puissance transformatrice sans limites, se mouvront dans une sphère plus restreinte. Si leur influence ne va pas jusqu'à créer des espèces, elle s'exercera du moins avec efficacité sur les races. — Mais, dira-t-on, Darwin n'a

---

(1) Agassiz. — *De l'Espèce*, page 389.

pas le premier découvert ces deux lois du monde vivant; depuis longtemps les naturalistes et les éleveurs les connaissent et les mettent à profit. — Cela est vrai; mais nul mieux que Darwin n'a su les mettre en relief, les analyser avec autant de sagacité, en montrer l'énergie toujours et partout agissante. Le *Cogito, ergo sum* se trouve dans saint Augustin. Qui oserait cependant en enlever le mérite à Descartes?

Outre ce premier service rendu à l'histoire naturelle, Darwin en a indirectement rendu un second à la zoologie. Il a ramené l'attention sur le caractère artificiel de la classification. La discussion a mis à nu les vices cachés des nomenclatures, le vague et la confusion qui régnaient à la base même des systèmes et l'incroyable anarchie dans les définitions, conséquence inévitable de l'anarchie dans les idées. Quand même Darwin n'aurait pas arraché à la nature son secret, il aura du moins réussi, en suscitant les recherches et les travaux de tous, partisans ou adversaires, à faire rayer un grand nombre de prétendues espèces. Le Catalogue de la Nature en sera plus facile à dresser; Cuvier, en ce point, n'aura pas à se plaindre de son savant antagoniste. Une théorie sérieuse, quoique erronée, est souvent la cause occasionnelle des plus heureuses découvertes par suite de la vive impulsion qu'elle donne à la controverse et du but déterminé qu'elle pose aux recherches. C'est ainsi que la réapparition de la théorie de génération spontanée a conduit M. Pasteur à ses découvertes sur la dissémination des germes, et celles-ci aux travaux qu'exécutent aujourd'hui M. Tyndall et d'autres éminents physiciens.

Ce qui a fait le plus de tort à la théorie de Darwin, ce sont les exagérations de ses partisans aveugles, surtout celles de l'allemand Hæckel (1). Avec une incroyable assurance, « il a figuré le développement du règne organique et la filiation des types au moyen d'une série d'arbres généalogiques. Le premier de ces arbres retrace l'origine de tous les êtres organisés. Le point de départ est un être unique, autogène (né de lui-même), donnant naissance à trois branches. La première représente l'archéphyte végétal, la troisième l'archéphyte animal, et l'intermédiaire l'archéphyte d'êtres que Hæckel appelle Protistes, et qui paraissent appartenir ni au règne animal ni au règne végétal (2). »

---

(1) Agassiz. De *l'Espèce*, page 384. — Voir l'exposé complet de la classification de Hæckel et les diagrammes qui l'accompagnent.

(2) On a beaucoup vanté et l'on vante avec raison l'érudition, le labeur infatigable des Allemands. On ne peut nier qu'ils n'aient fait, en tous genres, de grandes découvertes, ni qu'à l'heure présente ils n'occupent un haut rang dans la science. Mais on avouera aussi qu'ils sont, pour la plupart, incapables de mesure. Leur race est la plus lyrique de l'Europe; or la faculté maîtresse d'un tel tempérament est l'imagination. Une théorie se présente-t-elle à eux avec les visées les plus vastes; s'offre-t-elle surtout comme arrachant le voile qui couvre l'un de ces mystères, éternelles sources où la poésie puise ses inspirations ? les Allemands ne se possèdent plus : l'enthousiasme les enlève au monde réel. Sur les ailes de

Ce sont de tels excès romanesques qui compromettent les meilleures causes. Darwin n'est pas coupable de ces folles exagérations, comme le reconnaît Agassiz. Malgré ses prédilections et sa partialité toute naturelle pour une théorie dont il est le père, il avoue les désiderata et expose les objections avec une sincérité qui charme et une loyauté qui ravit. Aussi, quelle que soit l'impression faite par le traité de l'*Origine des espèces*, il n'est pas un lecteur qui, convaincu ou non, en fermant le livre, ne se sente plein d'admiration pour le vaste savoir du naturaliste, et pénétré de la plus respectueuse estime pour la noblesse d'âme et le caractère de l'homme.

l'imagination, ils franchissent le temps et l'espace, et les voilà comme le savant M. Hæckel, par exemple, qui assistent à l'enfantement du monde. Il était là, M. Hæckel; il a vu, de ses propres yeux vu, Dieu en gésine, sous le nom de M. Autogène, accoucher de trois Archéphytes d'où sont sortis en ligne directe toutes les plantes, tous les animaux, et même certains Protistes « qui paraissent appartenir ni au règne végétal ni au règne animal.» Et voilà comment le lyrisme bâcle une classification scientifique! Notez que cette classification ne s'annonce pas modestement comme une manière artificielle de cataloguer les faits naturels; non, elle est généalogique, elle a la prétention d'être la réalité objective, la nature elle-même. Ah! il faut qu'une doctrine soit vraiment robuste pour ne pas succomber sous les embrassements d'aussi imprudents adorateurs. (Voir *Revue des Cours scientifiques*, vol. VII, page 252, une appréciation trop bienveillante de Huxley, et page 564, une critique de Claparède.)

DEUXIÈME SECTION.

CHAPITRE PREMIER.

MÉTISSAGE.

Le métissage est le croisement de deux races appartenant à la même espèce ; le métis est le produit de cette union.

I. — Facilité et fécondité des croisements. — Toutes nos races domestiques, moutons, bœufs, chevaux, pigeons, se croisent avec la plus grande facilité. Ces croisements donnent naissance à des métis qui à leur tour sont générateurs et forment des races non moins fécondes.

Il en est de même pour les végétaux. Les observations et les expériences faites, soit par les plus éminents naturalistes tels que Isidore Geoffroy, Naudin, Darwin, etc., soit par les éleveurs anglais et français, ont mis ce point hors de discussion.

II. — **Formation spontanée des races métisses.**
— Non-seulement les races se croisent aisément sous la direction de l'homme, mais encore elles le font spontanément, en dehors de l'homme, et souvent malgré lui. Les rues et les gouttières sont le théâtre connu où s'épanouissent, là les amours des chiens, ici celles de nos chats. C'est là une série d'expériences qui se fait d'une manière permanente sous nos yeux. Il en est de même des races ovine, porcine, bovine, etc. A l'état sauvage, ces races se croisent avec la même facilité, la même spontanéité. On sait combien en Amérique les chevaux, les bœufs, les chiens, tous issus d'ancêtres domestiques importés par les Européens, ont créé, par leurs unions libres, de races nombreuses et bien assises. « Au bout d'un petit nombre de générations, des cochons lâchés dans une forêt contenant des sangliers ont donné naissance à des métis nombreux dont la race a remplacé les individus sauvages près de disparaître (1). »

III. — **Oscillations avant qu'une race s'établisse.**

---

(1) De Quatrefages. — *Revue des Cours scientifiques;* vol. VI; page 86.

— Les races ne s'établissent pas du premier coup. Entre la tendance à transmettre une variation qui est apparue et la tendance à reproduire le type identique des ancêtres, il se livre un combat qui dure plus ou moins longtemps; ce n'est guère qu'au bout de plusieurs générations qu'une variété, issue d'un premier croisement, s'asseoit et forme une race nouvelle.

IV. — Caractères des métis. — 1° *Équilibre entre les organes végétatifs et les organes de reproduction.* Quelles que soient les variations qu'aient affectées les plantes métisses, il est un fait constant et caractéristique, c'est que l'on ne peut remarquer en elle aucune prépondérance des organes de la végétation et de la nutrition sur ceux de la reproduction. L'équilibre physiologique est resté aussi parfait chez les métis qu'il pouvait l'être chez les parents. Ce fait même atteste que les fonctions reproductrices ont conservé toute leur énergie. Il en est de même chez les animaux : les organes de reproduction sont en équilibre avec les organes de nutrition.

Remarque. — Il arrive parfois un phénomène intéressant qui confirme d'une manière très-nette le fait d'équilibre ci-dessus établi. Lorsque l'homme, dans un but facile à comprendre, dirige l'élevage des races domestiques au point de vue de l'engraissement, il exalte souvent outre mesure l'activité des fonctions nutritives. En vertu de la loi de balancement, l'équilibre est rompu au détriment de la reproduction: les unions entre individus de la même race trop engraissée deviennent infécondes. Pour lui rendre sa fécondité et même l'accroître, il suffit de croiser cette race grasse avec d'autres races communes et maigres.

2° *Ressemblance*. — Lorsqu'un enfant ressemble également à son père et à sa mère, on dit que la ressemblance est bi-latérale. Lorsqu'il ressemble à l'un des deux seulement, la ressemblance est unilatérale.

Lorsque la ressemblance bi-latérale se partage en deux parties égales, elle est moyenne; lorsqu'elle penche davantage, tantôt du côté du père, tantôt du côté de la mère, elle est appelée mixte.

La ressemblance des métis avec leurs parents est quelquefois unilatérale; dans l'immense pluralité des cas elle est bi-latérale. Celle-ci très-variable est tantôt moyenne, tantôt mixte. Ici l'opinion d'Isidore Geoffroy a un grand poids, car il s'est occupé de cette question toute sa vie; il a fait et vu faire, au Muséum, des expériences extrêmement nombreuses : « Les métis, très-variables dans leurs rapports de similitude avec leurs parents, peuvent être mixtes. Les hybrides le sont toujours. » A l'appui de son jugement il cite le croisement du daim noir et du daim blanc, d'où naissent tour à tour des petits noirs, blancs, gris ou tachetés, c'est-à-dire offrant l'exemple de toutes les combinaisons possibles du pelage noir au pelage blanc. Cette variabilité diminue à mesure que les races s'écartent et se stabilisent. L'observation d'Isidore Geoffroy sur le croisement du daim noir et du daim blanc réunit les deux cas opposés de ressemblance unilatérale et bi-latérale.

Un résultat analogue est signalé par Burdach dans le croisement de la souris blanche et de la souris noire; par Girou de Buzareingue dans le croisement du taureau noir et de la génisse blanche; par Grognier dans celui du cheval noir et de la jument blanche.

Les caractères du père et de la mère, en se réunissant dans les métis, peuvent se fondre et constituer des caractères moyens. Exemple de fusion : daim gris, souris grise, etc., provenant de parents noir et blanc.

Les caractères du père et de la mère peuvent aussi se juxtaposer sans s'altérer. Exemple de juxtaposition : cheval pie, taureau pie, daim tacheté, etc., provenant d'un père noir et d'une mère blanche.

Cette fusion et cette juxtaposition ont lieu pour les membres aussi bien que pour la couleur (1).

Observation. — Les mêmes phénomènes de ressemblance, de fusion et de juxtaposition se trouvant aussi chez les hybrides, il s'ensuit qu'ils ne peuvent servir de caractères distinctifs pour les métis.

V. — Atavisme. — L'atavisme est un brusque retour au type paternel se manifestant par intervalles chez quelques individus d'une race métisse. On a cité précédemment un exemple remarquable de chien

---

(1) Voir page 363 ce qui est dit du mulet.

braque métis qui, croisé à une chienne braque de race pure, engendra un épagneul. En voici quelques autres : En Andalousie on élève une race noire de moutons dont la laine fournit un drap grossier fort recherché des matelots. Depuis des siècles, on tue soigneusement tout agneau taché de blanc, et cependant, chaque année, il en apparaît quelques-uns.

Un éleveur, cité par Darwin, M. Tollet, après avoir croisé ses poules avec la race malaise, voulut ensuite se débarrasser de ce sang étranger. Après quarante ans d'efforts, il n'avait pas encore pu y réussir entièrement; toujours le sang Malais reparaissait dans quelques individus de son poulailler.

La race aux cocons blancs des vers à soie de Valleraugues (Gard), importée du Liban en 1710, donnait toujours quelques cocons jaunes malgré les plus grands soins destinés à lui conserver sa pureté. Cet atavisme portant sur la couleur de la soie s'est manifesté pendant plus de cent ans. Aujourd'hui la race de Villeraugue n'existe plus : la pébrine l'a anéantie.

Darwin a remarqué le fait suivant : Quand des races de diverses couleurs sont croisées, même parmi les plus anciennes et les plus pures, les métis ont une forte tendance à prendre la couleur du type primitif.

Premier exemple. — Nos races de pigeons descendent toutes du Biset (*Columba livia*), ainsi que l'a prouvé Darwin dans un admirable travail (1). Ce naturaliste,

---

(1) Darwin. *Variations des Animaux*, chapitre V.

en croisant deux races de pigeons, l'une noire et l'autre blanche, parvint dès la troisième génération à reproduire la coloration bleue du biset.

Deuxième exemple. — Nos races gallines descendent du Gallus Bankhiva, originaire de l'Inde. En croisant un coq espagnol, de race pure et d'origine certaine, avec des races tout-à-fait différentes par la couleur, Darwin a reproduit la coloration du coq bankva (1).

VI.—Causes de la formation des races.—Les deux agents de la formation des races sont : l'Hérédité et le Milieu, dont l'action, quoique distincte, est simultanée; le premier est conservateur, le second est modificateur. L'homme, dont l'intervention dans la création des races domestiques est si puissante, ne fait, au demeurant, que diriger les forces naturelles et assurer par un concours intelligent et assidu l'entière expansion de leur énergie fonctionnelle.

1° *Action de l'Hérédité.* — La loi de l'hérédité est de reproduire l'être entier. Mais dans la formation d'un individu appartenant aux classes élevées du règne animal, ce n'est pas un seul individu qui est générateur; mais deux éléments, l'un paternel, l'autre maternel, en s'unissant, donnent naissance au nouvel

---

(1) Darwin. *De l'Origine des Espèces*, page 34.— *Variations des Animaux*, chapitres V et VII.

être. Or chacun d'eux apporte un ensemble de caractères propres; c'est de la fusion, de la combinaison ou même du conflit de ces deux apports particuliers que résulte l'état physiologique de l'enfant. L'enfant ainsi conformé tend à transmettre héréditairement la variation qui l'a distingué de ses parents, et ainsi de suite. Par conséquent le concours des deux éléments paternel et maternel dans l'acte de génération est, indépendamment de toute autre cause, une source de variations. Une fois la variation produite, l'hérédité la transmet à la postérité : elle est la force conservatrice par excellence (1).

2° *Action du milieu* (climat, nourriture, etc.) — L'action du milieu se fait sentir dès l'état embryonnaire. Les expériences tératologiques d'Etienne Geoffroy-Saint-Hilaire, continuées de nos jours avec tant d'ha-

---

(1) Voici quelques exemples d'hérédité, dans l'espèce humaine :

1° *La taille.* — La trop grande disproportion de la taille entre époux peut amener l'avortement chez la femme. De même pour la grosseur de la tête et la largeur des épaules. La mère du médecin Forestus, qui, par suite de cette disproportion entre elle et son mari, avait failli périr en couches, refusa sa fille à un jeune homme remarquable par la carrure de ses épaules.

2° *La fécondité gémellique.* — Il est des familles où la faculté de produire des gémeaux se transmet de père en fils pendant une série de générations.

3° *La prédisposition ou la résistance à certaines épidémies.* — La famille de M. Fodéré, professeur à l'Ecole de Médecine,

bileté par M. Dareste, ont donné à ce fait l'éclat de l'évidence : les monstruosités ne sont, en effet, que des variations exagérées.

On a vu, dans les chapitres précédents, de nombreux exemples des variations produites par le milieu. Ainsi, les œufs de truite saumonée devenant blancs dans certains ruisseaux; les poulets européens perdant leur duvet lorsqu'ils sont transportés aux Antilles; les moutons conservant leur laine sur les hauts plateaux des Cordillières, la perdant lorsqu'ils descendent dans la plaine, etc. Le chien européen se nourrit de chair; en Polynésie, il est frugivore; chez les Esquimaux, il se nourrit de varechs et de poissons : d'où les variations très-grandes entre ces divers animaux.

3° *Action directrice de l'homme*. — L'homme, par là

conserva pendant trois générations la faculté de résister à la variole : la vaccine ne put prendre que sur les enfants de la 4e génération.

4° *Affections pathologiques*. — L'épilepsie, la folie, la phthisie pulmonaire et même les rhumatismes peuvent se transmettre, souvent avec saut du grand père au petit-fils.

5° *Affections dues à l'état où se trouvait passagèrement l'un des parents au moment de la conception*. — L'imbécillité et l'épilepsie chez l'enfant sont très-souvent la suite de l'état d'ivresse où se trouvait le père au moment de la génération. L'ivrognerie est un véritable crime; non-seulement elle abrutit l'âme et ruine la santé, mais encore elle flétrit dans son germe la postérité et, par là, attente à l'existence même de la patrie et de l'humanité.

direction qu'il imprime aux forces naturelles, parvient à créer des races, à les modifier d'une manière vraiment merveilleuse. Non-seulement les caractères extérieurs sont modifiés, mais la charpente osseuse l'est très-profondément; nos canards, nos oies, nos pigeons, tous nos oiseaux de basse-cour, tous les animaux de nos fermes sont là pour l'attester. Les instincts eux-mêmes semblent naître sous la main de l'éleveur. « On peut dire qu'à chaque besoin de détail réel ou factice éprouvé par l'homme, ce seigneur de la création a su trouver une satisfaction en pliant et modifiant comme à son gré les aptitudes de telle ou telle espèce. C'est ainsi qu'il a créé le bœuf de trait et la vache laitière; le chien d'arrêt, quand il a voulu que le gibier l'attendît; le chien courant et le lévrier, quand il a voulu le poursuivre; le terrier-ratier, lorsqu'il a désiré se débarrasser d'un animal incommode, etc. Les besoins ou la mode viennent-ils à changer, la race éprouve des changements correspondants à de nouvelles exigences. Notre cheval carrossier a remplacé le destrier de nos pères. En somme, l'homme pétrit aujourd'hui et modèle l'être vivant comme il façonne la matière brute. Etant donné un type, il se l'approprie et sait en tirer les dérivés extrêmes les plus différemment doués. Il a voulu de la graisse et rien que de la graisse, la race des porcs leicester a pris naissance; des muscles d'acier et point de graisse, il est arrivé au type du cheval anglais; il lui fallait tout à la fois de la graisse et des muscles, le bœuf durham est devenu à son gré l'animal de boucherie par excellence (1). » Et cependant, en définitive, l'homme n'a fait qu'employer son intelligence à accroître et à diriger dans tel ou tel sens les actions du milieu et de l'hérédité.

Remarque. — Les plantes varient plus que les animaux sous l'influence du milieu. Cela tient à ce que, attachées au sol, elle ne peuvent échapper à la double action des sels terrestres et du climat; elles la subissent tout entière. Les animaux, au contraire, peuvent se soustraire en partie aux variations extrêmes du milieu, grâce à la faculté de locomotion. Les animaux aquatiques, d'abord, vivent dans un milieu commun qui leur offre, en outre, le plus facile moyen de circulation. On a vu des requins suivre des navires d'un bout de l'Atlantique à l'autre. Ensuite, les oiseaux peuvent aisément éviter les atteintes du climat en se transportant par la voie aérienne dans les régions les plus éloignées du point de départ. Enfin, parmi les bêtes fauves, un grand nombre d'une vigueur extrême passe sans grands obstacles d'un pays à l'autre. C'est ainsi que les lions se sont répandus dans toute l'Afrique et même en Asie; c'est ainsi que le tigre se trouve jusqu'en Sibérie. Les animaux, en vertu de leur faculté locomotrice, peuvent donc atténuer les effets du climat et du sol plus efficacement que les végétaux. La conséquence naturelle et nécessaire est, parmi les animaux, la formation de races à la fois moins nombreuses et moins éloignées du type.

(1) De Quatrefages. *Revue des Cours*, vol. V, p. 696.

VII.—Résumé.— L'espèce est variable; les variétés et les races sont l'expression objective de ces variations. Elles sont l'espèce démembrée; le lien étroit qui unit indissolublement chacun de ces membres est le lien généalogique. Cette relation est de toutes la plus importante, car elle est de cause à effet. Ce lien généalogique s'accuse, entre autres caractères, par trois faits :

1° *La facilité et la fécondité du métissage;*

2° *La persistance de cette fécondité, ou fécondité continue;*

3° *L'atavisme.*

Ces trois faits caractérisent les races, les caractérisent seules, et donnent ainsi à l'observateur un moyen de discerner un métis d'avec un hybride, les races d'avec les espèces.

APPENDICE

Unité de nos races domestiques. — L'unité de nos races domestiques est regardée comme chose certaine ou démontrée, de l'assentiment presque unanime des zoologistes. Les difficultés qu'offraient quelques races telles que nos pigeons et nos poules ont été levées par des travaux récents.

§ 1er.—*Oiseaux.*

1° *Serin.*—Les races de serins que nous possédons en

Europe descendent toutes des serins sauvages que Jean de Béthencourt apporta des îles Canaries en 1406. Le serin sauvage des Canaries est d'un gris verdâtre avec des taches brunes. Or, par la sélection, la couleur chez les races européennes passe du jaune pâle, presque du blanc pur, à la couleur jonquille foncé. Nulle difficulté sur l'unité d'origine, ainsi consignée dans l'histoire.

2° *Dindon*. — Le dindon, importé d'Amérique, en Europe à la fin du XV° siècle, possède, à l'état sauvage, une robe uniformément brune avec des reflets métalliques. Il a été introduit en Europe comme oiseau d'ornement. On sait quelles variations il a subies dans nos fermes : on connaît des dindons noirs, panachés de blanc, gris, roux et blancs. Unité d'origine historique.

3° *Oie*. — L'oie paraît avoir été domestiquée par les Grecs : elle dérive de l'oie sauvage, qui nous visite tous les ans.

4° *Canard*. — Le canard domestique dérive du canard sauvage; sa domestication est moins ancienne que celle de l'oie : elle paraît remonter au 1er siècle de notre ère.

5° *Pigeons*. — Buffon et Cuvier pensaient que nos pigeons domestiques descendaient du biset (*columba livia*), mais croisé avec le ramier (*columba palumbus*).

Dans un magnifique travail, Darwin a démontré d'abord l'impossibilité d'admettre une descendance multiple, puis il a prouvé l'unité d'origine. Le biset est la souche unique d'où sont dérivées nos 150 races (et plus) de pigeons domestiques.

A. — Morphologiquement, entre deux races extrêmes, on peut trouver autant de formes intermédiaires que l'on veut.

B. — Physiologiquement, le croisement entre toutes est facile et d'une fécondité continue. Darwin a réuni dans un seul oiseau le sang de cinq races des plus distinctes, sans que la fécondité ait été altérée. Enfin l'atavisme reproduit la coloration du biset lorsqu'on croise deux races différentes par la couleur.

6° *Poules*. — On a d'abord hésité entre trois souches; la question a été résolue par des expériences physiologiques décisives. Le croisement avec le *gallus bankhiva*, espèce de l'Inde, a seul donné des métis d'une fécondité continue. Puis, par le croisement de deux races différentes de couleur, Darwin a obtenu, dès la première génération, une coloration très-voisine de celle du coq bankhiva (atavisme) (1).

___

(1) **Darwin.** *Variations*, tome I, page 251 et suivantes.

§ 2. — *Chiens*.

L'unité d'origine a été démontrée, au double point de vue physiologique et morphologique, pour la plupart de nos animaux domestiques. Nos races si nombreuses de lapins, ânes, chevaux, cochons, chèvres, descendent d'espèces sauvages très-connues, le *lepus cuniculus* de Linné, l'onagre de Perse et d'Abyssinie, l'*equus caballus*, le sanglier ou *sus scrofa*, l'œgagre asiatique ou *capra œgagrus*. Quant aux moutons et aux bœufs, l'origine est encore incertaine.

La question de l'origine des chiens, par son importance intrinsèque et par les débats qu'elle a suscités, demande de plus longs développements. Pas une espèce n'a varié autant qu'elle; nulle autre n'a donné naissance à autant de races. La première exposition de la race canine, faite à Paris par le Jardin d'acclimatation en 1858, comptait 180 races européennes. Or les races d'Europe étaient loin d'y être toutes représentées; les races exotiques étaient entièrement absentes (1).

I. — Nature et étendue des variations. — Les variations atteignent, en toutes les parties des proportions extraordinaires. Aussi les distances entre deux races extrêmes sont-elles énormes. Voici le résumé

---

(1) De Quatrefages, *Revue des Cours*, vol. V, page 543. Voir le tableau des races principales qui ont figuré à l'Exposition de 1858.

des études faites par les deux savants qui se sont le plus occupés du chien, Frédéric Cuvier et Isidore Geoffroy-Saint-Hilaire :

A. *Taille.* — La taille varie dans le rapport de 1 : 5, ce qui dépasse l'écart entre l'âne et le cheval.

B. *Pelage.* — Le pelage diffère par la quantité, laquelle varie depuis l'absence complète chez certaines races des pays chauds, jusqu'à la fourrure la plus épaisse chez les races du Nord ;

Il diffère par la qualité, depuis le soyeux et le fin jusqu'au frisé et laineux ;

Il diffère par la couleur, depuis le noir jusqu'au blanc en passant par le gris, le jaune, le brun, le tacheté, etc.

C. *Oreilles.* — Les oreilles sont droites et courtes, ou tombantes et longues.

D. *Queue.* — La queue peut compter depuis 21 vertèbres jusqu'à zéro. M. le baron Lecoulteux, en effet, a obtenu une race entièrement dépourvue de queue.

E. *Tête.* — La forme de la tête varie depuis le museau du dogue jusqu'à celui du lévrier.

F. *Mamelles.* — Généralement le chien a 4 mamelles à la poitrine et 6 au ventre. Certaines races en ont

3 d'un côté et 4 de l'autre; quelques-unes 4 d'un côté et 3 de l'autre (1).

G. *Ostéologie générale*. — Pour saisir l'étendue des variations, comparez le squelette du dogue avec celui du basset, l'omoplate arrondie du premier, par exemple, avec l'omoplate carrée du second.

II. — Unité d'origine des races canines.

Morphologie. — Frédéric Cuvier, quoique partisan de la fixité des espèces, déclare qu'il est impossible d'admettre plusieurs souches canines. Dans ce cas, en effet, il faudrait admettre logiquement que plus de cinquante ont apporté leur contingent de caractères. Or sur ces cinquante prétendues espèces, quarante au moins n'existent ni dans la faune actuelle ni dans la faune fossile. Preuve indirecte de l'unité d'origine.

Directement, l'unité d'origine est prouvée par les types intermédiaires qu'on peut intercaler entre les deux types extrêmes. Tel est le verdict de la morphologie.

Physiologie. — « Il est inadmissible, dit Isidore Geoffroy, que les chiens descendent de plusieurs espèces. Comment le croisement de deux animaux offrant les caractères actuels du genre *canis* eût-il pu donner naissance au basset, au bichon, au dogue?

---

(1) Voir page 397 l'anomalie dans le nombre des mamelles chez la femme.

Tout hybride ressemble à ses parents, tenant même souvent le milieu entre eux. Par conséquent, l'hybridité ne fait que combiner dans les descendants les caractères déjà existants dans les souches : elle n'en crée pas de nouveaux. » Preuve indirecte de l'unité d'origine.

Directement, l'unité d'origine est prouvée par les expériences d'Isidore Geoffroy qui a croisé aisément entre elles les races les plus éloignées. Les métis, nés de ces unions, ont été également féconds.

Ainsi, l'unité d'origine est également démontrée par la morphologie et par la physiologie, soit directement, soit indirectement.

III. — Souche des races canines. — Quelle est la souche de nos races canines ? Est-ce le loup, est-ce le chacal ?

§ 1er. — *Le Loup* (canis lupus.)

1° *Morphologie.* — Pour distinguer le chien du loup, Linné n'a pas trouvé d'autre caractère que celui-ci : « *Cauda sinistrorsùm recurva*. Le chien a la queue tournée à gauche ! »

2° *Physiologie et mœurs.* — A. Chez les louveteaux, les dents de lait tombent vers le sixième mois; de même chez le chien.

B. Le loup est aussi sujet à la rage.

C. « Les loups ne se mangent pas entre eux, » dit le proverbe populaire : cela est faux. Lorsque, dans les bandes de loups, un d'eux est blessé, ses camarades se jettent sur lui et le dévorent. Il en est de même chez les chiens presque sauvages qui composent les meutes des grands chasseurs. Il arrive même quelquefois que le valet chargé de les nourrir est mangé par eux si malheureusement il fait un faux pas et tombe. Se manger entre soi est un trait commun aux loups, aux chiens et aux hommes (1).

(1) HÉRODOTE. Chez les Massagètes (peuplade Tartare), lorsqu'un père atteignait un âge avancé, son fils le tuait et le mettait en ragoût, puis il invitait les parents et les amis à partager avec lui la fricassée paternelle. C'était le suprême degré de la piété filiale.

DARWIN. (*Variations*, t. II, p. 227) : « Lorsque les natifs de la Terre de Feu sont fortement poussés par le besoin, ils tuent leurs vieilles femmes pour les manger, plutôt que leurs chiens, en disant que les vieilles femmes ne servent à rien, tandis que les chiens prennent les loutres. » Quels hommes pratiques, ces doux Fuégiens !

TRANSACTIONS DE LA SOCIÉTÉ ETHNOLOGIQUE. (T. III, p. 248.) En Australie, M. Oldfield ne vit jamais une tombe de femme, et il croit que les naturels ne prennent pas la peine de les enterrer. Il pense que bien peu d'entre elles sont assez heureuses pour mourir d'une mort naturelle : « On les dépêche généralement avant qu'elles ne deviennent vieilles et maigres, de peur de laisser perdre tant de bonne nourriture. Bref, on y attache tellement peu d'importance, soit avant, soit après la mort, qu'il est permis de se demander si l'homme ne met pas son chien, quand celui-ci est vivant, absolument sur la même ligne que sa femme, et s'il pense plus souvent et plus tendrement à l'une qu'à l'autre, après qu'il les a mangés tous deux. »

D. Le loup a des habitudes qui lui sont communes avec le chien ; il mange couché comme lui ; comme lui, il sait encore se ménager des ressources pour le lendemain, gratte la terre, y pratique un trou dans lequel il dépose ses provisions et n'oublie pas de les recouvrir pour en dissimuler la présence.

E. L'aboiement est une voix d'imitation. Lorsque le chien civilisé retourne à l'état sauvage, il devient muet, comme on le verra ci-dessous. Réciproquement le loup apprivoisé acquiert l'aboiement. Un louveteau allaité par une chienne sait aboyer, dit le professeur suédois M. Nilsson. « J'ai eu une louve noire, écrivait le marquis de Courcival au *Journal des Chasseurs*, qui est maintenant empaillée chez moi ; elle jappait absolument comme un chien. »

F. Il est faux que le loup ne soit pas sociable. S'il semble vivre dans la solitude, c'est que dans nos contrées si peuplées, il est l'objet de poursuites incessantes. Dans les pays où les habitations sont rares, non-seulement en Amérique, mais en Russie et dans les provinces roumaines, les loups vivent en société.

G. Notre ménagerie, dit Flourens, a eu plusieurs loups très-apprivoisés. L'un d'eux a offert à Frédéric Cuvier un de ces attachements profonds dont on croirait même l'espèce du chien à peine capable : « Ce loup, raconte F. Cuvier, suivait en tous lieux son maître, obéissait à sa voix, montrait la soumission la plus complète. Etant obligé de s'absenter, son maître en fit don à la Ménagerie : là, enfermé dans une loge, cet animal fut plusieurs semaines sans montrer aucune gaîté et mangeant à peine. Cependant sa santé se rétablit; il s'attacha à ses gardiens et paraissait avoir oublié toute autre affection, lorsque, après dix-huit mois, son maître revint. Au premier mot que celui-ci prononça, le loup, qui ne l'apercevait point encore dans la foule, le reconnut à sa voix, et témoigna sa joie par ses mouvements et par ses cris... Il fallut se quitter une seconde fois. Trois ans s'écoulèrent. Après cet espace de temps qui, certainement, aurait suffi pour que le chien de la race la plus fidèle oubliât son maître, celui du loup revint. C'était le soir, tout était fermé; les yeux de l'animal ne pouvaient le servir, mais la voix de son maître ne s'était point effacée de sa mémoire. Dès qu'il l'entend, il le reconnait, lui répond par des cris, et aussitôt que l'obstacle qui les sépare est levé, il se précipite vers lui, le caresse, et menace de ses dents ses propres gardiens, auxquels, un moment auparavant, il donnait encore des marques d'affection. »

II. La gestation de la louve, comme celle des chiennes, dure de 62 à 63 jours. Buffon, sur ce point, s'était trompé.

I. Le loup et la chienne, le chien et la louve se croisent facilement, même en liberté. Ce fait est très-connu dans nos campagnes.

Les hybrides ou métis(1) qui naissent de ces unions sont féconds. L'expérience du croisement d'une louve avec un chien braque, commencée en 1773 par le marquis de Spontin et continuée par Buffon, est célèbre en histoire naturelle. Buffon obtint des hybrides qui se croisèrent entre eux et donnèrent trois générations d'hybrides féconds. Buffon ne poursuivit pas davantage l'expérience à cause de son grand âge : il avait alors quatre-vingts ans.

Depuis, d'autres exemples se sont produits spontanément ou ont été obtenus en divers lieux, notamment au Muséum.

Conclusion. — Si étroits que soient les liens qui unissent le loup et le chien, il est un autre animal qui en offre encore de plus grands, c'est le chacal. Toutefois une circonstance remarquable est la grande ressemblance qui règne entre les chiens et les loups d'une même contrée. D'après Richardson, observateur exact et sagace, la ressemblance entre les loups de l'Amérique du Nord (*canis lupus*) et les chiens domestiques des Indiens est telle, que la taille et la force plus grandes du loup constituent la seule différence. Le hurlement même est assez semblable pour tromper l'oreille si exercée de l'Indien. Les chiens des Esquimaux sont entièrement semblables aux loups gris du cercle arctique, non-seulement par la forme et la couleur, mais aussi par la taille qui est presque

---

(1) Ce point sera discuté à l'occasion du chacal.

la même. Ils se croisent fréquemment avec les loups, et les Indiens s'emparent des louveteaux pour améliorer la race de leurs chiens (docteur Kane). Il ne peut donc y avoir que peu ou point de stérilité entre le chien esquimau et le loup, car autrement, on n'emploierait pas celui-ci pour améliorer la race. Les chiens esquimaux, dit le docteur Hayes, sont des loups apprivoisés. Le chien de berger hongrois ressemble aussi étonnamment au loup.

De cette coïncidence frappante, faudrait-il conclure que la souche des chiens ne serait pas uniquement le chacal, et que plusieurs races, dans certains pays, pourraient descendre des loups indigènes? Plusieurs naturalistes l'ont pensé; Isidore Geoffroy-Saint-Hilaire, tout partisan déclaré qu'il est du chacal comme souche des races canines, semble incliner à croire que quelques-unes pourraient descendre du loup.

§ 2. — *Le Chacal (canis aureus.)*

1° *Morphologie.* — « Le chien a la même organisation anatomique que les chacals sans qu'une seule différence constante puisse être aperçue. Les deux Cuvier et Blainville le reconnaissent eux-mêmes, quoique ce résultat fournisse un argument puissant contre leurs vues sur l'origine du chien. Le chien reproduit parfois exactement les formes extérieures, le système de coloration et jusqu'aux teintes elles-mêmes du chacal.

Sur plusieurs points de l'Asie, de l'Europe orientale et de l'Afrique, on trouve en même temps, à l'état libre, des chacals, et à l'état domestique, des chiens qui leur sont très-semblables, si semblables qu'on ne saurait méconnaître ici, disent les voyageurs, les ascendants et les descendants encore réunis dans les mêmes lieux, et pour ainsi dire les rejetons encore implantés sur la souche commune (1). »

2° *Physiologie et mœurs*. — A. Le chien a non-seulement l'organisation du chacal, il en a les mœurs. Dès que les chiens rentrent dans l'état sauvage, ils forment des troupes nombreuses ; ils se creusent des terriers, ils chassent de concert comme les chacals. (Flourens.)

Le chacal se terre, mais non à la façon du renard ni surtout du blaireau : il se creuse accidentellement un abri. Le chien libre se terre également, et même plus que le chacal. Près du Caire, M. Maxime du Camp a trouvé une colonie de chiens terriers. Les chiens redevenus sauvages à la Plata chassent isolés ou en meutes et creusent des terriers pour leurs petits : points par lesquels ils ressemblent aux chacals, qui, eux aussi, chassent isolés ou en meutes et creusent des terriers. (Darwin.)

B. Les chiens redevenus sauvages dans l'île de Juan Fernandez perdirent la voix en moins de 33 ans.

(1) Isidore Geoffroy-Saint-Hilaire. *Histoire naturelle générale*, t. III, p. 103.

Quelques-uns enlevés de cette île par Ulloa ont repris peu à peu l'habitude d'aboyer.

Les chiens européens transportés en Afrique, sur la côte de Guinée, n'aboient plus, ils hurlent et glapissent.

Les chiens de la rivière Mackenzie (Amérique du Nord) sont muets. Amenés en Angleterre, ils ne sont jamais arrivés à l'aboiement proprement dit; mais un individu né au Jardin zoologique à Londres donnait de la voix aussi fortement qu'aucun autre chien de sa taille et de son âge.

L'aboiement est donc une voix artificielle qui s'acquiert surtout dans la compagnie de l'homme. Si les chiens redevenus sauvages perdent la voix, inversement les chacals apprivoisés apprennent à aboyer. Isidore Geoffroy Saint-Hilaire a observé souvent à la Ménagerie ce fait d'aboiement. « Je l'ai fait constater, au Muséum, par l'auditoire tout entier d'un de mes cours. Un chacal, entre autres, aboyait exactement comme un chien. » Puis il ajoute : « Le loup apprend aussi à aboyer, mais non absolument à la manière du chien, au moins dans les exemples que j'ai recueillis. »

Non-seulement le chacal possède l'aboiement du chien, mais il en a toutes les autres voix, la voix du désir en particulier : « *Vox desiderii caninæ simillima,* » a dit Pallas.

C. « L'odeur du chacal est rendue au chien lorsqu'on nourrit celui-ci de chair crue, et même de chair cuite, mais alors le but est atteint plus lentement. » (Isid. Geoffroy.)

D. « Les mœurs du chien et du chacal sont à peu près les mêmes. Le chacal apprivoisé, appelé par son maître, remue la queue, rampe et se renverse sur le dos. Il flaire les chiens à l'anus, et, comme eux, urine de côté (Darwin). Pallas a noté l'identité dans la manière de caresser chez les deux animaux : « *Homini caudâ eodem modo blanditur*. »

Quant à la facilité du chacal à être apprivoisé, les preuves abondent. En voici une, entre autres. Isidore Geoffroy a vu, à Grenoble, un chien, comme on l'appelait, mais en réalité un chacal, doux, familier et caressant. Il appartenait à un soldat qui l'avait ramené d'Afrique. Le chacal vaguait librement dans les rues, jouant avec les vrais chiens. Ceux-ci, selon leur coutume, le flairaient d'abord, puis l'accueillaient en camarade. Isid. Geoffroy essaya vainement de l'acquérir à prix d'argent : le soldat refusa de le vendre.

E. La durée de la gestation chez le chacal est exactement la même que celle du chien : elle est en moyenne de 63 jours.

F. Le chacal et la chienne, le chien et la chacale sont également portés l'un vers l'autre. Non-seulement ils se croisent facilement en captivité, mais encore ils le font spontanément à l'état libre, ainsi que Pallas l'a constaté en Orient, et M. Guyon, chirurgien en chef de l'armée, en Algérie. (Isid. Geoffroy.)

En 1845, Flourens commença une série d'expériences de croisements entre le chien et le chacal, ainsi qu'entre le chien et le loup. Ses observations ont embrassé 59 portées. Il croisait les métis entre eux. Le résultat des expériences fut celui-ci : au bout de trois générations les métis de loup devinrent inféconds ; ceux du chacal ne le devinrent qu'à la quatrième génération. Flourens en conclut que, la fécondité des métis du chacal n'étant pas continue, le chacal et le chien appartiennent à deux espèces distinctes. Par conséquent les produits du croisement de ces deux animaux sont des hybrides et non des métis.

A cette conclusion Darwin fait deux objections très fondées : 1° les métis croisés entre eux étaient en captivité ; 2° ces métis étant frères et sœurs, les unions étaient consanguines.

1° *Captivité.*—C'est un fait bien constaté que la captivité diminue beaucoup la fécondité des animaux sauvages et les rend même tout-à-fait stériles. Le dingo (chien d'Australie), qui se croise librement avec nos chiens importés en Australie, n'a donné aucun résultat dans les essais réitérés de croisement tentés au Jardin des Plantes (Fréd. Cuvier). Quelques chiens courants de l'Afrique centrale importés par le major Denham n'ont jamais reproduit à la Tour de Londres.

Il est clair que si la captivité produit de tels effets sur les individus de la même race ou de races si voisines; *à fortiori* agira-t-elle d'une manière fâcheuse sur le croisement de deux races éloignées.

2° *Union consanguine.*—L'influence funeste qu'a pour la fécondité l'union répétée entre parents est une vérité consacrée par la pratique journalière des éleveurs à l'égard des animaux; que dis-je? elle l'est même pour l'espèce humaine, puisque les lois civiles et religieuses défendent le mariage entre proches parents(1). Il résulte de là que les expériences de Flourens faites dans de telles conditions ne permettent pas d'affirmation absolue. Il est nécessaire que l'expérimentation soit recommencée avec un soin, une rigueur, une méthode à l'abri de tout reproche et de tout mécompte. Isidore Geoffroy en essayant parallèlement à Flourens le croisement du chacal et du chien n'avait obtenu que trois générations fécondes de métis. Puisque Flourens a pu en obtenir quatre, il n'y a aucune raison pour que, dans des conditions parfaites, le croisement ne soit d'une fécondité continue.

Conclusion. — Tel qu'il est, le résultat acquis est si considérable qu'on peut sans témérité regarder le chacal comme souche de nos races canines.

D'autre part, la ressemblance étroite, quoique à un moindre degré, du loup et du chien, jointe à la fécondité de trois générations croisées, est certainement propre à laisser de l'hésitation dans l'esprit, relativement à l'unité de la souche canine. Dans ce cas, l'opinion de Blainville pourrait concilier les diverses

---

(1) Darwin. *Variations.* Tout le chapitre XVII est consacré à ce sujet.

appréciations. Blainville pensait que nos chiens descendent d'une espèce unique et éteinte. A l'appui de cette vue, on a trouvé dans des dépôts tertiaires certains ossements qui se râpprochent plus de ceux d'un gros chien que de ceux d'un loup. Dans les débris de cuisine (*Kjokken-moddings*) au Danemark, on a recueilli des ossements que Steenstrup a démontré être ceux d'un chien domestique : ce qui prouve que le chien était domestiqué en Europe longtemps avant l'époque historique. A la même période néolithique, existait en Suisse un chien qui, d'après le professeur Rütimeyer, était intermédiaire au loup et au chacal par le crâne.

En adoptant cette opinion de Blainville, on regarderait le chien, le chacal et le loup comme issus d'une même espèce fossile. Le milieu, une domestication plus tôt accomplie, auraient amené les divergences qui semblent séparer aujourd'hui les trois frères; avec cette différence toutefois que, par des circonstances à nous inconnues, le loup aurait divergé plus promptement de la souche commune.

CHAPITRE II.

L'HYBRIDITÉ.

On appelle hybridation l'action de croiser deux espèces distinctes; l'hybride est l'être produit par ce croisement, lorsque celui-ci est fécond. L'hybridité est la condition de l'animal ou du végétal hybride.

I. — Fécondité bornée ou infécondité des unions entre espèces. — Dans les deux règnes, végétal et animal, le croisement entre deux espèces éloignées est toujours stérile. La fécondité entre les espèces voisines est donc la seule dont on puisse donner des exemples. Inutile d'ajouter que le mot espèce est ici nécessairement employé dans le sens morphologique.

Végétaux. — Le croisement entre espèces voisines donne presque toujours des hybrides; mais ces hybrides sont le plus souvent stériles ou retournent promptement au type primitif. Sauf une exception, celle de l'*œgilops speltæformis* dont il sera parlé avec détail, on peut affirmer qu'il n'existe pas de races hybrides méritant ce nom.

Animaux. — § *État sauvage*. — En général, les hybridations naturelles sont extrêmement difficiles : les animaux paraissent répugner à ces unions en quelque sorte forcées.

Entre mammifères, on ne peut citer aucun cas.

Chez les oiseaux, on a constaté quelques hybridations entre les perdrix et les tétras, entre l'hirondelle de fenêtre et l'hirondelle de cheminée, entre la bergeronette grise et la noire, entre la corneille mantelée et la noire. On ignore si les accouplements ont donné naissance à des hybrides, excepté les unions des perdrix et des tétras (coqs de bruyère, gélinottes, lagopèdes).

Entre reptiles, aucun exemple. Il résulte des fécondations artificielles tentées par Spallanzani (1) que le liquide fécondant du crapaud n'exerce aucune action fertilisante sur les œufs de grenouille. L'humeur des crapauds empoisonne les grenouilles; elle les tue généralement dans l'espace d'une heure. Il suffit même d'en étendre une certaine quantité sur le dos de l'animal pour obtenir ce résultat. Mais elle n'exerce aucune action toxique sur les crapauds eux-mêmes (Vul-

---

(1) Spallanzani, chirurgien et naturaliste italien, né en 1729, mort en 1799.

pian). Ce qui prouve que les grenouilles appartiennent à une espèce très-distincte.

§ *État domestique ou captivité.* — Voici le résumé presque complet des hybridations chez les mammifères, obtenues par les soins de l'homme.

1° *Tigre et lion.* — En captivité, le tigre et la lionne ont donné naissance à des hybrides qui n'ont jamais été féconds (1).

2° *Ane et hémione.* — L'union de l'hémione et de l'âne est féconde. On a obtenu, au Muséum, en croisant l'hémione et l'ânesse, un hybride mâle qu'on avait appelé Polka. Cet hybride a pu féconder des ânesses et des hémionesses.

3° *Ane et jument.* — De l'union de l'âne avec la jument naît le mulet, hybride très-ardent, mais infécond. Après avoir observé les faits contemporains, recueilli et contrôlé les faits anciens, on est arrivé aux trois conclusions suivantes :

---

(1) Dans une ménagerie anglaise, une tigresse originaire de Calcutta eut, en dix années, cinq portées d'un lion né en ménagerie d'un lion de Barbarie et d'une lionne du Sénégal. Les trois petits de la dernière portée survécurent seuls. « Moins rayés que les vrais tigres, ces hybrides l'étaient plus que ne le sont les lionceaux, et, sous ce rapport, leur robe tenait à peu près le milieu entre celle des deux espèces dont ils descendaient. De même pour la physionomie. » (Gervais.)

A. Infécondité absolue des mulets unis aux mules;

B. Infécondité probablement absolue du mulet uni, soit à la jument, soit à l'ânesse;

C. Fécondité extrêmement rare de la mule croisée avec le cheval ou avec l'âne.

4° *Cheval et ânesse.* — Le produit de l'hybridation du cheval et de l'ânesse est le bardot. Le bardot étant plus faible et plus petit que le mulet, on n'a aucun intérêt à le faire naître ni à le propager.

5° *Chien et loup.* — Voir le chapitre précédent, ainsi que pour le croisement du chien et du chacal.

6° *Lièvre et lapin.* — On appelle léporides les produits de l'hybridation du lièvre et du lapin. Cette hybridation, constatée d'abord en 1774 par l'abbé Dominique Gagliori, a été, en 1850, l'objet d'une exploitation industrielle par M. Roux, président de la Société d'agriculture d'Angoulême. D'une longue controverse, d'une enquête sérieuse ainsi que d'expériences faites avec succès par M. Gayot, il résulte que le lièvre s'unit aux lapines et donne naissance à des hybrides, lesquels retournent au type lapin vers la troisième génération.

7° *Chèvres et brebis.* — Au Chili, on croise facilement le bouc et la brebis. L'hybride, appelé chabin ou ovicapre, est l'objet d'un fructueux commerce. D'après le témoignage décisif de M. Gay, le chabin retourne aux espèces pures au bout de quelques générations.

II. — Variation désordonnée et retour au type.
— Un exemple de variation désordonnée avec retour au type a été donné précédemment (croisement de la linaire jaune et de la linaire rouge). En voici un autre, emprunté au règne animal (insectes). Il s'agit du croisement du ver à soie de l'ailante, *bombyx cynthia*, avec le ver à soie du ricin, *bombyx arrindia*, essayé en 1859 par M. Guérin de Méneville. Les hybrides obtenus participaient des deux types, mais plutôt du type ailante. Ce cachet général se retrouvait à la fois dans les papillons et dans les cocons. Croisés entre eux, ils donnèrent une deuxième génération où l'uniformité qui les distinguait disparut : la diversité des couleurs se manifesta entre les papillons ainsi qu'entre les cocons (variation désordonnée). A la troisième génération, les hybrides produits retournèrent les uns au type ricin, les autres au type ailante; la presque totalité au type ricin (retour au type).

III. — Greffe animale et végétale. — On sait que greffer un végétal sur un autre, c'est, quel que soit le procédé, transporter un fragment (bourgeon) d'un végétal sur un tronc étranger. Or la greffe peut s'exercer entre races de même espèce, ou entre espèces du même genre, ou entre espèces de genres différents.

Il y a donc là des phénomènes analogues, mais simplement analogues, à ceux du métissage et de l'hybridation.

Il résulte des expériences faites entre végétaux que la greffe réussit toujours entre les races d'une même espèce, à condition qu'on prenne les précautions ordinaires ; qu'elle réussit souvent entre espèces du même genre, ce qui étend la limite de reproduction ; qu'elle ne réussit jamais entre espèces de genres différents.

Dans ces dernières années, plusieurs habiles physiologistes ont fait des essais de greffe animale, qui ont été couronnés de succès. Il faut entendre par greffe animale le transport d'une partie d'un animal sur un autre animal. Deux expérimentateurs se sont particulièrement distingués dans cette voie nouvelle, MM. les chirurgiens Ollier et Paul Bert.

M. Ollier a transporté des fragments de périoste (membrane fibreuse, blanche et résistante qui enveloppe l'os) pris à certains animaux de même espèce ou d'espèces différentes. Dans le premier cas, il a toujours vu la greffe implantée dans le nouvel organisme s'y développer et produire un tissu osseux normal. Dans le deuxième cas, elle s'est toujours déformée et n'a donné naissance à aucun tissu.

M. Paul Bert a opéré surtout avec des queues de rat qu'il a implantées ou introduites sous la peau de différents animaux. Sur les rats et les mulots l'expérience a toujours réussi. Par exemple, un fragment de deux centimètres de la queue d'un jeune rat, inséré sous la peau d'un rat du même âge, acquit en trois mois le développement normal de neuf centimètres. Sur les chiens et les chats, l'insertion de courts fragments de queue de rat amenait toujours l'un des deux résultats suivants : ou bien il y avait inflammation, suppuration et finalement expulsion de ce corps étranger; ou bien il était résorbé par une espèce de digestion locale.

On voit par là que les phénomènes de greffe animale présentent une grande analogie avec ceux du métissage et de l'hybridation.

Appendice. — On peut affirmer qu'une partie détachée du corps d'un animal conserve pendant quelque temps une vie individuelle. Quelle est la durée et la vigueur de cette vie partielle ? Voici le résultat de quelques expériences.

M. Ollier a remarqué qu'un lambeau périostique pris sur un lapin mort depuis vingt-quatre heures, était encore susceptible d'être greffé sur un autre lapin. Bien plus, ce tissu gardait la propriété de donner naissance à un os nouveau. Il avait donc pu conserver, après ce qu'on appelle la mort de l'animal, sa vie individuelle et ses propriétés spéciales.

La greffe la plus surprenante est peut-être la suivante : M. Bert coupa la queue d'un rat; il la mit sécher dans le vide de la machine pneumatique et dans le voisinage d'acide sulfurique concentré, afin de lui enlever toute l'humidité qu'elle pouvait contenir. Puis il la plaça dans un tube de verre et pendant cinq jours l'y laissa enfermée. Au bout de ce temps, il la soumit pendant plusieurs heures à une température de 98° centigrades, dans une étuve sèche, puis il la remit pendant quatre jours dans son tube. Enfin, jugeant l'épreuve suffisante, il greffa sur un autre rat cette véritable momie animale. Le succès fut complet. La greffe reprit si bien que, trois mois après, des vaisseaux s'étaient formés dans la partie greffée, absolument comme si elle eût été transplantée toute fraîche d'un animal sur un autre.

M. Bert a aussi tenté avec un plein succès la soudure entre deux animaux : c'est ce qu'il appelle la greffe siamoise.

1° *Greffe siamoise entre individus de la même race.* — Deux rats blancs, âgés de quinze jours, furent soudés l'un à l'autre par la partie latérale du corps. Pour cela, une plaie fut faite à la peau; puis, une suture réunit, d'un rat à l'autre, les lèvres de cette plaie mitoyenne; enfin un bandage maintint l'un contre l'autre ces deux animaux, si bien qu'au bout de six jours, ils étaient solidement unis par la cicatrice et qu'on put les abandonner à eux-mêmes. Au moyen d'une solution alcoolique d'atropine, M. Bert constata que les vaisseaux des deux animaux communiquaient entre eux.

2° *Greffe siamoise entre individus d'espèces voisines.* — Un rat blanc fut soudé à un surmulot; un autre rat blanc à un rat de Barbarie. D'une façon générale,

M. Bert a remarqué que deux rats greffés l'un à l'autre se prenaient d'une aversion qui croît avec l'âge. Au bout de deux mois au plus, il faut les séparer : ils s'entre-dévoreraient.

3° *Greffe siamoise entre individus d'espèces éloignées.* — L'opération est difficile et demande les plus grandes précautions. M. Bert a réussi à souder un rat et un chat ! (Docteur Marey.)

Les anomalies des animaux que les saltimbanques montrent dans les foires proviennent généralement de greffes animales.

IV. — **Aucune race hybride parmi les animaux.** — 1° En fait, il n'existe pas une seule race hybride parmi les animaux sauvages ou domestiques.

2° Toutes les fois que le croisement entre espèces a donné des hybrides féconds, ceux-ci au bout de quelques générations sont retournés au type paternel ou maternel. La variation désordonnée et le retour au type empêchent donc la formation d'une race hybride.

V. — **Seule race hybride parmi les végétaux.** — La conclusion serait la même pour le croisement des espèces végétales, sans une exception extraordinaire qui mérite d'être racontée.

On sait que l'origine de notre froment, *triticum*, est encore inconnue. D'autre part, il existe en Asie une espèce appelée *ægilops* qui, quoique plus petite, que les diverses races de notre froment, lui ressemble beaucoup. L'*œgilops ovata*, l'une des races de l'espèce *œgilops*, est très-commune dans le midi de la France. En 1857, M. Esprit Fabre, de la ville d'Agde, trouva sur le bord d'un champ de blé un épi qui offrait les caractères intermédiaires entre l'*œgilops* et le *triticum*, et qu'on avait déjà décrit sous le nom de *œgilops triticoïdes*. Cet épi, M. Fabre constata qu'il était sorti de la souche d'un *œgilops ovata* enterré par un accident; la souche donnait en même temps des *œgilops ovata*. Les grains de cet *œgilops triticoïdes*, semés, donnèrent naissance à une génération qui se rapprocha davantage du froment. M. Fabre crut alors que le *triticum* ou froment n'était qu'un *œgilops* transformé; c'est dans ce sens qu'il publia sa découverte. Mais M. Godron, par des expériences directes et décisives, prouva que l'*œgilops triticoïdes* n'était pas une espèce transformée, mais un simple hybride. Il croisa le froment *triticum* avec l'*œgilops ovata* : le produit fut l'*œgilops triticoïdes*. Puis il croisa cet hybride demi-sang avec le froment; il obtint un hybride quarteron (quart de sang) qui ressemblait à la deuxième génération de l'*œgilops* de M. Fabre. M. Godron appela cet hybride quarteron *œgilops speltœformis* (qui ressemble à l'épeautre). L'*œgilops speltœformis*, semé par M. Godron, a donné constamment des produits féconds. Au lieu d'une transformation d'espèces, on eut un hybride doué d'une fécondité continue; l'intérêt, pour être déplacé, n'en restait pas moins grand.

Malheureusement M. Godron avoue que l'*œgilops*

speltæformis ne se maintient qu'à force de soins. C'est en vain que l'éminent botaniste a essayé de le semer en le laissant à nu sur un sol même préparé d'avance. Il faut absolument enterrer chaque graine et prendre soin du produit comme d'une plante délicate. Abandonné aux seules conditions naturelles, il retourne au type des parents.

En résumé, cette race hybride, exception unique jusqu'à ce jour, a un caractère presque artificiel : elle ne se maintient que par l'intervention active de l'homme.

VI. — Caractères des hybrides. — § 1er. *Atrophie de l'appareil reproducteur*. — Chez les hybrides végétaux, les organes de végétation et de nutrition, tiges et feuilles, offrent une supériorité très-marquée sur l'appareil reproducteur. Les tiges et les feuilles sont plus robustes, plus développées : c'est une des raisons qui font rechercher certains hybrides.

« Dans l'immense pluralité des cas, les appareils reproducteurs mâle et femelle sont atteints chez les hybrides. Les organes mâles sont, en général, le plus rudement frappés. Point de pollen ou pollen imparfait. » Telle est la loi de Koelreuter.

Quand les hybrides de première génération sont fertiles, la fécondité est toujours extrêmement réduite. Gœrtner a compté sur un hybride de pavot dix graines fertiles seulement, tandis que dans l'espèce ordinaire une capsule en renferme environ deux mille six cent trente.

Chez les animaux, on remarque la même rupture d'équilibre entre les organes et fonctions de reproduction d'une part, et les organes et fonctions de la vie musculaire d'autre part. Le mulet, par exemple, offre une vigueur musculaire et une résistance à la fatigue plus grandes que celles de ses parents. Mais cette supériorité est balancée par l'atrophie à peu près complète des organes reproducteurs, quoique le mulet soit très-ardent. Le liquide fécondant, examiné par des physiologistes tels que Prévost et Dumas, Bechstein et Wagner, ne contenait que des spermatozoïdes imparfaits ou même réduits à l'état de simples granulations.

Chez la mule, Brugnone et Gerber en disséquant les ovaires ont trouvé la trace d'ovules plus ou moins bien conformés. Donc l'élément femelle chez les hybrides animaux est moins atteint que l'élément mâle.

Lorsque les hybrides du premier sang sont féconds, la fécondité est toujours extrêmement réduite. Par exemple, l'hybride du lapin et du lièvre, croisé avec le lièvre, donne de deux à cinq hybrides quarterons (léporides de MM. Roux et Gayot). Or la portée ordinaire des lapines est de huit à douze petits.

En résumé, chez les hybrides tant végétaux qu'animaux, on constate les quatre faits suivants :

A. Atrophie de l'élément mâle ;

B. Atrophie moins accusée de l'élément femelle ;

C. Réduction considérable de la fécondité chez les hybrides non stériles;

D. En compensation, accroissement de vigueur et d'énergie dans les organes et les fonctions de la vie végétative ou musculaire. C'est une vérification vraiment remarquable de la loi de balancement organique et physiologique.

§ 2. *Ressemblance.* — La ressemblance bi-latérale est la règle générale chez les végétaux. Cependant on cite des cas très-nombreux de ressemblance unilatérale. (Sageret, Senff, Knight.)

Chez les animaux on peut à peine citer quelques cas de ressemblance unilatérale; et encore, Isidore Geoffroy-Saint-Hilaire les révoque en doute. La loi générale est la ressemblance bi-latérale mixte.

Les caractères reçus des parents par les hybrides sont fondus ou juxtaposés, ainsi qu'on le voit chez les métis.

On trouve dans le règne végétal un exemple remarquable d'hybride offrant à la fois la fusion et la juxtaposition : il est donné par le citronnier hermaphrodite appelé *bizarria* en italien. Le *bizarria* est un hybride triple dont certaines branches produisent à la fois des citrons, des oranges, des limons, en même temps que des fruits intermédiaires entre ces trois types. Le *bizarria* est né à Florence en 1644 : il ne se propage que par boutures.

Dans le règne animal, le mulet offre un spectacle

analogue. Les oreilles et la tête sont une moyenne entre celles de l'âne et du cheval, la taille et la forme générale appartiennent à sa mère la jument. Par sa queue, par sa force de résistance et par son caractère, il se rattache directement à l'âne.

Observation. — La ressemblance unilatérale ou bilatérale, avec fusion ou juxtaposition, se retrouvant aussi chez les métis, ne peut servir à caractériser les hybrides.

VII. — Résumé. — Les caractères distinctifs de l'hybridité sont, d'après l'exposé des faits précédents :

1° *L'extrême difficulté de l'hybridation;*

2° *La stérilité habituelle des unions ou la non persistance de la fécondité quand l'union a été féconde;*

3° *Le retour au type, absence complète d'atavisme.*

TABLEAU COMPARÉ

DU MÉTISSAGE ET DE L'HYBRIDATION.

Caractères distinctifs.

MÉTISSAGE	HYBRIDITÉ
1° Facilité du croisement;	1° Extrême difficulté de l'hybridation;
2° Fécondité continue des métis;	2° Infécondité absolue ou prompte des hybrides;
3° Atavisme chez les métis;	3° Jamais d'atavisme chez les hybrides, mais retour au type;
4° Accroissement de fécondité par le métissage;	4° Diminution extrême de fécondité par l'hybridation, lorsque l'hybridation a été fertile.
5° Équilibre entre les fonctions reproductrices et la vie de nutrition, chez les métis.	5° Rupture du même équilibre chez les hybrides, au détriment de l'appareil reproducteur.

Caractère commun.

Ressemblance quelquefois unilatérale, mais le plus souvent bi-latérale mixte, avec fusion ou juxtaposition des caractères hérités du père et de la mère.

CHAPITRE III.

L'ESPÈCE HUMAINE.

L'ensemble des animaux qu'on appelle *hommes* présente trois groupes principaux : le groupe blanc ou caucasique, l'olivâtre ou asiatique, le noir ou africain, lesquels se subdivisent eux-mêmes en groupes secondaires. Ces groupes sont-ils des races ou sont-ils des espèces? Doit-on dire l'*Espèce humaine* ou le *Genre humain*? Si les groupes sont les diverses races d'une même espèce, il s'ensuit que l'espèce humaine a pour origine un seul couple de parents. Les partisans de cette doctrine se nomment, pour ce motif, monogénistes (μόνος, unique; γένος, origine). Si les groupes sont les espèces distinctes d'un genre, chaque espèce descendra d'un couple distinct; le genre humain aura donc plusieurs souches : d'où le nom de polygénistes (πολύς, plusieurs; γένος, origine) donné aux partisans de cette dernière doctrine (1).

Au fond, ce qui divise les monogénistes et les polygénistes, c'est la manière dont ils entendent l'espèce. Pour les monogénistes l'espèce réside essentiellement dans la filiation : c'est l'espèce physiologique. Les polygénistes, au contraire, définissent l'espèce par la structure et la forme : c'est l'espèce morphologique. On sait, par les discussions précédentes, quelle est,

---

(1) L'ardeur étrange qui a enflammé la querelle entre les monogénistes et les polygénistes tient à l'introduction, dans le débat, d'une question religieuse et d'une question sociale.

Comme la Bible enseigne que les hommes descendent d'Adam et d'Ève, les biblistes se sont fait monogénistes ; les antibiblistes, par un sentiment d'hostilité, ont adopté le polygénisme.

Quant à la question sociale, l'Amérique a eu le privilége et aussi les douleurs de la poser et de la résoudre. Les partisans de l'esclavage ont soutenu le polygénisme afin de ranger les nègres, leurs victimes, dans une espèce inférieure. Le nègre n'étant plus le frère du blanc, mais quelque chose d'intermédiaire entre le blanc et la brute, les esclavagistes s'arrogeaient le droit d'en user comme d'un bœuf ou d'un porc. Phénomène imprévu ! on vit même des monogénistes soutenir non-seulement la légitimité, mais encore la sainteté de l'esclavage, et cela au nom de la Bible ! Voici l'admirable fondement de leur démonstration : Noé, un jour, s'étant soûlé de vin, tomba ivre-mort dans sa tente. En se roulant à terre, au milieu de ses vomissements, il s'était découvert le corps d'une façon peu décente. « Et Cham, père de Chanaan, ayant vu la nudité de son père, sortit et le rapporta à ses deux frères. » (Genèse, chap. IX, verset 22.) Ainsi la Bible ne dit même pas que Cham

à nos yeux, la véritable, la seule espèce ; on sait aussi quel arbitraire règne dans l'importance que chaque naturaliste attache à tel ou tel caractère morphologique. Par conséquent, la logique comme la vérité nous conduisent à l'exposé des raisons qui militent en faveur du monogénisme. Bien entendu, le monogéniste, tout en adoptant un seul couple comme point de départ de l'humanité, s'inquiète peu de savoir quel était le nom de ce couple, ni comment il est apparu sur la terre : ce n'est pas son affaire.

se soit moqué de son père. En supposant même qu'il l'eût fait, c'eût été sans doute une action répréhensible. Mais, au demeurant, quelle peccadille en comparaison de la conduite honteuse du père ! Lorsque le vieil ivrogne eut cuvé son vin et repris ses sens, vous savez ce qu'il fit. Au lieu de demander pardon à ses fils d'avoir ainsi profané ses cheveux blancs et de leur avoir donné un spectacle propre à éteindre tout respect et tout amour filial, il entra en fureur contre Cham, et maudit, qui ? Chanaan, le petit enfant de Cham ! « Noé dit : Que Chanaan soit maudit ; qu'il soit l'esclave des esclaves de ses pères ! Et Noé dit : Béni soit le Dieu de Sem, et que Chanaan soit l'esclave de Sem ! Que Dieu étende les possessions de Japhet et que Chanaan soit son esclave ! » (Versets 25, 26, 27. Traduction de M. de Genoude.) Ainsi Cham commet une faute, c'est son enfant qui est puni. La faute est certes très-légère, l'enfant innocent est condamné à l'esclavage par son propre grand-père ! et avec lui toute sa postérité ! Voilà pourquoi MM. les biblistes américains regardent comme un devoir légitime, étroit, d'abrutir et de torturer les nègres, descendants présumés de Chanaan ! Voilà comment a été proclamé trois fois saint l'esclavage, ce crime le plus abominable qui ait souillé la terre. O la jolie morale !

La méthode à suivre s'impose d'elle-même; elle est celle qui nous a servi à distinguer et à caractériser les races et les espèces animales. Puisque les groupes d'êtres humains sont des races, il faut prouver que : *morphologiquement*, la nature et l'étendue des variations dans les races humaines sont analogues à celles qu'on voit dans les races domestiques ou sauvages; qu'elles ne les dépassent pas et qu'elles s'expliquent également par l'action du milieu, par l'hérédité et par la sélection; enfin et surtout que : *physiologiquement*, la fécondité des croisements est facile, continue, avec phénomènes d'atavisme. Tels sont, en effet, les caractères que nous avons reconnus comme distinctifs des races.

§ 1ᵉʳ. — *Morphologie*.

La nature des variations chez les races humaines est la même que dans les races domestiques; l'étendue n'est pas plus grande; elle est même inférieure à celle qu'on remarque chez des animaux reconnus comme appartenant à la même race par les défenseurs les plus ardents de la fixité des espèces.

I. — **La Peau.** — Considérée au microscope, la peau se divise en trois parties distinctes : 1° la couche superficielle ou épiderme; 2° le réseau muqueux de Malpighi, ainsi nommé parce qu'il a été découvert par le grand anatomiste italien Malpighi; 3° la couche profonde ou derme. La structure et la composition de la peau est la même chez tous les hommes, noirs ou blancs.

A. *Coloration*. — Dans le réseau de Malpighi on aperçoit, appliquée sur le derme, une première zône de cellules pleines et gonflées; puis au-dessus, une deuxième zône de cellules un peu aplaties; enfin, à l'épiderme, une troisième zône de cellules aplaties. Ces cellules sont remplies d'un liquide jaune pâle chez les blancs, noir foncé chez les nègres. Ce liquide, susceptible de colorations diverses, s'appelle pigment, du mot latin *pigmentum*, matière colorante.

Chez l'homme, on trouve, au point de vue de la coloration, trois types fondamentaux : le blanc, le jaune, le noir. Ces trois types se trouvent également chez plusieurs espèces d'animaux. L'espèce galline, entre autres, renferme : 1° des races blanches (poules cauchoises); 2° des races jaunes (poules cochinchinoises); 3° des races nègres (à la Martinique, au Japon, à Java, en Suisse).

La couleur de la peau est indépendante de la couleur des plumes. La poule aux plumes soyeuses et blanches du Japon a la peau noire, tandis que chez les poules nègres de la Martinique, de Java, etc., le plumage est souvent noir. Chez plusieurs poules nègres, le mélanisme (mot grec qui signifie couleur noire) est beaucoup plus profond que chez l'homme nègre.

La peau noire se trouve souvent aussi chez les caniches, chez les chevaux, d'après le témoignage des éleveurs. Tous ces animaux appartiennent respectivement à une même espèce : ils ne forment que des races.

La coloration jaune pâle, particulière aux blancs, n'est même pas uniforme par tout le corps. Certaines parties sont fortement colorées, par exemple l'auréole du mamelon ; celle-ci est souvent noire chez les femmes grosses ou qui allaitent.

La coloration rouge cuivré, chez les Indiens d'Amérique, semble le résultat d'un mélange. D'ailleurs, la coloration rouge se trouve encore en Afrique, en Chine, en Abyssinie, et même à Naples. L'amiral Fitz-Roy a vu apparaître la coloration rouge chez des enfants nés du croisement d'un Nouveau-Zélandais ou d'un Polynésien avec un Anglo-Saxon.

La coloration noire n'est point l'apanage exclusif des nègres africains ; elle se trouve chez des races très-différentes. Il y a des Hindous (Asie) et des Abyssins (Afrique) qui sont plus noirs que certains nègres rencontrés par Livingstone au cœur de l'Afrique. D'après M. Simonot, la rive droite du Sénégal est habitée par des Maures entièrement noirs ; or le type maure est très-différent du type nègre.

La coloration du liquide pigmentaire dépend, comme toutes les sécrétions, de diverses causes, soit extérieures, soit intérieures. Nous avons vu que l'auréole du mamelon féminin devenait souvent noire pendant la grossesse ou la lactation. Les femmes blondes, durant les chaleurs de l'été, se couvrent souvent de taches de rousseur, c'est-à-dire que le pigment des cellules se colore en jaune sous l'action solaire. On sait combien le grand air et le soleil agissent énergiquement sur la peau des travailleurs champêtres ; on rencontre chez eux des colorations qui varient du rouge au brun noir. Enfin, l'introduction de substances chimiques dans l'économie (l'azotate d'argent, par exemple) peut amener la coloration noire de la peau par suite de l'action exercée sur le pigment des cellules.

D'après Isidore Geoffroy, quelques oiseaux granivores, notamment le bouvreuil, sont sujets à devenir noirs lorsqu'on les soumet à l'usage habituel d'une nourriture abondante et excitante, surtout du chénevis.

Les taches (*nœvus*) vulgairement appelées envies sont des altérations du pigment par suite de causes inconnues. Elles peuvent être d'un bleu foncé aussi bien que rouges.

Lorsque le pigment diminue ou même est absent, on a l'albinisme ; la peau est blanche, les cheveux et les poils sont blancs, etc. L'albinisme se rencontre chez toutes les races humaines, chez la plupart des animaux, mammifères, oiseaux, poissons. Avant que la science eût reconnu dans l'albinisme une simple modification pigmentaire, les albinos étaient rangés en espèces distinctes (1).

---

(1) Voir Isidore Geoffroy. *Histoire des anomalies*, t. 1er, p. 297 et suiv. : « L'albinisme, que l'on avait cru être une modifica-

En résumé : 1° Les trois groupes blanc, jaune, noir se trouvent également chez des races animales appartenant à une même espèce ;

2° Une coloration quelconque se trouve indifféremment chez les peuples les plus divers (Nègres, Maures, Hindous, Abyssins, Peaux-Rouges, Africains, Chinois, Abyssins, Napolitains, métis Polynésiens, etc.) ;

3° La coloration pigmentaire peut varier sous l'action du soleil, de substances chimiques, d'états pathologiques; enfin l'albinisme est commun aux mammifères, aux oiseaux, aux poissons.

Donc la coloration de la peau ne peut pas être admise comme caractère distinctif d'espèces.

tion constante dans une ou deux races d'hommes et caractéristique pour elles, peut non-seulement se produire dans toutes d'une manière accidentelle, mais il se montre même chez divers animaux appartenant à des classes très-différentes. Il est même peu d'anomalies dont on connaisse des exemples dans un aussi grand nombre d'animaux. Pour ma part, j'ai observé l'albinisme plus ou moins complet parmi les mammifères sauvages, chez plusieurs espèces de singes des deux continents, chez une chauve-souris, la barbastelle, dans plusieurs espèces de muscaraigne, chez la taupe commune, chez le raton laveur, chez la belette et la fouine, chez la loutre, chez un grand nombre de rongeurs de divers genres, entre autres chez le castor du Canada, chez l'antilope à bourse, enfin dans plusieurs espèces de cerfs. Les éléphants blancs de l'Inde ne sont que des variétés albines de l'éléphant ordinaire d'Asie.

Les exemples d'albinisme sont aussi peu rares, peut-être

B. *Cheveux et poils.* — Dans l'espèce canine, les variations pileuses s'étendent depuis l'abondante toison des chiens de Poméranie, des chiens des Pyrénées et des chiens-moutons jusqu'à la peau presque nue des chiens turcs et à la peau entièrement nue de certaines races au Pérou, au Paraguay, dans le golfe du Mexique, dans la Guinée.

De même chez les chevaux : la race cosaque est très-velue, tandis qu'à l'intérieur de l'Afrique il

moins rares encore chez les oiseaux que chez les mammifères. J'ai, en effet, observé cette anomalie plus ou moins complétement dans toutes les espèces suivantes :

Le gobe-mouche gris.	Le choucas.
Le merle ordinaire.	Le colibri topaze.
La grive.	Le pic vert à tête grise.
Le martin ordinaire.	Le pic à sourcils noirs.
La lavandière.	Le perroquet amazone.
L'alouette des champs.	Plusieurs espèces de perdrix.
L'alouette à gros bec.	La caille commune.
Le bouvreuil.	L'autruche.
Le pinson.	La bécasse commune.
Le moineau.	La bécassine commune.
La linotte des vignes.	Le canard sauvage.
La pie ordinaire.	La sarcelle.

Parmi les poissons, j'ai quelquefois produit l'albinisme chez de jeunes cyprins dorés de la Chine, nés avec leurs couleurs normales.

Enfin l'albinisme s'observe également parmi les animaux inférieurs. Les exemples en sont même très-peu rares dans quelques genres de mollusques, notamment parmi les olives (gastéropode buccinoïde).

existe des chevaux dénués complétement de poils.
(Fitzinger, Godron.)

De même chez les bœufs : en Amérique, on trouve tous les intermédiaires entre la toison la plus abondante (bœufs des hauts plateaux des Cordillières) et la peau presque nue des pelones, ou même la peau entièrement nue des calongos.

Quelles que soient les variations pileuses qu'on observe chez les groupes humains, jamais elles n'ont atteint, et à beaucoup près, celles qu'on voit chez les animaux de la même espèce. De même que parmi les Européens on voit un grand nombre d'individus aux poils rares, de même on rencontre des Indiens à moustaches espagnoles. (A. de Humboldt.) La quantité peut différer, mais jamais les poils ne sont absents : certaines parties du corps en sont toujours pourvues.

C. *Tissu adipeux*. — Il existe au-dessous de la peau un tissu composé de cellules où s'amasse la graisse, c'est le tissu adipeux (*adeps, adipis*, graisse). Lorsque la couche de graisse est très-épaisse, elle prend le nom de lard, chez le cochon, par exemple. Le tissu adipeux est sujet à de grandes variations au point de vue de la quantité. Tout le monde a pu voir, dans nos expositions publiques, jusqu'à quel degré d'obésité les races ovine, porcine et bovine peuvent atteindre.

Quelle que soit l'obésité des femmes dans l'Océanie et dans les harems de l'Orient, jamais elle n'atteint la proportion qu'on voit chez le bœuf Durham, les porcs du Yorkshire et du New-Leicester.

Pallas a rencontré chez les hordes à moitié sauvages de l'Asie centrale une race de moutons dont la queue disparue est réduite à un petit coccyx. Cette race présente à gauche et à droite, sur les deux fesses, deux masses graisseuses hémisphériques pesant 15 et 20 kilogrammes. Lorsque les Russes emmènent, pour les élever, ces moutons dans une autre contrée, les masses graisseuses disparaissent. C'est donc bien un effet du climat.

Chez les Hottentots, les femmes, comme on le sait, ont les fesses très-grossies par des amas graisseux. Ce phénomène est appelé stéatopygie (στέαρ, στέατος graisse πυγή fesse). Il est dû probablement au climat et aux habitudes, car les femmes des Boërs, colons hollandais purs de tout croisement avec les Hottentots, ont une tendance prononcée à la stéatopygie. Mais il s'en faut beaucoup que ces amas de graisse atteignent les proportions de 15 et 20 kilogrammes qu'on remarque chez les moutons sibériens. Il n'y a rien dans ce phénomène qui puisse autoriser la croyance à une espèce distincte.

II.— Le Squelette.—La comparaison du squelette entre animaux de même espèce montre de plus grandes variations qu'entre individus de groupes humains.

1° *Vertèbres.* — Dans certaines races porcines, l'écart (en nombre) des vertèbres dorsales peut s'étendre de 44 à 54. Chez d'autres animaux on a trouvé quelques vertèbres dorsales et quelques côtes en plus.

Sauf quelques cas isolés d'une vertèbre cervicale en supplément, on n'a jamais constaté de semblables variations chez les groupes humains.

2° *Tête*. — A raison de l'importance des organes renfermés dans la tête, il semblerait que celle-ci dût le moins varier. Il n'en est rien. Blumenbach fait observer avec raison qu'entre une tête de blanc et une tête de nègre la différence est bien moins grande que :

A. Entre une tête de sanglier et une tête de cochon ;

B. Entre deux têtes de chèvres, dont le chanfrein est tantôt concave, tantôt convexe ;

C. Entre deux têtes de chiens, bouledogue et lévrier ;

D. Entre deux têtes de bœufs, durham et gnato (camard) ;

E. Entre deux têtes de poules, poule ordinaire et poule huppée. Le crâne de la poule ordinaire est uni et lisse ; le crâne de la poule huppée offre une saillie de l'os frontal et deux énormes ampoules osseuses.

Et de même chez nos races domestiques de pigeons, de canards, etc. Les variations entre deux crânes humains extrêmes sont de beaucoup inférieures à celles qu'on remarque entre animaux appartenant à la même espèce.

Les comparaisons sont faites d'après les moyennes. Si, au lieu de la moyenne donnée par chaque race, on se contente d'observer les différences entre deux individus de la même race, on trouve que ces différences sont supérieures à celles qu'offre la moyenne d'une race entière comparée à la moyenne d'une autre race. Exemples :

	Pouces cubes.
A. Capacité moyenne du crâne chez les blancs..	87
B. Capacité moyenne du crâne chez les nègres.	78
Différence............	11
A. Capacité maximum d'un crâne de blanc.....	109
B. Capacité minimum d'un crâne de blanc.....	75
Différence............	34

Ces mesures ont été prises par le polygéniste américain Morton. Un autre polygéniste, Davis, a recherché le poids des cerveaux; il a trouvé que les Anglais occupent le premier rang avec un cerveau pesant 1,387 grammes; les Français seulement le 14e avec un cerveau de 1,253 grammes, bien au-dessous des Cafres, des Siamois, des Peaux-Rouges et des Esquimaux, ces derniers ayant un cerveau de 1,319 grammes !

Appendice. — *Etendue des variations psychologiques.* L'examen des variations psychologiques est non moins favorable à l'unité de l'espèce humaine. L'étendue des variations que l'homme fait subir aux animaux est bien plus considérable que celles que subissent les divers groupes humains. L'homme, en effet, est parvenu à renverser complétement les instincts de certains animaux. C'est ainsi que le sanglier, animal nocturne, est devenu, sous le nom de cochon, un animal diurne. Les chiens libres chassent à courre, l'homme en a fait des chiens d'arrêt. Le castor est naturellement social et bâtisseur; traqué par l'homme, il devient solitaire et terrier. C'est ce qui est arrivé aux castors des bords du Rhône; c'est ce qui arrivera bientôt à ceux de l'Amérique du Nord.

§ 2. — *Physiologie.*

Ce qui caractérise essentiellement le métissage, c'est-à-dire le croisement d'une race avec une autre race appartenant à la même espèce, c'est :

1° La fécondité des croisements et très-souvent l'accroissement de fécondité ;

2° La fécondité continue des métis;

3° L'atavisme.

Ces caractères distinctifs sont corroborés par l'égalité du temps de la gestation. Tel est le critérium.

I. — Gestation. — Le temps de la gestation est le même chez tous les groupes humains : il n'y a pas d'exception, sauf les différences individuelles qui se trouvent également dans tous les groupes.

II. — Fécondité des croisements. — Tous les croisements entre individus de races différentes sont féconds. On a essayé d'objecter quelques exceptions; celles-ci ont été reconnues fausses. Ainsi, un voyageur avait prétendu que, dans la Tasmanie (île située au sud de l'Australie), il ne s'était point formé de race métisse d'Anglo-Tasmaniens. Cela est vrai, mais la cause en est simple. Les relations que les Anglo-Saxons ont eues avec les Tasmaniens ont consisté à massacrer impitoyablement les indigènes, si bien que la race Tasmanienne n'existe plus.

Même observation à l'égard de la non-formation de métis Anglo-Australiens. Durant les premiers temps de la colonisation, les blancs massacraient, pendaient ou brûlaient vifs tous les Australiens qu'ils prenaient; ceux-ci, à leur tour, tuaient sans pitié tous les enfants provenant d'unions entre blancs et femmes australiennes. Comment une race métisse se serait-elle formée? Mais là où les tribus de l'intérieur n'ont pas eu à souffrir du voisinage des grandes colonies de la côte et par conséquent n'ont pas eu de ressentiments à concevoir, les unions d'Australiennes avec les trappeurs blancs ont été fréquentes et toujours fécondes.

Deux missionnaires, Butler Earp et Mackenzie, qui ont vécu vingt ans parmi les tribus australiennes; qui regardent même les Australiens comme des singes dégénérés, attestent que les métis sont très-nombreux là où les causes d'infanticide n'ont pas eu l'occasion de se produire. Il n'y a donc pas d'exception fondée contre la fécondité des croisements entre groupes humains.

Il est toutefois une importante remarque à faire, c'est que le changement de climat influant sur la santé peut rendre l'émigré moins apte à la fécondation. Ce n'est là qu'une action de milieu affectant passagèrement l'exercice de la force plastique sans rien enlever à son énergie intrinsèque. Une fois cette action annulée, soit par l'acclimatation, soit par d'ingénieux artifices, l'émigré reprend ses aptitudes antérieures et sa vertu procréatrice.

III. — Accroissement de fécondité par le métissage. — Le croisement entre races humaines accroît la fécondité. Parmi les nombreux témoignages de ce fait, il en est un considérable, car son auteur, le célèbre voyageur Levaillant, ne prévoyait certainement pas les débats qui se sont élevés sur ce point d'histoire naturelle. « Les Hottentotes obtiennent de leurs maris de trois à quatre enfants tout au plus. Avec les nègres elles triplent ce nombre, et plus encore avec les blancs. »

Un médecin polygéniste, M. Hombron, dont l'affirmation ne peut être suspecte, a produit un argument décisif en recueillant l'observation suivante : « Pendant les quatre années que j'ai passées au Brésil, au Chili et au Pérou, je me suis amusé à observer le singulier mélange des nègres avec les aborigènes. J'ai même tenu note exacte du nombre des enfants qui résultaient, dans un grand nombre de ménages, de l'alliance d'un blanc avec une négresse, d'un blanc et d'une Américaine, d'un nègre et d'une Péruvienne ou d'une Chilienne, d'un Américain avec sa compatriote, et enfin d'une négresse avec un nègre. Je puis affirmer que les unions des blancs avec les Américaines m'ont présenté la moyenne la plus élevée; venaient ensuite le nègre et la négresse, enfin le nègre et l'Américaine. L'infériorité des Américains entre eux, sous le rapport de la reproduction, dépend probablement de leur peu d'ardeur mutuelle. »

Dans cette observation si intéressante, un point à noter est le maximum de fécondité donné par le croisement du groupe le moins fécond avec un groupe étranger. Comparez ces faits avec la stérilité qui suit presque toujours le croisement de deux espèces, et jugez !

IV. — Fécondité continue des métis. — La fécondité continue des mulâtres est une chose bien connue. Non-seulement les nombreux créoles qui viennent en Europe faire leurs études classiques ou fonder des établissements industriels sont, sur ce point, d'un accord unanime, mais encore la présence de familles mulâtres qui vivent dans nos murs, et sous nos yeux, se couronnent d'une florissante progéniture, donne à ce fait l'évidence de la certitude.

On a essayé d'opposer quelques faits de fécondité

limitée, entre autres celle des métis de Malais et Hollandais dans l'île de Java. Mais comme ces mêmes métis sont très-féconds dans d'autres îles orientales, il s'en suit que cette restriction de fertilité est due à l'action du milieu. Cette interprétation est acceptée même des polygénistes les plus ardents.

On trouve des races métisses dans chaque partie du Monde, en Afrique, en Amérique, etc. Dans une grande partie de l'Amérique (Mexique, Guatémala, Colombie, la Plata, Brésil), les races métisses en 1824 formaient le cinquième de la population : elles ont suivi une progression croissante.

Les races métisses humaines ne peuvent pas rester pures, comme les races d'animaux domestiques que l'homme surveille avec tant de soin. Elles se mélangent donc généralement, ce qui peut rendre difficile à démêler les caractères reçus de parents si divers. Mais cette circonstance est loin d'atténuer la preuve de la fécondité entre croisements : bien au contraire ! Cependant l'histoire naturelle a consigné le fait extrêmement intéressant d'une race métisse qui a vécu un demi-siècle dans l'isolement. Il s'agit des matelots révoltés du navire anglais la *Bounty* qui débarquèrent à Pitcairn, petite île voisine de Taïti. Après quelques années de guerre intestine et de meurtres, il ne restait plus en 1793 que deux Anglais et dix Polynésiennes. L'union des Anglais et des Polynésiennes donna naissance à une race métisse qui en 1856 comptait 189 membres. Dans l'espace de 60 ans elle avait ainsi plus que décuplé. L'îlot de Pitcairn étant trop petit, les colons-métis émigrèrent tous à Taïti, d'où le gouvernement anglais les transporta dans l'île de Norfolk. Les renseignements s'arrêtent là. La formation de cette petite colonie de métis offre un intérêt analogue à celui d'une expérience faite avec soin dans un laboratoire de chimie.

V. — Atavisme. — Les exemples d'atavisme sont très-nombreux. Seulement, soit ignorance de la multitude, soit inattention causée par l'entraînement des affaires publiques et privées, ils passent le plus souvent inaperçus. « Il faut beaucoup de philosophie, disait J.-J. Rousseau, pour voir les choses qui sont sans cesse devant nos yeux. » Qui de nous n'a pas vu dans une famille un père blond et petit engendrer un fils brun et grand, reproduction du type d'un aïeul? Par suite des progrès de la civilisation, non-seulement les croisements se sont faits et se font pêle-mêle entre les diverses races indigènes, mais encore les alliances avec les peuples étrangers sont devenues très-fréquentes. Il est donc malaisé de discerner dans les enfants issus d'un métissage aussi complexe les retours isolés à un type bien défini. Cependant l'œil du naturaliste, plus instruit et mieux exercé, sait encore démêler les caractères d'un type antérieur. Ici on retrouve les traits du Germain, là ceux de l'Anglo-Saxon, etc. Mais ce qui frappe les yeux de tous, ce sont les cas où l'opposition extrême de la couleur appelle et fixe malgré soi l'attention. Tels sont les cas d'atavisme dans les familles où le nègre et le blanc ont mêlé leur sang. En voici un exemple remarquable: Dans la Virginie, une négresse mariée à un nègre mit au monde une fille blanche. Elle fut très-effrayée ; mais son mari la rassura en lui disant qu'il comptait parmi ses aïeux un blanc, et qu'il y avait toujours eu un enfant blanc dans les familles alliées à la sienne. La fille blanche à l'âge de 15 ans fut vendue à l'amiral Ward pour être montrée à la Société royale de Londres (docteur Parsons). Ces cas d'atavisme sont loin d'être rares en Afrique, aux Antilles, etc. (1).

VI. — Ressemblance. — Ainsi que chez les métis des races domestiques, la ressemblance chez les métis humains est quelquefois unilatérale, mais le plus souvent bi-latérale mixte.

« L'enfant d'un père européen et d'une mère chinoise, dit M. Schertzer naturaliste autrichien de la *Novara*, est au hasard ou Chinois ou Européen. »

---

(1) Voir dans P. Lucas. *L'Hérédité*, tome II, page 44 et suivantes, plusieurs cas d'atavisme de coloration.

Les anomalies rendent les atavismes très-saisissables. Il n'est point de difformité ni de monstruosité, parmi celles mêmes qui semblent le moins susceptibles de se reproduire, qui n'offrent des exemples d'hérédité en retour. Ainsi, un homme sexdigitaire procrée des fils qui sont exempts de cette anomalie. Ces fils engendrent des enfants chez qui l'anomalie des six doigts reparaît. Dans les deux familles sexdigitaires de Colburn (Angleterre) et de Gratio Kalléja (île de Malte), l'anomalie a sauté de la 1re à la 3e et 4e génération.

Il en est de même des becs de lièvre : un homme bien cou-

A Berlin, un ménage mixte (famille de cordonnier) eut des fils blancs et des filles noires.

A Paris, le docteur Prosper Lucas a constaté deux cas du plus haut intérêt :

1° Un père noir et une mère blanche eurent pour enfants d'abord un négrillon pur sang; ensuite un vrai mulâtre; enfin un fils blanc, figure agréable, cheveux blond rouge, très-frisés. Dans cet exemple on retrouve à la fois la ressemblance unilatérale et bi-latérale.

2° Un père blanc et une mère noire ont eu d'abord un mulâtre tirant sur le noir; ensuite un mulâtre tirant sur le blanc; enfin une fille blanche, figure agréable, beaux yeux, pétillants d'esprit. Nouvel exemple de ressemblance unilatérale et bi-latérale (1).

---

formé, mais dont les parents étaient atteints du bec de lièvre, eut, d'un premier mariage, onze enfants dont deux avaient le bec de lièvre; et, d'un second mariage, deux enfants qui avaient la même difformité.

La gibbosité, la claudication, etc., offrent souvent dans leur propagation la même intermittence. En voici un exemple frappant.

1re génération. — Un frère et une sœur, de taille droite, mais issus de parents rachitiques, se marient.

2e génération. — Le frère engendre deux filles bossues. La sœur a sept enfants, tous bossus.

3e génération. — Trois de ces enfants bossus se marient et donnent naissance à sept enfants droits.

4e génération. — Trois membres de cette génération droite se marient; ils ont chacun une fille bossue.

(1) Prosper Lucas. — *L'Hérédité*, tome 1er, page 213.

« Winterbotton a vu, à Wangapong, un jeune albinos, d'environ dix-huit ans, grand, bien fait, dont le père était un nè-

La ressemblance est ordinairement bi-latérale mixte chez les mulâtres avec prédominance du type nègre. Tel est le témoignage de Burmeister, l'un des savants qui ont le plus observé les mulâtres dans l'Amérique du Sud et dans les îles du Mexique ; tel est aussi celui de Pruner-Bey, qui a étudié les mulâtres en Egypte et en Asie. Voici les caractères qui attestent cette prédominance :

1° Chevelure frisée et laineuse ;
2° Front bas et fuyant ;
3° Prognathisme marqué (mâchoire qui avance) ;
4° Pieds plats.

Un des faits les plus curieux est fourni par un mulâtre, M. Lislet Geoffroy, ingénieur à l'île de France et correspondant de l'Académie des sciences. Il était fils d'un blanc et d'une négresse très-bornée. M. Lislet Geoffroy était entièrement nègre par les traits, la couleur et même par l'odeur particulière à la race noire. Par le développement intellectuel et moral, il était entièrement blanc, si bien qu'il était parvenu à vaincre le préjugé si enraciné aux colonies contre les nègres : il était reçu dans le salon des blancs ! Exem-

gre albinos. Sa mère, ses trois frères, deux de ses sœurs étaient noirs ; mais l'une de ses sœurs était blanche comme lui.

» Jefferson a vu deux sœurs albinos engendrer, la première un enfant albinos comme elle ; la seconde un enfant très-noir comme son père.

» Du croisement des négresses albinos avec les nègres, naissent des enfants pies, c'est-à-dire variés de taches noires et blanches. » Page 504.

ple étrange de ressemblance bi-latérale, par juxtaposition du corps de la mère et de l'âme du père.

D'ordinaire, pour ce qui concerne la coloration de la peau, il y a fusion dans le mulâtre. Cependant les cas de juxtaposition sont loin d'être rares. Il y a, en effet, des nègres-pies, de même qu'il y a des chevaux-pies, des chiens-pies, des moutons-pies, etc. La similitude des métis humains et des métis animaux est aussi complète sur ce point que sur les autres. Nouvelle preuve de l'unité de l'espèce humaine. Buffon, Lawrence, White, Parsons, Prosper Lucas citent plusieurs exemples, en voici deux remarquables :

1° Un nègre, domestique dans une famille, avait épousé une femme blanche qui servait dans la même maison. Ils eurent une petite fille blanche, dont la cuisse et la fesse droite étaient noires. Le docteur Parsons fut appelé pour constater le fait.

2° A la Martinique, White et Prichard citent des mulâtres qui ont la peau bariolée de plaques blanches et noires; d'autres mulâtres ont le corps moitié blanc, moitié noir, etc.

On a vu, ci-dessus, des exemples de ressemblance unilatérale; tantôt les enfants sont entièrement noirs, tantôt entièrement blancs. Ces croisements avec retour au type paternel ou maternel au début du métissage humain concordent avec les oscillations signalées au début du métissage animal. Il faut aux races métisses humaines comme aux races métisses animales un certain temps pour se fixer et s'asseoir. Une fois stabilisées, les cas d'atavisme n'apparaissent plus qu'isolément et par intervalles, attestant à la fois l'invincible énergie de l'hérédité et la démarcation caractéristique qui sépare le métis de l'hybride.

§ 3. — *Causes de la formation des races.*

Les causes de la formation des races humaines sont, comme chez les animaux : 1° le Milieu; 2° l'Hérédité; 3° la Sélection. Le Milieu produit la variation; l'Hérédité la transmet; la Sélection la règle et l'uniformise.

Il est une remarque préliminaire qu'il importe de faire au sujet du Milieu et de son influence sur les variations. L'énergie modificatrice du climat et de la nourriture devait être incomparablement plus grande alors que l'homme, ignorant et bestial, n'avait rien inventé pour lutter contre elle. Le contraste entre la pénurie primitive et les moyens de résistance que possède l'homme contemporain est résumé par sir John Lubbock dans les lignes suivantes : « Il y a des raisons qui permettent de croire que les changements de conditions extérieures, ou pour mieux dire de pays, produisent moins d'effet aujourd'hui qu'autrefois. A présent, quand des hommes émigrent, ils emportent avec eux les usages et les habitudes de la vie civilisée. Ils construisent des maisons plus ou moins semblables à celles auxquelles ils sont accoutumés; ils emmènent des troupeaux et acclimatent dans leur nouvelle patrie les principales plantes qui servaient à leur nour-

22.

riture dans l'ancienne. S'il fait froid dans leur nouveau séjour, ils se vêtent davantage; s'il fait chaud, ils se vêtent moins. Par ces moyens et mille autres du même genre, l'influence du déplacement ne se fait sentir que beaucoup plus tard.

Mais il n'en a pas été toujours ainsi. Quand l'homme se répandit pour la première fois sur la terre, il n'avait pas d'animaux domestiques, pas même le chien peut-être, il ne connaissait point l'agriculture; ses armes étaient des plus grossières, et ses demeures à peine dignes de ce nom. Son alimentation, ses habitudes et tout l'ensemble de sa vie variant donc nécessairement à mesure qu'il passait d'un pays dans un autre, il a dû être bien plus soumis à l'action des circonstances extérieures, et, selon toute probabilité, bien plus susceptible de changement. De plus, on peut supposer avec raison que le type humain, aujourd'hui fixé par par une répétition qui dure depuis de longs âges, a été lui-même plus modifiable autrefois que maintenant. »

Le milieu et l'hérédité. — Sous l'action prolongée des rayons solaires, les femmes au teint blanc se couvrent de taches de rousseur. Ce fait est tellement vulgaire qu'il passe inaperçu. « On crierait au prodige, dit plaisamment M. de Quatrefages, si une vache blanche revenait tachetée de noir d'un pré où elle aurait subi l'insolation. Cependant les deux phénomènes sont de même ordre, et l'un ne devrait pas paraître plus significatif que l'autre. »

Les pêcheurs chinois qui, complétement nus, passent leur vie à pêcher le long des fleuves, prennent une couleur noir cuivré (le voyageur anglais Abel).

Les pêcheurs européens, transportés dans l'Inde, y deviennent plus rouges que les Peaux-Rouges d'Amérique (Hamilton Smith).

En Abyssinie, les habitants du pays noircissent sur les plateaux élevés et blanchissent lorsqu'ils descendent dans les plaines plus chaudes (Th. Lefebvre et M. d'Abbadie). M. d'Abbadie, membre de l'Académie des sciences, originairement blond, revint d'Abyssinie coloré en bronze foncé; M. Schimper et Pruner-Bey éprouvèrent le même effet, mais moins prononcé. Les cheveux de Pruner-Bey, ordinairement très-clairs et lisses, brunirent et devinrent bouclés.

Phénomène assez singulier, les climats n'agissent pas de la même façon sur les blonds et sur les bruns. Ainsi, en Abyssinie et en Arabie les races brunes d'Europe noircissent moins que les blondes, tandis que dans l'Inde, à égalité de température, le climat ne colore pas les visages blonds, mais il les parchemine. La cause de ce phénomène, encore peu élucidée, tient probablement à la manière dont se produit la double action chimique et calorifique des rayons solaires.

Jérôme d'Aguilar, prêtre espagnol qui devint plus tard interprète de Fernand Cortez, fut jeté par un naufrage sur la rive du Yucatan et réduit en esclavage par les Indiens. Pendant huit ans, il eut à subir l'action du climat sans pouvoir en atténuer les effets, à cause de sa triste condition. Il devint si exactement semblable à ses maîtres que Fernand Cortez ne put le distinguer des Peaux-Rouges qui l'accompagnaient.

Races noires. — Le nègre de Guinée, une fois transplanté en Amérique, se rapproche de plus en plus du blanc, non-seulement quant à la coloration de la peau, mais encore relativement au crâne, à l'intelligence: il perd même sensiblement l'odeur forte qu est particulière à sa race. C'est un fait acquis à la science que le nègre, même en ne se croisant pas avec la race blanche, mais en vivant au milieu d'elle, sous le même climat et à peu près du même régime, s'élève, à chaque génération, d'un degré de plus vers elle.

Races jaunes. — Les races jaunes ne sont pas moins que les races noires soumises à l'action du milieu. A l'île de la Réunion et dans l'île Maurice, les Hindous, les Malais importés diminuent de taille dès la deuxième génération, et forment ainsi autant de races petites (M. de Froberville).

Une tribu tartare tout entière s'est modifiée par suite de changement de mœurs: ces Mongols ont quitté la vie errante du nomade pour se faire agriculteurs. C'est au XVI° siècle qu'ils se sont établis dans les environs de Kazan sur le Volga; au XIX° siècle, leur type avait éprouvé les plus heureux changements. Au lieu d'un corps obèse, d'une face large, d'un nez épaté et d'un teint jaune brun, les Tartares de Kazan ont le corps musculeux, le visage ovale, le teint frais, le nez arqué et mince aussi bien que les lèvres.

Race blanche. — Dans les îles du golfe mexicain, on sait quelles variations le milieu a produit sur les colons européens, si connus sous le nom de créoles.

Au Canada, le créole français a perdu sa belle carnation normande; son teint a pris une nuance d'un gris-foncé; ses cheveux noirs tombent à plat comme ceux d'un Indien (Théodore Pavie).

Les Danois qui débarquent en Guinée commencent par être malades, puis ils prennent une coloration jaune, signe d'acclimatation. Cette teinte jaune passe au cuivré sur le même individu; elle devient de plus en plus foncée à chaque génération et finit par le noir pur (Monrad, pasteur danois en Guinée de 1805 à 1809).

Les colons hollandais du cap, appelés Boërs, prennent de plus en plus la coloration rouge, avec tendance à la stéatopygie chez les femmes (Livingstone).

L'Anglo-Saxon a subi en Amérique les plus graves modifications, il tend à se rapprocher de l'Indien (Desor, l'abbé Brasseur de Bourbourg, Knox, Smith, Carpenter). « L'Anglo-Saxon américain présente, dès la seconde génération, des traits du type indien qui le rapprochent des Leni-Lennapes, des Iroquois, des Chérokees. Le système glandulaire se restreint au minimum de son développement normal. La peau devient sèche comme du cuir; elle perd la chaleur du teint et la rougeur des joues, qui sont remplacées chez l'homme par un coloris de limon et chez la femme par une pâleur fade. La tête se rapetisse et s'arrondit ou devient pointue. Elle se couvre d'une chevelure lisse et foncée en couleur; le cou s'allonge. On observe un grand développement des os zygomatiques et des masséters. Les fosses temporales sont profondes, les mâchoires massives. Les yeux sont enfoncés dans des cavités très-profondes et assez rapprochées l'une de l'autre. L'iris est foncé, le regard perçant et sauvage. Le corps des os longs s'allonge principalement à l'extrémité supérieure. Le larynx est grand, la voix rauque et criarde (1). »

Le changement des conditions d'existence suffit pour amener la plus grave transformation. Un premier exemple nous a été donné par les Tartares de Kazan, qui de nomades sont devenus laboureurs. En voici un second, d'autant plus important qu'il a l'Irlande pour théâtre et que l'histoire en est parfaitement connue. Par suite des guerres de 1641 et de 1649, un grand nombre d'Irlandais, pour échapper au massacre, se réfugièrent dans une région montagneuse qui s'étend à l'est de Flews jusqu'à la mer. Voici ce qu'ont produit sur ces malheureux deux siècles de misère et de barbarie : la taille moyenne s'est réduite à 4 pieds 7 pouces français, le ventre s'est ballonné, les jambes sont de-

---

(1) Lettres adressées à Pruner-Bey par des médecins allemands établis aux Etats-Unis.

venues cagneuses, les traits sont ceux d'un avorton.
C'est le portrait des sauvages de l'Australie.

Hérédité tératologique. — Les variations les plus étranges peuvent survenir dans l'embryon, puis se transmettre par hérédité. Deux cas surtout sont célèbres en tératologie, ce sont la carapace de la famille Edward Lambert et la polydactylie de la famille Colburn.

A. *Les hommes porcs-épics* (1). Edward Lambert naquit en 1717 de parents bien conformés. Il n'offrait d'abord rien d'étrange; mais au bout de neuf semaines, on vit sa peau brunir en s'épaississant de plus en plus. A l'âge de 14 ans il fut présenté à la Société royale de Londres. A ce moment, la peau du visage de la paume des mains et de la plante des pieds avait son aspect normal. Tout le reste du corps était couvert d'une carapace brunâtre, épaisse d'un pouce sur certains points. On la comparait à la peau de l'éléphant, du rhinocéros et du phoque; seulement elle était singulièrement fendillée. Sur les flancs elle était découpée en prismes grêles mobiles, faisant du bruit par leur entrechoquement. Delà le nom de homme porc-épics. Tous les ans cette carapace disparaissait à la suite d'une mue. La peau apparaissait alors saine et lisse; puis, bientôt après, elle reprenait sa nature anomale.

(1) Voir de Quatrefages, *Revue des cours scientifiques*, vol. V, page 733, et P. Lucas, *De l'Hérédité*, tome I, page 316.

Edward Lambert, fort désireux d'être débarrassé de cette incommode enveloppe, se soumit à un traitement mercuriel énergique qui, par deux fois, fut poussé jusqu'à la salivation. La carapace disparut, mais pour se reformer immédiatement. Enfin, une variole confluente, dont Lambert se remit, n'amena également que la chute momentanée de son étrange épiderme.

Baker le revit trente-six ans après. Il avait alors cinquante ans, le teint fleuri, la santé excellente et se montrait fort gai. Baker en conclut que s'il se mariait, il pourrait très-bien donner naissance à une race nouvelle. Edward Lambert se maria, en effet, et eut six enfants qui tous, neuf semaines après leur naissance, prirent une carapace semblable à celle de leur père. Un seul survécut et se maria; il eut huit enfants, six filles et deux garçons John et Richard. On n'a pas de renseignements sur les filles; mais les deux garçons, qui furent examinés en 1802, en Allemagne, par Tilésius, présentaient la même anomalie que les deux générations précédentes. A partir de ce moment leur trace s'est perdue.

B. *Les hommes polydactyles.* — Le célèbre calculateur anglais Colburn a été la souche d'une famille dont les membres comptaient douze doigts et douze orteils. Cette anomalie ne se produisait pas également sur les enfants des deux sexes; tantôt les fils seuls en étaient affectés, tantôt c'étaient les filles. On a suivi cette famille polydactyle pendant quatre générations, et quoiqu'elle ne se mariât qu'avec des personnes douées de dix doigts, l'anomalie persistait et atteignit même son maximum à la troisième génération.

Le médecin Vanderbach, cité par Prosper Lucas, a signalé un autre cas de polydactylie compliquée de palmure à trois des doigts du pied et de la main. La famille espagnole qui en était affectée habitait San-Martino de Val-de-Iglésias (Nouvelle Castille); les gens du pays l'appelait *los pedagos*, c'est-à-dire les Collés. Vanderbach, traversant le village, y compta jusqu'à quarante sexdigitaires remontant à la même souche.

Appendice. — Isidore Geoffroy, dans son célèbre ouvrage *Histoire des anomalies*, cite des exemples nombreux de polydactylie chez les animaux (chèvres, agneaux, chiens, chevaux, cochons, cerfs, salamandres, grenouilles, poules, etc.) Le fameux Bucéphale était polydactyle : cette anomalie fut regardée comme le présage de la grandeur future d'Alexandre.

Voici quelques autres anomalies qui intéressent l'espèce humaine :

1° *Anomalie numérique des mamelles chez la femme.* (Extrait de P. Lucas).

A. A Copenhague, une femme pourvue de trois mamelles bien formées, dont deux étaient placées au côté gauche, allaitait des trois indifféremment son unique enfant.

B. Rachel Rey, de Castel en Franconie, avait trois mamelles.

C. Le célèbre chirurgien Bartholin assure avoir connu une femme qui portait une troisième mamelle sur le dos.

D. Mme Withés, de Trèves, fort belle femme de son temps, avait trois mamelles disposées en triangle.

E. Une femme de Rome, en 1671, en avait quatre, qui toutes à chaque grossesse se remplissaient de lait.

F. Une mulâtresse du Cap avait six mamelles; elle faisait les enfants par quatre et cinq à la fois.

G. Une femme ornée de trois mamelles au thorax donna naissance à une fille qui eut aussi trois mamelles; mais l'une des trois était située à l'aine. Plus tard, cette fille étant devenue mère allaita son enfant à la mamelle inguinale. L'observation de cette anomalie héréditaire a été communiquée, en 1827, par Adrien de Jussien à deux sociétés savantes.

Voici la généralisation à laquelle a été amené Isidore Geoffroy pour ce qui concerne la multiplicité des mamelles chez les femmes :

«Quel que soit le nombre des mamelles surnuméraires, et dans quelque région qu'elles soient placées, elles sont généralement bien conformées, ont un volume assez considérable et peuvent fournir du lait, si elles sont latérales ;

« Elles sont au contraire très-petites, imparfaitement développées, et inutiles à la lactation, si elles sont médianes.

2° *Anomalie d'une queue chez l'homme.* (Extrait d'Isidore Geoffroy.)

« D'après les recherches embryogéniques dues à M. Serres, il existe un rapport très-constant entre l'évolution de la moelle épinière et celle de la queue. Primitivement la moelle épinière se prolonge jusqu'à l'extrémité du canal vertébral : à cette époque (dans l'embryon), il existe chez tous les animaux, y compris l'homme, une queue plus ou moins considérable. »

A. Ce degré de développement est le seul auquel s'élèvent normalement un grand nombre d'animaux. Ceux-ci par conséquent ont, pendant toute leur vie, la moelle épinière très-prolongée inférieurement : leur axe vertébral est donc terminé par un prolongement caudal.

B. Chez d'autres espèces, au contraire, la moelle épinière remonte peu à peu dans le canal vertébral : la diminution ou même la disparition totale de la queue coïncide avec cette ascension de la moelle. C'est ainsi que, chez l'homme et quelques singes, la moelle épinière remonte si bien qu'elle ne dépasse plus la région des reins. La queue est alors tellement rudimentaire qu'elle n'est plus apparente à l'extérieur. (Cette queue rudimentaire est le coccyx.)

Mais s'il arrive que dans l'embryon humain la moelle épinière ne remonte pas, mais continue à s'étendre jusqu'au bout du coccyx, alors au moment de la naissance de l'enfant la colonne vertébrale reste terminée par une queue.

M. Serres a observé lui-même un cas de ce genre, et les annales de la science en offrent quelques autres. De Maillet en cite plusieurs, et parmi eux celui de l'intrépide Cruvillier de la Cioutat qui fit la course contre les Turcs. Un nègre de Tripoli, nommé Mohammed, et doué d'une force musculaire extraordinaire, avait une queue d'un demi-pied de longueur qu'il montra à de Maillet. « Le plus remarquable cas a été observé par Schenck sur un individu d'ailleurs affecté d'anomalies beaucoup plus graves : la queue était très-distincte, assez longue même, et tout à fait comparable à celle d'un cochon. »

Réciproquement, chez les animaux qui normalement à l'état adulte ont une queue, la queue manque si l'ascension de la moelle épinière a lieu, contrairement à ce qui se passe régulièrement dans cette catégorie d'animaux. Cette anomalie d'absence de queue a été constatée chez plusieurs animaux entre autres chez des chiens.

Conclusion. — Puisque l'absence ou la présence d'une queue chez l'animal venu au jour est due à l'ascension ou à la non-ascension de la moelle épinière dans le canal vertébral, il s'en suit que cette anomalie appartient à l'ordre de celles qui sont dues à un arrêt dans le développement normal de l'embryon, ou, en termes abrégés, à *un arrêt de développement*.

II. — **La Sélection**. — La sélection, qui produit

tant de races domestiques, ne peut évidemment pas être exercée par l'homme sur lui-même. Cependant il est permis de préjuger, par certains exemples, ce qu'elle aurait pu accomplir en ce sens.

1° *Sélection humaine.* — D'après les lois de Lycurgue, tout enfant à Sparte qui naissait contrefait était mis à mort. De là cette beauté, si célèbre en Grèce, du type spartiate.

Sur le mont Eryx en Sicile était un temple fameux dédié à Vénus. Pour servir de prêtresses à la déesse, on choisissait les plus belles femmes, lesquelles n'étaient point vouées au célibat ainsi que les vestales. De là une race féminine remarquable par sa beauté qui subsiste encore au village de San Giuliano situé sur le mont Eryx.

Personne n'ignore que le premier roi de Prusse, Frédéric-Guillaume, avait réussi à se former une garde composée d'hommes admirables par leur stature et leur vigueur, en mariant les plus beaux hommes de son armée avec les plus grandes filles du pays.

2° *Sélection naturelle.* — La race des Indiens, toujours en guerre ou en chasse, était vraiment remarquable. La cause en était que tout enfant incapable de supporter les fatigues incessantes d'une vie aussi pénible succombait. Les plus vigoureux, seuls survivants, transmettaient à leur postérité les qualités physiques qui les distinguaient.

3° *Obstacles à la formation de races vigoureuses.* — On se plaint aujourd'hui, avec raison, de la dégénérescence presque universelle des races humaines en Europe, surtout dans les grandes villes. Cette décadence physique tient, entre autres causes, à deux principales :

A. A la légèreté avec laquelle on bâcle les mariages ; on s'inquiète exclusivement de la richesse ou de la condition sociale, et très-peu, point du tout même, des conditions physiques : d'où procréation d'enfants chétifs, etc.

B. Aux progrès de la médecine ; oui, aux progrès de la médecine ! En sauvant la vie aux personnes affaiblies, maladives, on arrête net la sélection qui aurait épuré la race. Résultat assez inattendu, de voir les progrès de la science contribuer à l'abâtardissement de l'espèce humaine. Le correctif serait surtout dans le choix des époux. Après tout, la vigueur de l'esprit est bien autrement précieuse que la vigueur corporelle. Vivre, c'est cultiver son intelligence et pratiquer le devoir : la médecine peut donc sans scrupule nous arracher aux maladies ou à une mort prématurée.

Résumé. — Au point de vue *morphologique*, les différences extérieures et les modifications du squelette chez les groupes humains, non-seulement ne dépassent pas, mais le plus souvent n'égalent pas l'étendue des variations que présentent les races des animaux domestiques.

Au point de vue essentiel de la *physiologie,* nous trouvons tous les caractères distinctifs de la race : 1° fécondité des croisements ; 2° accroissement de la fécondité ; 3° fécondité continue des métis ; 4° atavisme.

Enfin, comme causes de la formation des races, le Milieu, l'Hérédité avec son cortège d'anomalies analogues à celles des races animales, donnent une explication suffisante, sinon absolue, des variations les plus considérables.

Donc les différents groupes d'hommes appartiennent à une même espèce ; on doit dire l'Espèce humaine, et non le Genre humain. La conséquence logique est que l'espèce humaine dérive d'une seule paire de parents. Est-ce une certitude ? Hélas ! il en est de cette origine comme de toute autre origine, comme de tout commencement : ce n'est qu'une hypothèse, un idéal, si l'on aime mieux. Le passé n'est plus en notre puissance ; nous ne pouvons qu'étudier le présent, chercher et découvrir les lois de ce qui est : le reste nous échappe. « Tout ce que l'intelligence humaine peut faire, dit amèrement Pascal, est d'apercevoir quelque apparence du milieu des choses, dans un désepoir éternel d'en connaître le principe ni la fin. » Que la science fonde ses inductions sur les faits ; que ses hypothèses soient toujours vérifiables par l'expérience et rendent compte des phénomènes naturels, voilà le champ qui lui est dévolu : en dehors, tout est ténèbres.

Une remarque importante à faire, c'est que plus la

science fait de progrès, plus le nombre des espèces morphologiques diminue ; peu à peu on reconnaît que les caractères assignés comme distinctifs d'un groupe d'êtres n'ont pas cette valeur : ces espèces deviennent des races. C'est une présomption de plus contre le polygénisme. Cela se comprend ; en s'appuyant uniquement sur la morphologie, le polygénisme emploie pour définir les espèces un critérium dont la valeur est subjective, et par conséquent exposée à se réduire à zéro. Malheureusement, dans l'état actuel de la science, ce critérium, pour l'immense pluralité des êtres animés, est le seul possible : telle est la cause principale qui soutiendra longtemps le polygénisme.

Tout opposée est la destinée de la physiologie. Les découvertes faites par elle lui demeurent à jamais acquises ; son domaine va s'agrandissant de ce que perdent les espèces morphologiques. C'est que son critérium est objectif ; c'est qu'il n'est que l'expression même du fait réel, palpable, de la transmission d'existence, dont la valeur reste immuable. Aussi une espèce physiologique est-elle toujours identique, toujours une pour le naturaliste. Quand on a vu naître un fils, on ne peut pas faire de lui une espèce distincte de son père : la filiation a un caractère absolu.

CHAPITRE IV.

DE LA PLACE DE L'HOMME DANS LA NATURE.

Quelle est la place de l'homme dans la nature ? Si, comparé aux autres animaux, l'homme naît par des procédés différents ; si ses organes sont différents ; si les fonctions de nutrition, de reproduction, etc., sont différentes, il est évident que l'homme sera distinct des animaux inférieurs et devra former un règne nouveau, le règne humain. Mais s'il en est autrement, l'homme ne pourra pas être distrait du règne animal ; il appartiendra à l'échelle animale commune. La seule chose qui incombera à la science sera de définir l'échelon où il devra être placé.

La réponse à la première partie de la question a été résolue dans les trente dernières années, avec une évidence irrésistible. L'homme naît d'un œuf, ainsi que le chien, le merlan et l'escargot ; ses organes de nutrition sont les mêmes que ceux des mammifères supérieurs, chat, loup, cochon, etc. L'homme ayant donc même structure, mêmes fonctions organiques, appartient à la série animale.

Voilà le premier point; reste le second. Quelle est sa place dans la série? Doit-il être placé dans le même Ordre que les singes, ou en former un séparé. L'immortel suédois Linné, « ce grand législateur de la zoologie méthodique » ainsi que l'appelle M. Huxley, avait rangé l'homme et les singes dans le même Ordre, auquel il avait donné le nom de Primates. Mais les préjugés de toute nature, l'Ignorance, la Superstition et leur inséparable compagnon, la Stupidité orgueilleuse, s'irritèrent et crièrent à la profanation. Des naturalistes complaisants se mirent à l'œuvre; Blumenbach déclara que l'homme avait deux mains et deux pieds, tandis que les singes avaient quatre mains et pas de pieds; en conséquence, il décréta que l'homme formerait un Ordre distinct, celui des bimanes, et que les singes en formeraient un autre, celui des quadrumanes. Cuvier, en bon théologien, propagea la distinction ingénieuse de Blumenbach; et voilà comment tous les livres de zoologie enseignent que l'homme, bimane, est séparé par un abîme du singe, animal quadrumane.

Est-ce que vraiment les deux membres inférieurs du singe seraient des mains et non des pieds? Isidore Geoffroy osa dire tout haut ce que bien des naturalistes murmuraient tout bas : Non, le singe n'est pas quadrumane : ses deux prétendues mains sont de véritables pieds. Mais effrayé de son audace, il conclut, par des considérations morales, que l'homme devait former un règne à part, le règne humain : l'orgueil des bimanes était sauvé! M. Huxley, l'un des plus illustres savants de l'Angleterre, eut moins de respect pour les préjugés courants : il publia son fameux livre : *La place de l'Homme dans la nature*, où, traitant le sujet en zoologiste, il démontra que les singes avaient deux pieds et deux mains, et conclut que rien n'autorisait, en zoologie, à séparer l'homme de l'Ordre des Primates. Voici la classification qu'il a adoptée :

ORDRE DES PRIMATES.

Ire **Famille**. — Les Anthropiniens, comprenant l'homme seul.

IIe **Famille**. — Les Catarrhiniens (narines ouvertes sous le nez), comprenant les singes de l'ancien continent : 1re série, le gorille, le chimpanzé, l'orang-outang, le gibbon, qui forment le groupe des singes anthropomorphes ou anthropoïdes (à forme d'homme); 2e série, les semnopithèques, les cercopithèques, les cynocéphales, groupes qui renferment plusieurs espèces différentes.

IIIe **Famille**. — Les Platyrrhiniens (nez aplati, narines ouvertes latéralement), comprenant les singes du nouveau continent : les hélopithèques ou sapajous; les géopithèques ou sagouins.

IVᵉ Famille. — Les Arctopithèques (ours-singes), ouistitis et tamarins.

Vᵉ Famille. — Les Lémuriens; indris, makis, etc., habitent presque tous Madagascar et ressemblent aux insectivores (1).

VIᵉ Famille. — Les Chéiromyniens; aye-aye, ressemblant aux rongeurs.

VIIᵉ Famille. — Les Galéopithéciens, ressemblant aux chauves-souris.

L'ouvrage de M. Huxley comprend trois mémoires; c'est dans le deuxième qu'il compare, au point de vue anatomique, l'homme et les singes anthropoïdes. Voici le résumé de cette importante étude.

§ 1ᵉʳ. — *Phase embryonnaire.*

On a vu précédemment que Baër en étudiant les embryons des animaux était arrivé à une classification

---

(1) D'après un mémoire lu à l'Académie des sciences, 14 août 1871, par M. Alphonse Milne-Edwards, les Lémuriens doivent être séparés de l'Ordre des Primates pour former un Ordre distinct.

identique à celle de Cuvier, relativement aux divisions principales. Il a montré que, dans la phase embryonnaire, les ressemblances entre les divers embryons d'un même embranchement cessent d'autant plus promptement que les adultes doivent appartenir à des groupes plus éloignés ; que les ressemblances, au contraire, se continuent d'autant plus longtemps que les adultes doivent appartenir à des groupes plus voisins. On a donc là un critérium sûr pour juger, *ab ovo*, si les espèces sont plus ou moins rapprochées.

Quand on compare les différentes phases d'évolution que subissent l'embryon du chien et l'embryon de l'homme, on constate qu'il y a ressemblance pendant un certain temps ; puis se manifestent des dissemblances relativement à la membrane vitelline et à l'allantoïde. Donc l'homme et le chien adultes appartiendront à deux groupes distincts.

Mais si l'on compare les évolutions de l'embryon humain et celles de l'embryon simien (latin *simia*, singe), il y a ressemblance continue ; chez tous deux la membrane vitelline est sphéroïdale et le placenta discoïde. Donc l'homme et le singe appartiendront au même groupe.

§ 2. — *Rapports anatomiques entre l'homme et les singes.*

L'homme et les singes sont nés ; ils sont adultes. Le problème de classification zoologique se pose ainsi :

1° Les différences anatomiques entre l'homme e les singes sont-elles des différences d'Ordre ou des différences d'un degré moins élevé?

2° Ces différences, quelles qu'elles soient entre l'homme et les singes anthropoïdes, sont-elles plus ou moins grandes que celles qui existent entre les singes anthropoïdes et les autres singes?

C'est à ces deux questions que répond l'étude de M. Huxley. Il est utile de faire observer que le problème est du domaine exclusif de l'anatomie.

Dans sa comparaison anatomique des singes avec l'homme, M. Huxley a choisi le gorille pour le squelette et le chimpanzé pour le cerveau, le gorille étant encore trop peu connu.

I. — Colonne vertébrale, bras, jambe, main, pied (longueur).

Si l'on compare le squelette de l'homme et celui du gorille, une différence remarquable tout d'abord frappe les yeux : le crâne du gorille est plus petit, son thorax est plus large, ses membres inférieurs sont plus petits, et ses membres supérieurs sont plus longs que ceux de l'homme.

Si l'on compare, au point de vue de la longueur, chez l'homme et les singes supérieurs, la colonne vertébrale, le bras, la jambe, la main et le pied, on arrive aux proportions suivantes, en prenant pour unité de comparaison la colonne vertébrale et en représentant celle-ci par 100.

HOMME EUROPÉEN	GORILLE	CHIMPANZÉ	ORANG-OUTANG	GIBBON
1° Bras 80	115	6	122	173
2° Jambe 117	96	90	88	133
3° Main 26	36	43	48	50
4° Pied 35	41	39	52	45

Comme on le voit, les différences proportionnelles, pour ces parties du corps, sont moins grandes entre l'homme et le gorille qu'entre le gorille et d'autres singes anthropoïdes, le gibbon surtout. Elles ne sauraient donc justifier le classement, en Ordres distincts, de l'homme et des singes.

II. — **Colonne vertébrale, côtes, bassin** (composition et aspect). — 1° *Colonne vertébrale.* — Chez l'homme, la colonne vertébrale considérée dans son ensemble offre une élégante courbure sigmoïde (forme d's). Le squelette étant vu de face, la colonne est convexe dans la région du cou, concave au dos; puis convexe dans la région des reins ou lombes, elle redevient concave dans la région sacrée.

Chez le gorille, les courbures sont un peu moins marquées, voilà tout. D'autre part, chez les jeunes orangs, la colonne vertébrale est droite ou même concave (vue de face), dans la région lombaire.

Donc la différence, sur ce point, entre l'homme et

le gorille est moins grande qu'entre le gorille et d'autres singes anthropoïdes.

2° *Côtes.* — La colonne vertébrale, chez l'homme, comprend sept vertèbres au cou ou vertèbres cervicales; douze vertèbres dorsales, auxquelles s'insèrent les côtes; cinq vertèbres lombaires, qui ne portent point de côtes. Vient ensuite l'*os sacrum* constitué par cinq vertèbres réunies; enfin trois ou quatre petits os plus ou moins mobiles constituent le *coccyx* ou queue rudimentaire (1).

Chez le gorille, la division de la colonne vertébrale est la même; le nombre des vertèbres dorsales et lombaires est également de dix-sept. Seulement le gorille ayant une paire de côtes en plus, il s'en suit que le nombre des vertèbres dorsales devient treize, et que celui des lombaires s'abaisse à quatre. Cela est sans importance, car les vertèbres dorsales ne se distinguent des lombaires que par la présence ou l'absence des côtes. Au reste, on a souvent constaté, chez les hommes, des cas de treize paires de côtes (Camper, Fallope, Tyson). D'autre part, un squelette d'orang, au musée du collége royal des chirurgiens à Londres a douze vertèbres dorsales et cinq lombaires,

---

(1) Car l'homme diffère des animaux à queue uniquement par le développement de l'organe et non par l'absence du même organe : une simple question de quantité. Voir page 399 les détails sur l'anomalie d'une queue apparente chez l'homme, et sur la cause de cette anomalie.

comme l'homme. Cuvier note le même nombre chez un gibbon.

3° *Bassin*. — Le pelvis ou bassin, chez l'homme, s'épanouit de la manière la plus commode pour soutenir les viscères dans la station verticale habituelle. Le pelvis du gorille, sous ce rapport, diffère considérablement de celui de l'homme; mais il est supérieur au pelvis du gibbon beaucoup plus que le bassin humain l'emporte sur lui. Or celui du gibbon est lui-même supérieur au pelvis des singes appartenant aux autres familles; chez les lémuriens, par exemple, le bassin acquiert dans son ensemble les caractères de celui des quadrupèdes : la station droite habituelle n'est plus possible.

Donc le pelvis de l'homme diffère moins de celui du gorille que le gorille, sur ce point, ne diffère du gibbon et des singes inférieurs.

III. — **Crâne**. — La capacité du crâne se mesure en le remplissant d'eau, puis en pesant cette eau. Le plus petit crâne humain observé contenait un poids de 1,015 grammes d'eau. D'un autre côté, le plus vaste crâne de gorille qui ait été mesuré contenait 550 grammes d'eau. En chiffre rond, la capacité crânienne de l'homme le plus inférieur est le double de celle du gorille le plus élevé (1).

(1) On sait qu'au-dessous de 900 grammes de cerveau, l'homme est idiot. D'après les précieuses tables dressées par

Mais si l'on compare la capacité crânienne du gorille avec celle des autres singes, on trouve que la capacité de quelques-uns des singes inférieurs descend au-dessous de celle des singes les plus élevés presque autant que celle du gorille s'éloigne de celle de l'homme. Vogt a donné un tableau très-complet des capacités crâniennes de cinquante singes anthropomorphes; le maximum lui fut fourni par un vieux gorille, 500 gr.; le minimum par un jeune orang, 280 gr. D'autre part, en étudiant les microcéphales (μικρός, petite; κεφαλή, tête, enfants idiots), Vogt a trouvé comme maximum 622 gr., et comme minimum 460 gr. Or les microcéphales sont des hommes; la série des capacités crâniennes est donc complète.

En conséquence, au point de vue si important de la capacité crânienne les différences qui existent entre l'homme et le gorille, n'autorisent pas à séparer l'homme de l'Ordre des Primates.

IV. — Dents. — Les dents du gorille ressemblent étroitement à celles de l'homme, quant au nombre, au genre et à la disposition générale de leur cou-

---

R. Wagner, le cerveau le plus lourd, 1,872 grammes, est celui d'une femme; puis vient celui de Cuvier, 1861 grammes; puis Byron, 1,807 grammes; enfin celui d'un fou, 1,783 grammes. Le cerveau d'adulte le plus léger, 720 grammes, est celui d'une femme idiote. Les cerveaux de cinq enfants âgés de quatre ans pesaient entre 1,275 et 992 grammes.

ronne; mais elles montrent des différences marquées à des points de vue secondaires tels que leurs formes relatives (longueur démesurée des canines), le nombre de leurs saillies et l'ordre de leur évolution.

Mais, quelques différences que puisse offrir la dentition du gorille comparée à celle de l'homme, ces différences sont bien moins étendues que celles qu'on peut constater entre la dentition du gorille et celle du cynocéphale, du cébien et des autres singes inférieurs.

V. — **Main et pied** (composition et parallèle). — Comme ce point est celui sur lequel on s'est appuyé pour soutenir que le singe n'a que des mains et point de pieds, il est nécessaire qu'on marque nettement ce qui distingue la main du pied.

1° *Os*. — A. La main de l'homme se compose de trois parties distinctes : le carpe, vulgairement nommé poignet (καρπός); le métacarpe (après le carpe); les phalanges.

Le carpe comprend deux rangées d'os qui ont chacune quatre os. Le métacarpe comprend les cinq os longs de la paume de la main. Ces cinq os se terminent chacun par trois phalanges, excepté l'os du pouce qui en a deux seulement, la phalange moyenne manquant.

B. Le pied de l'homme se compose de trois parties

distinctes : le tarse ou cou-de-pied ; le métatarse ; les phalanges.

Le tarse comprend deux rangées d'os ; la première a deux os appelés l'astragale et le calcanéum ; et la seconde, cinq. Le métatarse a cinq os ; les phalanges de chaque orteil sont au nombre de trois, excepté le gros orteil qui manque de phalange moyenne.

Première différence entre la main et le pied : Le nombre des os est de huit pour le carpe, et de sept seulement dans le tarse.

Deuxième différence : Les rangées ne sont pas disposées de la même façon ; l'astragale et le calcanéum diffèrent radicalement de leurs homologues du carpe.

2° *Muscles.* — A. Pour fermer le poing, il faut le concours de muscles appelés fléchisseurs ; pour ouvrir la main et raidir les doigts, il faut des muscles nommés extenseurs. Tous ces muscles, fléchisseurs ou extenseurs, sont appelés muscles *longs* parce que, fixés par leur partie charnue aux os du bras, ils se terminent en tendons ou cordes arrondies qui passent dans la main et s'attachent aux os qu'ils doivent mouvoir.

B. Dans le pied, on trouve également des muscles fléchisseurs et des muscles extenseurs ; mais l'un des fléchisseurs principaux est *court*, et l'un des extenseurs est *court*, c'est-à-dire que leurs parties charnues, au lieu d'être fixées dans la jambe (qui répond au bras), le sont sur le dos et la plante du pied, régions qui répondent au dos et à la paume de la main. C'est donc une importante différence de forme et de position.

En outre, lorsqu'ils sont en action, ils ne sont pas distincts à la façon des fléchisseurs de la paume de la main, mais ils s'unissent et se mêlent d'une singulière façon.

Mais le caractère distinctif le plus absolu des muscles du pied est peut-être l'existence du *long péronier*, muscle qui n'a pas de correspondant dans les muscles de la main.

Résumé. — En résumé, le pied de l'homme se distingue de la main par les différences anatomiques suivantes :

1° Par la disposition des os du tarse ;
2° Par la présence d'un court fléchisseur et d'un court extenseur des appendices digitaux du pied ;
3° Par l'existence du muscle appelé long péronier.

En disséquant le membre antérieur d'un gorille, on le trouve composé des mêmes os, des mêmes muscles que le membre antérieur de l'homme, et rangés dans la même disposition : c'est donc bien une *main*.

En disséquant le membre postérieur d'un gorille, on trouve un tarse composé des mêmes os que le tarse de l'homme, même nombre, même disposition, même forme. Quant aux muscles, il y a un court fléchisseur, un court extenseur, et un long péronier, agissant exactement comme les muscles du pied de l'homme : C'est donc bien un *pied*.

Le pouce de la main de l'homme est très-mobile; il peut s'opposer aux extrémités des autres doigts : on l'appelle donc opposable. Le gros orteil n'a pas cette mobilité; cela tient surtout à nos habitudes civilisées qui nous font enfermer et comprimer nos pieds, dès l'enfance, dans des chaussures. Chez les peuplades non civilisées et qui marchent nu-pieds, le gros orteil conserve une grande mobilité et même une sorte d'opposabilité. Les bateliers chinois peuvent s'en servir pour ramer; les ouvriers du Bengale pour tisser; les résiniers des Landes pour arracher l'écorce de l'arbre à résine, saisir l'instrument qui sert à entailler, remuer en tous sens et enfin ramasser les plus petits objets. M. Broca a cité le cas d'un homme qui se servait de son pied comme d'une véritable main, et de son orteil comme d'un pouce. Il croit même se rappeler que cet homme pouvait, par ce procédé, enfiler des aiguilles.

Le pied du gorille a un gros orteil mobile, avec lequel il peut prendre et saisir mieux que ne le font les résiniers des Landes ou l'homme de M. Broca; mais ce gros orteil appartient à un vrai pied, à un pied composé des mêmes parties fondamentales que le pied de l'homme. En vérité, il est incroyable qu'on ait fondé une distinction d'Ordre sur la mobilité plus ou moins grande d'un orteil. Pour être logique, il aurait fallu créer un règne spécial pour les hommes sexdigitaires. Un doigt de plus à chaque main, voilà une différence autrement caractéristique !

VI. — Cerveau. — La comparaison, pour le cerveau, a lieu sur deux points : la conformation et le poids.

1° *La conformation.* — Le cerveau du chimpanzé est conformé comme celui de l'homme. Il renferme le lobe postérieur, l'ergot de Morand ou petit hippocampe, et la corne d'Ammon, dont quelques naturalistes avaient, à tort, nié l'existence chez le singe.

Quant aux circonvolutions, les cerveaux des singes s'échelonnent depuis le cerveau lisse du marmouset ou ouistiti jusqu'à ceux de l'orang et du chimpanzé, qui sont de fort peu au-dessous de celui de l'homme. Aussitôt que se montrent les principales circonvolutions, elles se dessinent sur le modèle des sillons correspondants de l'homme : concordance très-remarquable. Carl Vogt a noté une grande ressemblance entre les hémisphères cérébraux presque lisses du cerveau humain à vingt mois et les hémisphères privés de plis des petits ouistitis.

2° *Le poids.* — En parlant de la capacité crânienne, nous avons dit combien le cerveau de l'homme l'emportait en poids sur celui du gorille. Cette différence cérébrale entre l'homme et le singe est valable pour la distinction en genres : la distinction de famille repose principalement sur la dentition, le bassin et les membres inférieurs.

VII. — Conclusion. — En définitive, les différences anatomiques qui séparent l'homme du gorille et du chimpanzé ne sont pas aussi considérables que celles qui séparent le gorille des singes inférieurs. Or entre les singes anthropoïdes et les autres singes on n'admet que des différences de famille, il n'y a donc pas une seule raison anatomique pour que l'homme soit placé dans un Ordre distinct. L'homme appartient donc à l'Ordre des Primates.

§ 3. — *Facultés animiques.*

« La science a accompli sa fonction quand elle a constaté et énoncé la vérité, » dit excellemment M. Huxley. Mais voici, de tous côtés, des cris qui s'élèvent : — « Nous sommes hommes et femmes et non point seulement une meilleure espèce de singes, avec une jambe un peu plus longue, un pied plus compacte et un cerveau plus volumineux que vos brutes de chimpanzés et de gorilles. La faculté de connaître, la conscience du bien et du mal, la tendresse pleine de compassion des affections humaines, nous élèvent au-dessus de toute réelle intimité avec les bêtes, si voisines qu'elles semblent de nous. » A ces objections, qui partent d'un bon naturel, M. Huxley répond : « Mais ce n'est pas moi qui fais reposer la dignité de l'homme sur son gros orteil ou qui insinue que nous sommes perdus si le singe possède un petit hippocampe ! » Non, la dignité ne repose pas sur des différences anatomiques; sur ce point, aucune ligne de démarcation ne peut être tracée entre le singe anthropoïde et l'homme. Bien plus ! « Toute tentative en vue d'établir une distinction psychique est également futile ; car les facultés les plus élevées du sentiment et de l'intelligence commencent à germer dans les formes inférieures de la vie. » Agassiz lui-même, si profondément religieux, si imprégné de spiritualisme, laisse échapper cet aveu : « Il m'est impossible d'apercevoir une différence de nature entre les passions des animaux et celles de l'âme humaine, bien qu'elles puissent différer beaucoup dans le degré et dans l'expression... Je ne saurais dire en quoi les facultés mentales d'un enfant diffèrent de celles d'un jeune chimpanzé (1). »

Mais si l'homme ne possède dans l'ordre physique ni dans l'ordre moral rien qu'on ne trouve aussi, à un degré plus ou moins grand, chez les autres animaux, s'en suit-il que cette double communauté condamne l'homme à la dégradation, à la bestialité ? M. Huxley démontre la fausseté de cette déduction avec une force pleine d'éloquence : « Peut-on dire, en vérité, que le poète, le philosophe ou l'artiste, dont le génie est la gloire de son temps, est déchu de sa haute di-

(1) Agassiz. *De l'Espèce*, p. 97 et 99.

gnité à cause de la probabilité historique, pour ne pas dire à cause de la certitude, qu'il est le descendant direct de quelque sauvage nu et brutal, dont l'intelligence suffisait à peine pour le rendre un peu plus rusé que le renard et un peu plus dangereux que le tigre ? Ou bien est-il forcé d'aboyer et de marcher à quatre pattes à cause de ce fait indubitable qu'il a été, à un moment donné, un œuf qu'aucune faculté ordinaire de discernement ne pouvait distinguer de celui d'un chien ? De ce que la plus légère étude de la nature de l'homme nous montre innées en lui toutes les passions égoïstes et toutes les passions sauvages des quadrupèdes, le philanthrope et le saint doivent-ils ne plus s'efforcer de mener une noble vie ? Est-ce que l'amour maternel, enfin, est un sentiment vil parce que les poules le possèdent ? Est-ce que la fidélité est une bassesse parce qu'un chien nous aura prouvé son attachement ? »

Non, mille fois non ! les vertus sont nobles en soi, quelle que soit la gangue qui les enchâsse. La morale est indépendante de toute condition sociale et de toute origine. L'homme « est-il un Dieu tombé qui se souvient des cieux (Lamartine), » ou n'est-il qu'un singe perfectionné ? Qu'importe ! Il s'agit bien de cela, en vérité, quand le devoir est là, inéluctable, imposé par l'accent impérieux de la raison, ou persuadé par la voix fraternelle du cœur.

Sensation, sentiment, connaissance, voilà l'homme; de plus, il vit avec ses semblables. De ces deux faits jaillissent ses droits et ses devoirs. La grandeur consiste à remplir ses devoirs envers autrui et envers soi-même; la bassesse, à les négliger ou à les fouler aux pieds. Faites pétrir par la main d'un Dieu les Tibère, les Caracalla, ils n'en resteront pas moins un objet de mépris et d'horreur pour la postérité. Socrate, Epictète, Vincent de Paul sont nés dans la plus humble condition; fussent-ils les hybrides d'un sapajou et d'un gorille, leur nom en serait-il moins vénéré (1)? Quelle que soit la souche primordiale de l'homme ou celle que la science parvienne à lui assigner, la dignité et la noblesse n'ont rien à y perdre, ce n'est pas là qu'est leur source ni leur fondement. Si l'homme doit aimer le bien et se vouer à la recherche de la vérité, ce n'est point parce que son cœur et son intelligence sont un présent divin ou l'héritage d'une brute; l'homme le doit, par cela seul qu'il a une intelligence et un cœur.

Pourquoi une vérité aussi claire, aussi inoffensive, n'est-elle pas acceptée paisiblement de tous? Pourquoi ces invectives et ces fureurs contre les Darwin, les Huxley et cette phalange de savants qui honorent leur patrie et l'humanité entière? Hélas! c'est que la pluralité des bimanes de Blumenbach est encore en proie à l'ignorance et à la superstition, double lèpre sur laquelle vivent et pullulent des myriades de parasites. Un jour viendra sans doute où ces deux plaies seront cicatrisées; mais combien ce jour est éloigné!

(1) Carl Vogt, dans ses *Leçons sur l'homme*, a dit : Mieux vaut être un singe perfectionné qu'un Adam dégénéré.

Malgré les persécutions et malgré les obstacles, la libre science continue sa marche. « En vain les voix malveillantes se déchaînent contre elle, elle se sent au nombre des pouvoirs impérissables et que rien n'ébranle. Son œuvre s'accomplira, et elle sera bénie dans son triomphe. » (Huxley. — *Discours sur Descartes.*)

APPENDICE

APERÇU DES MŒURS ET COUTUMES DES SAUVAGES MODERNES

L'astronomie a pris son essor le jour où Galilée inventa la lunette. Supprimez le télescope, le génie de Newton n'aura pas de point d'appui pour s'élancer dans les espaces célestes, et la gravitation universelle à jamais inconnue ne pourra pas même être rêvée. La physique n'a pris véritablement naissance qu'avec le baromètre, le thermomètre, la lentille, les machines électrique et pneumatique. Ses progrès marchent parallèlement avec la découverte d'instruments nouveaux ou perfectionnés. La chimie, sans la fabrication du verre, serait confinée dans de si étroites limites que, au lieu d'être une science destinée à transformer le monde, elle serait à peine un répertoire d'amusements sans portée. Si la charrue n'avait pas été inventée, les tribus anciennes eussent continué leur vie nomade : or on sait que l'adoucissement des mœurs découle de la vie agricole. Pour tout résumer, la civilisation se mesure à l'état où est parvenue l'industrie humaine sous toutes ses formes.

Quand on compare les outils, les armes, tous les moyens d'action qu'emploient les sauvages modernes dans la lutte pour l'existence, avec les instruments divers dont disposaient les hommes préhistoriques, on est frappé des analogies et des nombreuses ressemblances que ces objets ont entre eux. Toutefois le parallèle est de beaucoup en faveur de nos contemporains. De là cette conséquence que : « Les races les plus abaissées parmi les sauvages modernes doivent être au moins aussi avancées que l'étaient nos ancêtres quand ceux-ci se répandirent sur la surface de la terre. » Une esquisse, même légère, des mœurs et coutumes des peuplades modernes nous donnera donc une représentation assez juste, quoique très-embellie, de celles qu'ont dû avoir nos pères dans les temps préhistoriques.

Tous les détails qui suivent, extraits de l'ouvrage renommé de sir John Lubbock, *L'homme avant l'histoire*, sont empruntés aux relations des voyageurs les plus célèbres, les plus consciencieux, les plus dignes de foi. (Cook, Dumont d'Urville, Ross, Parry, Kane, etc.)

Déformations que s'infligent les sauvages. — Les sauvages semblent prendre un triste plaisir à s'infliger des souffrances. Outre l'habitude très-générale du tatouage, ils emploient les moyens les plus extraordinaires pour se défigurer et se torturer eux-mêmes.

Les uns, se coupent le petit doigt, les autres pratiquent un trou énorme dans leur lèvre inférieure, ou se percent le cartilage du nez. Les habitants de l'île de Pâques (ou Vai-Hou, Polynésie) élargissent leurs oreilles jusqu'à ce qu'elles descendent sur leurs épaules. Les Chinooks et beaucoup d'autres tribus américaines se déforment le crâne; les Chinois, les pieds. Plusieurs peuples de l'Afrique se cassent les dents de différentes manières, chaque tribu ayant son procédé à elle. Les Nyambanas, nation cafre, se distinguent par une rangée de boutons ou de verrues obtenues artificiellement, qui ont la grosseur d'un pois, et qui s'étendent de la partie supérieure du front à l'extrémité du nez. C'est de quoi ils tirent vanité! Ceux des Bachapins (autres Cafres) qui se sont signalés au combat ont le droit de se faire à la cuisse une longue cicatrice, rendue indélébile et de couleur bleuâtre au moyen de cendres de bois dont on frotte la plaie toute fraîche. En Australie, le capitaine King vit un indigène orné de cicatrices horizontales qui lui traversaient la partie supérieure de la poitrine. Elles avaient au moins un pouce de diamètre et dépassaient la peau d'un demi-pouce. Dans certaines parties de l'Australie et de la Tasmanie, tous les hommes s'extraient une dent, et cela, par un procédé aussi maladroit que douloureux. Les habitants de Tanna (une des Nouvelles-Hébrides, Mélanésie) ont sur les bras et le ventre des cicatrices en saillie, représentant des plantes, des fleurs, des étoiles et divers autres objets. On les fait en coupant d'abord la peau avec un roseau de bambou aiguisé, puis en appliquant sur la blessure une certaine plante qui fait lever la cicatrice au-dessus du reste du corps. Les naturels de Formosa (île de la Chine), par une opération très-cruelle, impriment sur leur peau des figures variées d'arbres, de fleurs et d'animaux. Les chefs en Guinée ont, en quelque sorte, la peau damasquinée, et dans le Dekkan (sud de l'Indoustan), les femmes ont également des fleurs gravées sur le front, les bras et le sein : les cicatrices qu'on a fait lever sont mises en couleur, ce qui leur donne l'air d'un damas à fleurs. Les femmes de la Nouvelle-Galles du Sud (côte orientale de l'Australie) avaient coutume de se lier étroitement le petit doigt avec un cordon, qu'elles portaient jusqu'à ce que le petit doigt tombât en pourriture. Il en était peu qui échappassent à cette cruelle opération.

Chasteté des femmes. — Les sauvages attachent généralement peu d'importance à la vertu des femmes, comme cela est naturel, à la vérité, là où les femmes ne sont guère plus considérées que des animaux domestiques. Chez beaucoup de peuples, par exemple les Esquimaux et les insulaires de la mer du Sud, les danses indécentes sont non-seulement communes, mais encore exécutées par les femmes du plus haut rang, qui ne semblent pas se douter qu'il y ait là rien de mal et d'inconvenant. Selon Ulloa, les Indiens du Brésil n'approuvent pas la chasteté dans une femme non mariée parce qu'ils la regardent comme une preuve que sa personne n'a aucun attrait.

Les habitants des îles des Larrons (ou îles Mariannes, Polynésie) et des îles Andaman (golfe du Bengale) aboutissent à la même conclusion, les derniers toutefois par une raison différente : ils considèrent la chasteté comme une marque d'égoïsme et d'orgueil.

La famille. — Les sauvages traitent leurs femmes de la manière la plus cruelle. A leurs yeux, le sexe faible ne se compose que d'êtres d'un ordre inférieur, destinés à être de purs esclaves domestiques. Un travail pénible, un régime rude, voilà leur lot. Le docteur Hooker nous apprend qu'à l'extrême sud de la Terre-de-Feu (55° de latitude sud) il a souvent vu, au milieu de l'hiver, les hommes endormis dans leurs wigwams tandis que les femmes, nues, et plusieurs avec des enfants sur leur sein, étaient debout dans l'eau jusqu'à mi-corps, occupées à recueillir des crustacés : pendant ce travail, la neige tombait à gros flocons sur elles et sur leurs enfants nus. Et ni ces fatigues, ni ces souffrances ne sont compensées par une grande affection de la part de ceux pour qui les malheureuses s'épuisent. Les Algonquins (Peaux-Rouges du Canada) n'avaient point de mot dans leur langue pour dire amour; les Indiens de Tinnè n'avaient pas l'équivalent de cher ni de bien-aimé. Spix et Martius nous apprennent que chez les tribus du Brésil le père n'a presque aucune affection pour son enfant, et la mère n'a qu'une affection instinctive. L'infanticide est la pratique universelle dans l'Océanie.

Il nous paraît naturel qu'après l'accouchement la

femme garde le lit, et qu'autant que possible, son mari la soulage momentanément des fatigues et des soins de la vie. Chez les Caraïbes, le père, à la naissance d'un enfant, se couchait dans un hamac et se mettait entre les mains du médecin, tandis que la mère allait à son ouvrage comme d'habitude.

I. — Mincopies. — Les Mincopies, habitants des îles Andaman (golfe du Bengale) semblent dépourvus de tout sentiment de pudeur, et beaucoup de leurs habitudes ressemblent à celles de la brute. La veuve prend le crâne de son mari et le porte suspendu par une corde autour de son cou.

II. — Hottentots. — Kolben, auteur d'une *Histoire du cap de Bonne-Espérance*, qui voit les Hottentots sous un jour favorable, avoue qu'ils sont, sous beaucoup de rapports, le peuple le plus sale du monde. On pourrait aller plus loin et dire les plus sales animaux : ce serait faire tort à une espèce quelconque de mammifères que de les comparer avec eux sous ce rapport. Leur corps est couvert de graisse ; ils ne lavent jamais leurs vêtements ; leur tête semble coiffée d'une croûte de mortier noir, tant leur chevelure, d'un jour à l'autre, amasse de suie, de graisse, de poussière et autres substances malpropres que, par défaut de soin, ils laissent s'y coaguler et s'y durcir. Ils couvrent leur dos d'une peau de bête, attachée par devant. Ils portent ce vêtement toute leur vie, et quand ils meurent, c'est là leur linceul.

Lorsqu'un individu, homme ou femme, est mis par l'âge hors d'état de travailler, on le relègue dans une hutte solitaire, à une distance considérable du Kraal (village), jusqu'à ce qu'il meure de vieillesse, de faim ou sous la dent des bêtes féroces.

L'infanticide est très-commun et n'est pas regardé comme un crime. Lorsqu'un fils a atteint l'âge de puberté, il a le droit de bâtonner sa mère.

III. — Australiens. — Quand une baleine vient s'échouer sur le rivage, c'est une véritable aubaine que le ciel envoie aux Australiens. Ils se frottent de graisse par tout le corps et font subir la même toilette à leurs épouses favorites; après quoi ils s'ouvrent un passage à travers le gras jusqu'à la viande maigre, qu'ils mangent tantôt crue, tantôt grillée sur des bâtons pointus. A mesure que d'autres indigènes arrivent, leurs mâchoires travaillent bel et bien, dans la baleine; et on les voit grimpant de çà de là sur la puante carcasse, à la recherche des fins morceaux. Il n'y a rien au monde, dit le capitaine Grey, de plus repoussant à voir qu'une jeune indigène, aux formes gracieuses, sortant de la carcasse d'une baleine en putréfaction.

IV. — Taïtiens. — Il y avait à Taïti une association nombreuse formée des personnes les plus distinguées des deux sexes et qu'on appelait les Arreoy. Tous les membres étaient regardés comme mariés l'un à l'autre. Si une des femmes de la société avait un enfant, il était presque invariablement mis à mort. Mais, quand on le laissait vivre, le père et la mère étaient considérés comme définitivement engagés l'un à l'autre, et on les bannissait de l'association. La femme était dès lors connue comme une porteuse d'enfants, ce qui était une qualification injurieuse. Il paraîtrait que cette coutume barbare était fondée sur un motif presque malthusien. L'île de Taïti était déjà très-peuplée, les moyens d'existence limités; d'autre part, la guerre et la maladie n'enlevant que peu de personnes, la population eût bientôt dépassé toute proportion avec les ressources du pays, si l'on n'eût pris des mesures pour en restreindre l'accroissement. L'infanticide avait atteint chez les Taïtiens un effrayant développement. On a estimé que les deux tiers des enfants étaient mis à mort par leurs propres parents. Les Taïtiens étaient cependant comptés parmi les plus civilisés des indigènes de la Polynésie.

Dans les îles des Amis, le capitaine Cook observa un genre de mollesse très-singulier auquel se livraient les chefs. Quand l'un d'eux voulait dormir, deux femmes venaient s'asseoir à côté de lui et lui donnaient de vigoureux coups de poing sur le corps et sur les jambes, comme sur un tambour, jusqu'à ce qu'il tombât dans le sommeil. Elles continuaient cet exercice toute la nuit à quelques intervalles près.

V. — **Indiens de l'Amérique du Nord**. — La polygamie régnait généralement; le mari avait un pouvoir absolu sur ses épouses, et le mariage ne durait qu'autant qu'il lui plaisait. Chez quelques Indiens de la Californie septentrionale, on ne trouve pas juste de battre les femmes, mais les hommes se réservent le privilége de les tuer quand ils en sont fatigués. Chez les Dogribs et autres tribus du nord, les femmes sont la propriété du plus fort. On considère que c'est pour chacun un droit légal et moral à la fois de prendre l'épouse d'un homme plus faible que soi. Il est de fait que les hommes se battent pour la possession des femmes, comme les cerfs et les mâles d'autres espèces d'animaux.

En parlant des Indiens de la baie de Nootka (île Quadra-et-Vancouver, Amérique russe), le capitaine Cook dit ce qui suit : « La saleté et la puanteur de leurs maisons sont au moins égales à la confusion qui y règne. En effet, comme c'est chez eux qu'ils font sécher leur poisson, c'est là aussi qu'ils le vident ; ce qui, joint aux os et aux morceaux jetés par terre pendant les repas ainsi qu'à toutes sortes d'autres ordures, forme partout des tas d'immondices, lesquels ne sont jamais enlevés, je crois, que quand ils sont devenus assez considérables pour empêcher la circulation. En un mot, leurs demeures sont aussi malpropres que des étables à porcs : tout, au dedans comme au dehors, sent le poisson, l'huile de baleine et la fumée. »

VI. — **Esquimaux**. — Les Esquimaux mangent d'habitude la chair crue. Leur nourriture, quand elle subit une cuisson, est grillée ou bouillie. Leur vaisselle, faite de pierre ou de bois, ne va point au feu, mais ils y mettent des pierres chauffées jusqu'à ce que l'eau soit assez chaude et que leurs aliments soient cuits. Le produit naturel d'une telle cuisine est un mélange de suie, de boue et de cendres qui, suivant nos idées, serait à peine mangeable; mais si la puanteur de leurs maisons, où ils conservent d'abondantes provisions de chair à demi pourrie, n'ôte pas l'appétit à un homme, il n'y a rien qui puisse le faire. Ils ne lavent jamais leurs pots ni leurs chaudrons : les chiens leur épargnent cette peine. Ceux qui sont arrivés à une conscience obscure de leur malpropreté, ne font généralement qu'empirer les choses; car s'ils veulent traiter un hôte avec distinction, ils commencent par lécher avec la langue le morceau de viande qu'ils lui destinent, afin d'enlever le sang et la crasse dont il s'est couvert dans le chaudron; et quiconque ne l'accepterait point de bonne grâce, serait regardé comme un homme mal élevé, pour dédaigner ainsi leur politesse.

Voici la relation d'un repas d'Esquimaux donnée par le capitaine Lyon : « Kooilittuck me fit connaître un nouveau genre d'orgie des Esquimaux. Il avait mangé jusqu'à ce qu'il fût ivre, et à chaque moment il s'endormait, le visage rouge et brûlant, la bouche ouverte. A côté de lui était assise Arnaloa, sa femme, qui surveillait son époux pour lui enfoncer, autant que faire se pouvait, un gros morceau de viande à moitié bouillie dans la bouche, en s'aidant de son index. Quand la bouche était pleine, elle rognait ce qui dépassait les lèvres. Lui mâchait lentement, et à peine un petit vide s'était-il fait sentir qu'il était rempli par un morceau de graisse crue. Durant cette opération, l'heureux homme restait immobile, ne remuant que les mâchoires et n'ouvrant pas même les yeux ; mais il témoignait de temps à autre son extrême satisfaction par un grognement très-expressif, chaque fois que la nourriture laissait le passage libre au son. La graisse de ce savoureux repas ruisselait en telle abondance sur son visage et sur son cou, que je pus aisément me convaincre qu'un homme se rapproche plus de la brute en mangeant qu'en buvant avec excès. »

Les enfants, s'ils ont le malheur de perdre leur mère, sont toujours enterrés avec elle ; les personnes âgées et languissantes sont quelquefois enterrées toutes vives, ce qui est considéré comme un bienfait destiné à leur épargner les souffrances d'une mort lente.

La polygamie et la polyandrie semblent exister l'une et l'autre. Un homme qui est fort ou habile a plus d'une femme ; une femme belle ou adroite a, dans certains cas, plus d'un mari. De plus, prêter temporairement son épouse passe pour un témoignage d'amitié intime. Aussi voit-on souvent deux maris échanger leurs épouses pour un jour ou deux.

VII. — Fuégiens. — Les Fuégiens ou habitants de la Terre-de-Feu (île située à la pointe extrême de l'Amérique du Sud), sont regardés par beaucoup de voyageurs comme le dernier échelon de l'humanité. Wallis, dans son *Voyage autour du Monde*, les décrit ainsi : « Ils étaient couverts de peaux de veau marin qui exhalaient une puanteur abominable ; plusieurs d'entre eux mangeaient de la chair pourrie et de la graisse de baleine crue avec un appétit vorace et d'un air de grande satisfaction. Quelques-uns de nos hommes, qui pêchaient avec un hameçon et une ligne, donnèrent à l'un d'eux un poisson un peu plus gros qu'un hareng, au moment même où il sortait de l'eau, c'est-à-dire encore vivant. L'Indien le saisit avidement comme un chien ferait d'un os, et le tua aussitôt en lui donnant un coup de dent près des ouïes : puis il se mit à le manger en commençant par la tête et en finissant par la queue, sans rien jeter ni les arêtes, ni les nageoires, ni les écailles, ni les entrailles. » Leur cuisine est plus dégoûtante encore, si c'est possible. Fitzroy nous dit que la plume se refuse à la décrire, et la relation de Byron confirme de tout point cette assertion.

Les Fuégiens sont cannibales ; on a vu précédemment que, pressés par la famine, ils mangeaient les vieilles femmes de préférence à leurs chiens, parce que, disent-ils, les vieilles femmes ne servent à rien, tandis que les chiens prennent les loutres.

S'ils ne sont pas au dernier rang, les naturels de l'île de Feu paraissent, à coup sûr, être un des plus misérables échantillons de l'espèce humaine, et leurs habitudes offrent un intérêt spécial par la ressemblance probable qu'elles offrent avec celles des anciens Danois habitants des amas coquilliers. (*Kjokkenmoddings.*) Ceux-ci étaient néanmoins, à certains égards un peu plus avancés, car ils connaissaient la fabrication de la poterie.

VIII. — Indiens du Paraguay. — Voici ce que raconte des Indiens du Paraguay don Félix de Azara qui a longtemps vécu parmi eux. Ils ignoraient complétement l'usage de se laver ; lorsqu'ils se baignaient, c'était plutôt pour la fraîcheur que pour la propreté. Il est donc inutile de dire qu'ils étaient excessivement sales et fort incommodés par les poux, si toutefois on peut dire qu'ils fussent incommodés par ce qui leur procurait une de leurs plus grandes distractions. Car, quoique beaucoup de tribus ne connussent ni danses, ni jeux, ni musique, il n'en était pas qui ne prît un plaisir extrême à chercher et à manger la vermine dont leur personne, leurs cheveux et leurs vêtements fourmillaient.

L'infanticide, chez plusieurs tribus, était plutôt la règle que l'exception. Les femmes n'élevaient chacune qu'un enfant, et comme elles n'épargnaient que celui qu'elles présumaient devoir être le dernier, il leur arrivait souvent de rester absolument sans enfants.

IX. — Vitiens ou Fidjiens. — Chez les Vitiens (groupe des îles Viti ou Fidji, Polynésie), le parricide n'est pas un crime, mais un usage. Les parents sont généralement tués par leurs enfants. Parfois les personnes âgées se mettent dans l'esprit que le temps de mourir est venu ; parfois ce sont les enfants qui avertissent leurs parents que ceux-ci leur sont à charge. Dans l'un ou l'autre cas, on fait venir les amis et les proches, on tient conseil et l'on fixe un jour pour la cérémonie, laquelle commence par un grand festin. Les missionnaires ont souvent été témoins de ces horribles tragédies. Un jour, un jeune homme invita M. Hunt à assister aux obsèques de sa mère, qui allaient avoir lieu. M. Hunt accepta l'invitation; mais, quand parut le cortége funèbre, il fut surpris de ne point voir de cadavre, et comme il en demandait la raison, le jeune sauvage lui montra sa mère qui marchait avec eux, aussi gaie, aussi allègre qu'aucun des assistants, et, en apparence, aussi contente. Il ajouta « que c'était par amour pour sa mère qu'il agissait ainsi; qu'en conséquence de ce même amour, ils allaient maintenant l'enterrer, et qu'eux seuls pouvaient et devaient remplir un devoir aussi sacré. Elle était leur mère, ils étaient ses enfants; ils devaient donc la mettre à mort. » La tombe est creusée à quatre pieds environ de profondeur; les parents et les amis commencent leurs lamentations, disent un adieu affectueux à la pauvre victime, et l'enterrent toute vive. Les Vitiens regardent cet usage comme une si grande preuve d'affection qu'on ne peut trouver que des fils pour s'en acquitter. Il paraît certain qu'à Viti, on ne trouve pas un homme qui dépasse la quarantaine. Toutes les personnes âgées ou malades meurent étranglées ou enterrées vivantes.

L'analogie entre le sentiment qui conduit les Vitiens à enterrer vifs leurs parents et celui qui poussait les Massagètes à tuer leur père, puis à le manger en hachis, est extrêmement frappante.

Le cannibalisme est invétéré chez les Vitiens; ils aiment tellement la chair humaine qu'ils ne peuvent donner de plus grand éloge à un mets que de dire : « Il est tendre comme de l'homme mort. »

Telle est la délicatesse de leur goût qu'ils dédaignent la chair des blancs, préfèrent celle des femmes à celle des hommes, et considèrent l'avant-bras et la cuisse comme les morceaux les plus friands. Dans leur gourmandise, ils réservent cette nourriture pour les hommes, trouvant les femmes indignes de s'en repaître. On engraisse les esclaves pour les vendre au marché. Quelquefois les Vitiens les font rôtir tout vivants pour les manger immédiatement, tandis que dans d'autres cas ils conservent les corps jusqu'à un état de décomposition avancée : en un mot, ils les font faisander. Ra Undre-Undre, chef de Raki-Raki, avait, dit-on, mangé à lui seul neuf cents personnes, sans qu'il eût permis à qui que ce fût d'en prendre sa part.

A Viti, le meurtre est un fait habituel, systématique, et compte parmi les événements ordinaires de la vie. L'ambition la plus grande d'un insulaire de ce groupe d'îles, c'est d'arriver à être un assassin reconnu. On forme les jeunes gens au meurtre dès leur bas âge; une des premières leçons qu'on donne à un enfant, c'est de lui apprendre à frapper sa mère.

X. — **Maories**. — Le cannibalisme offrait un tout

autre caractère chez les Maories ou Nouveaux-Zélandais. Sans doute, les Vitiens trouvaient du plaisir à manger de la chair humaine : il en est ainsi, paraît-il, de tous les peuples qui ont une fois surmonté l'horreur naturelle inspirée par le premier essai de cette nourriture. Mais le cannibalisme, dans la Nouvelle-Zélande, était moins un repas qu'une cérémonie; son objet ne se réduisait pas à une pure satisfaction des sens; il faut le regarder comme un acte religieux, comme une sorte de sacrement impie. Ce qui le prouve, c'est qu'après une bataille, les corps qu'on préférait n'étaient pas ceux des jeunes gens aux formes potelées, ni des tendres jeunes filles, mais ceux des chefs les plus célèbres, quelque vieux et quelque coriaces qu'ils pussent être. Ils croyaient, en effet, qu'ils ne s'assimilaient pas seulement la substance matérielle, mais encore le courage, l'habileté et la gloire de celui qu'ils dévoraient. Plus ils avaient mangé de cadavres, plus ils espéraient une position élevée dans l'autre monde. Une telle croyance, dit Sir John Lubbock, rehaussait cette coutume d'une certaine noblesse diabolique, qui la mettait bien loin, à tout prendre, de l'ignoble sensualité des Vitiens.

Être mangé était, d'un autre côté, le plus grand malheur qui pût arriver à un Néo-Zélandais, puisqu'il croyait que par là son âme était détruite en même temps que son corps. Le chef assez heureux pour tuer et dévorer son ennemi n'avait plus rien à craindre de lui, ni dans cette vie, ni dans la vie future; au contraire, la force, l'habileté et le prestige contre lesquels il avait eu à lutter, il ne les avait pas seulement vaincus, mais par cet horrible procédé il se les était incorporés et les avait ajoutés à sa personnalité.

Dans d'autres occasions, on tuait des esclaves et on les mangeait en l'honneur des Dieux. Les Maories affirmaient que les criminels seuls étaient ainsi traités. En admettant que ce fût vrai, un pareil usage était encore assez horrible; mais les persécutions religieuses ont à peine cessé en Europe aujourd'hui, et il n'y a pas si longtemps que le bûcher et le gibet étaient regardés comme nécessaires au Christianisme même. Un chef zélandais E'hongui, surpris de l'horreur que Dumont d'Urville éprouvait à l'égard du cannibalisme, lui tint ce raisonnement : « Les gros poissons mangent les petits; les insectes dévorent les insectes, les grands oiseaux se nourrissent des petits : c'est en conformité avec toutes les analogies de la nature que les hommes doivent manger leurs ennemis. » Deux siècles auparavant, Spinoza avait dit : « Les lois de la nature sont celles selon lesquelles nous concevons que chaque individu est déterminé naturellement à exister et à agir d'une manière déterminée. Ainsi, par exemple, les poissons sont faits naturellement pour nager; les plus grands d'entre eux sont faits pour manger les petits; et conséquemment, en vertu du droit naturel, tous les poissons jouissent de l'eau et les plus grands mangent les petits. » (*Théologico-politique*, chap. XVI.)

Conclusion. — § 1ᵉʳ. Les voyageurs et les naturalistes sont fort divisés sur la question de savoir quelle est la race de sauvages qui doit prétendre à l'honneur peu enviable d'occuper le dernier degré dans l'échelle de la civilisation. Cook, Darwin, Fitzroy, Wallis, penchaient décidément, si l'on peut ainsi parler, en faveur des habitants de la Terre de Feu. Burchell revendiquait le dernier rang pour les Boschimans; d'Urville opinait pour les Australiens et les Tasmaniens. Dampier regardait les Australiens comme le plus misérable peuple du monde. Forster dit du peuple de Mallicolo (l'une des Nouvelles-Hébrides) qu'il est le plus proche voisin de la tribu des singes. Owen incline du côté des insulaires des Andaman; d'autres ont donné la préfence aux déterreurs de racines de l'Amérique septentrionale.

Quoi qu'il en soit de la prééminence en fait de barbarie, il s'en faut de beaucoup que les traits de mœurs ci-dessus donnés soient choisis parmi les plus défavorables, ou qu'on ait chargé la peinture. En réalité, c'est le contraire; la vraie condition des sauvages est pire encore et plus abjecte. Que de faits on n'a pas osé reproduire, bien qu'ils fussent relatés par les auteurs les plus dignes de foi! Et cependant, il y en a d'autres encore que les voyageurs eux-mêmes rougissent de publier.

Les mœurs des hommes préhistoriques l'emportaient sur celles des sauvages modernes en dégradation et en bestialité. On a trouvé des traces accusatrices d'habitudes anthropophagiques (MM. Spring, Worsaë, Cappellini, Garrigou): au reste, la preuve matérielle de ce fait était superflue. Chez les hommes

voués à l'ignorance absolue, à la faim et à la tyrannie
d'un ventre jamais assouvi, l'anthropophagie est fatale. Dans notre société moderne où, grâce aux inventions accumulées pendant des milliers de siècles, le
soin de la nourriture est facile et assuré, la culture
intellectuelle et l'éducation ont fait prédominer la vie
de l'esprit et du cœur, en un seul mot, l'âme. Une
fois maîtresse d'elle-même et en possession de l'idée
claire de la dignité humaine, l'âme n'a plus à redouter les assauts du corps : *potiùs mori quàm fœdari*,
plutôt la mort que la souillure, telle est sa loi. Mais
cette résistance, invincible chez l'homme vraiment
civilisé, décroît en proportion de la moindre culture
morale. Aussi vienne une calamité imprévue, le corps
rejette promptement le réseau léger d'une civilisation
qui ne fit qu'à peine l'effleurer ; la *bête* lâche la bride
aux violences de ses appétits, et l'on est alors le témoin épouvanté de scènes de cannibalisme, telles que
l'Algérie en a été le théâtre au milieu du dix-neuvième
siècle. Eh bien ! le fléau qui s'abattit sur les Arabes et
les ramena, pendant une année, à la pure sauvagerie, ce même fléau sévissait chaque jour contre nos
ancêtres ; et cela, dans des conditions bien autrement
terribles. Sans la moindre industrie, exposés à l'inclémence des saisons, à la dent des fauves qui pullulaient et aux attaques plus dangereuses encore de
leurs semblables, comment auraient-ils pu soulever
le poids accablant de la matière ou secouer l'absolue
domination des appétits grossiers et des bestiales passions ? Hélas ! au milieu même de notre civilisation,

si mesquine en regard de l'idéal, mais si merveilleuse en comparaison de la barbarie primitive, nous avons dans nos prisons et dans nos bagnes tout un peuple de sauvages qui ne le cède guère à nos aïeux en abjection et en férocité. Elles ne sont donc que trop vraies, ces paroles de Huxley : « Nous sommes les descendants directs de quelque sauvage nu et brutal, dont l'intelligence suffisait à peine pour le rendre un peu plus rusé que le renard et un peu plus dangereux que le tigre. »

§ 2. — Malgré le petit nombre d'observations qu'on a faites, on a cependant acquis, de nos jours, quelques notions touchant les habitudes et le caractère des singes anthropoïdes.

En captivité, les gibbons sont doux et affectueux, pleins d'espièglerie et de caprice comme les enfants gâtés. Duvaucel affirme qu'il a vu les femelles conduire leurs petits au bord de l'eau et laver leur visage en dépit de leur résistance et de leurs cris.

Le docteur Savage, qui a observé les chimpanzés dans leurs forêts natives, fait le récit suivant : « Il n'est pas rare de voir les vieilles gens, assis sous un arbre, se régalant de fruits, jacassant amicalement, tandis que leurs enfants sautent autour d'eux et vont d'une branche à l'autre avec une bruyante gaîté. » La mère manifeste beaucoup d'affection pour ses petits : elle brave la mort pour les arracher aux mains des chasseurs.

Frédéric Cuvier, qui a eu longtemps un jeune orang

sous les yeux, lui avait reconnu « la faculté de généraliser ses idées, de la prudence, de la prévoyance, et même des idées innées auxquelles les sens n'ont jamais la moindre part. »

Que l'on compare ces traits caractéristiques aux mœurs des tribus sauvages! Est-ce que jamais la femelle du Hottentot ou de l'Esquimau a eu la pensée de laver ses petits? Est-ce que jamais l'Australien et le Mincopie ont généralisé leurs idées, ou ont eu des idées auxquelles les sens n'avaient aucune part? La mère du jeune chimpanzé se dévoue au trépas pour sauver son enfant; la femelle du Boschiman, de l'Australien, de l'Indien du Paraguay pratique l'infanticide, si bien qu'elle reste souvent sans progéniture. Regardez! Voici les Fuégiens assis en rond; est-ce pour jacasser amicalement et se régaler de fruits? Non : ils ont saisi une vieille femme de leur troupe ; « ils lui tiennent la tête au-dessus d'une épaisse fumée qui provient d'un feu de bois vert, et l'étranglent en lui serrant la gorge; puis, ils dévorent sa chair, morceau par morceau, sans en excepter le tronc (Fitzroy). » En vérité, n'est-ce pas une chose inconcevable que les arrière-petits-fils des Fuégiens et des Boschimans préhistoriques de l'Europe traînent aux gémonies les Linné et les Huxley parce qu'ils ont classé l'homme dans l'Ordre des Primates!

TABLE DES MATIÈRES

PREMIÈRE PARTIE.

La Sélection dans les Espèces.

	Pages.
I. Lois sur lesquelles s'appuie la théorie de Darwin..	9
II. La Lutte pour la vie ou Concurrence vitale.......	15
III. La Sélection naturelle...........................	23
IV. Causes de la Sélection naturelle.................	28
V. Conséquences de la Sélection naturelle...........	36
VI. Faits expliqués par la Sélection naturelle........	49
VII. Sélection; loi d'Atavisme; Doctrines géologiques...	65
VIII. Critique des classifications actuelles.............	72
IX. Classification généalogique......................	82
X. Objections citées par Darwin et Conclusion.......	92

DEUXIÈME PARTIE

La Sélection dans les Langues.

Introduction...................................	109
I. Variations dans Langues......................	111
II. Causes de variations et de sélection dans les Langues....................................	114
III. Conséquences de la sélection dans les Langues.....	122
IV. Classification généalogique dans les Langues......	129
V. Tableau comparé de la sélection dans les Espèces et dans les Langues.........................	138

TROISIÈME PARTIE

La Période glaciaire.

Première section.

Introduction...................................	143
I. Théorie des catastrophes subites et générales.....	145

	Pages.
II. Impossibilité de la théorie des catastrophes	150
III. Explication naturelle de la découverte de Pachydermes conservés dans la glace	161

Deuxième section.

I. Conditions de la formation des glaciers	173
II. Application aux époques géologiques	193
III. La grande Circulation océanique	227
IV. Longue durée des époques géologiques	243

QUATRIÈME PARTIE

L'Espèce, le Genre, le Croisement, l'Homme.

Première section.

Introduction	257
I. L'Espèce	259
II. Définitions : Métissage, Hybridité, Atavisme, Retour au type, Variation désordonnée, Oscillations	282
III. Examen du critérium de l'Espèce et du critérium du Genre	286
IV. Création lente des Espèces par la Sélection naturelle (examen critique)	306
V. Appréciation générale du Darwinisme	315

Deuxième section.

I. Le Métissage	322
II. L'Hybridité	351
III. L'Espèce humaine	366
IV. La Place de l'homme dans la nature	405

APPENDICE.

Aperçu des mœurs et coutumes des sauvages modernes	425

Paris. — Imp. Balitout, Questroy et Cⁱᵉ, rue Baillif, 7.

www.ingramcontent.com/pod-product-compliance
Lightning Source LLC
Chambersburg PA
CBHW060929230426
43665CB00015B/1885